DIEDERICHS GELBE REIHE

herausgegeben von Michael Günther

Annemarie Schimmel

Gärten der Erkenntnis

Das Buch der vierzig Sufi-Meister

Eugen Diederichs Verlag

Mit 40 Kalligraphien im Text

Die Deutsche Bibliothek – CIP-Einheitsaufnahme
Gärten der Erkenntnis: das Buch der vierzig Sufi-Meister / ausgew. und übertr. von Annemarie Schimmel. – 4. Aufl. – München: Diederichs, 1995
(Diederichs Gelbe Reihe; 37; Islam)
ISBN 3-424-00697-1
NE: Schimmel, Annemarie [Hrsg.]; GT

4. Auflage 1995

Umschlaggestaltung: Zembsch' Werkstatt, München
Produktion: Tillmann Roeder, München
Satz: Lichtsatz Heinrich Fanslau, Düsseldorf
Druck und Bindung: Friedrich Pustet, Regensburg
Printed in Germany

ISBN 4-424-00697-1

Inhalt

Für Fritz Meier
in Freundschaft und Verehrung
zum 10. Juni 1982

Des Derwischs Gabe
ist ein grünes Blatt

Einleitung

> Erkenntnis ist ja keine intellektive, sondern eine erotische Angelegenheit; geistige Erkenntnis ist überall, auch in der Kunst und der Philosophie, nur möglich durch den Eros, durch die mystische Liebe.
>
> *Constantin Brunner*

Das erste deutsche Werk, das islamische Mystik in Übersetzung bekannt machte und das der Theologe F. A. D. Tholuck 1825 in Berlin veröffentlichte, trug den Titel »Blüthenlese aus der morgenländischen Mystik«. Eine Blütenlese oder, etwas umfassender, ein Spaziergang durch einige Gärten der Mystik soll auch die vorliegende Auswahl sein, in der wir versuchen, einige wenige Seiten eines Phänomens aufzuzeigen, das unerschöpflich ist.

Der Sufismus, wie die islamische Mystik genannt wird, ist aus frühen asketischen Bemühungen entstanden; das Wollgewand, *ṣūf*, der Asketen im Irak, in Ägypten und vor allem in Ost-Persien hat der Bewegung ihren Namen gegeben. Diese Asketen weihten ihr Leben der Meditation des Korans, dem sie immer neue Wahrheiten entnahmen, und der genauen Nachfolge des Propheten, und ihre Selbstzucht ist fast erschreckend. Doch bald begannen einige Sufis zu erkennen, daß die gesamte Natur, wie es der Koran mehrfach bezeugt, den Lobpreis Gottes singt, und sie verstanden, daß ihr eigenes Gottgedenken im Einklang mit dem ununterbrochenen Lobgesang der Geschöpfe stand, den sie von Blumen und Steinen, von Tieren und Strömen vernahmen. Immer stärker wird auch das Element der Liebe, die strenge Askese erst in Mystik verwandelt. Es ist eine absolute Liebe, die nichts von

Gott will als Ihn selbst und die den im Gesetz geforderten Gehorsam unendlich übersteigert.

Der erste Höhepunkt dieser frühen, personalistischen und voluntaristischen Mystik ist al-Halladsch, der Märtyrer der Gottesliebe, dessen Schicksal seit seiner Hinrichtung im März 922 immer wieder die Fantasie der Dichter und Mystiker beschäftigt hat. Sein Ausspruch *anā'l-ḥaqq*, »Ich bin die absolute Wahrheit« oder, wie man meist übersetzt, »Ich bin Gott«, ist von ungezählten Mystikern nachgeahmt oder zumindest interpretiert worden, und sein Name erscheint daher auch immer wieder in diesem Büchlein. Freilich war Halladsch ein Mann, der ein ganz persönliches Verhältnis zu Gott hatte, den er in zarten Versen anredete oder von dem er sprach, obwohl er wußte, daß jedes Wort Ihn nur aufs neue verhüllt. In späteren Jahrhunderten aber wurde Halladschs Lehre ins Pantheistische umgedeutet, und so wird »Mansur«, wie ihn die Dichter gern mit seinem Vatersnamen nennen, derjenige, der es wagte, das Geheimnis der Einheit öffentlich zu verkünden und sich daher den Zorn der gelehrten Theologen zuzog.

Der Sufismus nahm zahlreiche Strömungen in sich auf, die im Nahen und Mittleren Osten, später auch in Indien, zu finden waren – frühere Forscher haben seine Abhängigkeit vom Neuplatonismus, vom Hellenismus, von indischen, buddhistischen, christlichen Lehren zu zeigen versucht; doch erwächst er aus dem Islam und nimmt nur in sich auf, was ihm gemäß scheint und was seinen Vertretern hilft, das Zentralthema des Islam immer genauer zu formulieren und immer poetischer zu umschreiben – nämlich die Tatsache, daß Gott Einer ist, daß nur Er handelt und, wie man bald erklärte, daß nur Er existiert.

Das krönende Werk dieser All-Einheitsmystik ist von dem aus Spanien gebürtigen Ibn'Arabi im frühen 13. Jahrhundert vollzogen worden; seine Lehren haben fast alle späteren mystischen Theorien, und in großem Maße die Dichtung der Zeit nach 1300, beeinflußt.

Doch es gibt zahlreiche andere Facetten des Sufismus: die

nüchterne Haltung Ghazzalis (gest. 1111), der in seiner »Wiederbelebung der Wissenschaften von der Religion« eine Verbindung gemäßigter mystischer Herzensfrömmigkeit mit der Gesetzesreligion vertrat, steht neben den subtilen Liebesspekulationen seines jüngeren Bruders Ahmad, in denen der Liebende fast mehr der Geliebte ist als der Geliebte, weil dieser sich im Liebenden wie in einem Spiegel erblickt. Ahmads hochbegabter Schüler 'Ainulqudat hat diese Gedanken weiter ausgeführt und büßte für seine Kühnheit mit dem Tode; im Werke Ruzbihan Baqlis (gest. 1209) erreichen sie ihre größte Reife.
Im gleichen Jahrhundert finden wir die hochschweifenden Gedankengänge des »Meisters der Erleuchtung«, Suhrawardi, die hellenistische und hermetische Lehren mit der Tradition Halladschs verbinden und iranische und ägyptische Elemente in einer weitgespannten Lichtphilosophie zu verschmelzen suchen.
Der persische Genius hatte sich der Poesie zum Ausdruck mystischer Erfahrungen stärker bedient als die Araber, unter denen es eigentlich nur einen überragenden mystischen Dichter gibt, nämlich 'Umar ibn al-Farid (gest. 1235), dessen Gedichte die klassische arabische Tradition zur Grundlage subtiler Gedanken machen. Die schönsten Werke der späteren arabischen sufischen Literatur aber sind in Prosa geschrieben, wie die prägnanten, kristallgleichen Sprüche Ibn 'Ata'ullahs oder die zurückhaltenden Briefe seines Kommentators Ibn 'Abbad von Ronda.
In Iran entstand schon früh eine mystisch gefärbte Lyrik, in der je länger je mehr das Objekt mehrdeutig ist: es mag der liebreizende junge Schenke sein, der dem Dichter berauschenden Wein kredenzt, oder Gott, der den Wein der urewigen Liebe an die Gläubigen ausschenkt. Jedes Symbol, jedes Bild wurde von den mystischen Theoretikern theologisch interpretiert; doch der eigentliche Reiz der Poesie liegt eben in ihrer schimmernden Doppeldeutigkeit, wie es Goethe treffend erkannt hat. Denn die irdische Liebe ist – wie Dschami in seiner berühmten Passage aus *Yusuf und Zulaicha* singt –

doch nur die Antwort auf die *eine* göttliche Schönheit, die sich überall manifestiert, und gleichermaßen ist die Liebe urewig: beim Ur-Vertrag, in dem Gott die ungeschaffenen Seelen fragte: »Bin ich nicht euer Herr?« (Sura 7/172) akzeptierten die Herzen die ewige Verbundenheit mit dem Geliebten, der allein von Ewigkeit zu Ewigkeit besteht. Liebe ist, wie schon Halladsch wußte, die dynamische Essenz Gottes, die sich bald im Leiden des Liebenden, bald in der Koketterie den Geliebten offenbart – daher die Leidenswilligkeit der Liebesmystiker.

In Iran entwickelte sich auch das mystische Epos *(mathnawi)*, das seit den Tagen Sana'is im frühen 12. Jahrhundert das eigentliche Vehikel religiöser Unterweisung wird. Die *mathnawis* Sana'is, 'Attars und Rumis enthüllen nicht nur mystische Geheimnisse, sondern sind Schatzhäuser volkstümlicher Erzählungen, Anekdoten, Überlieferungen, die von den Dichtern dazu verwendet wurden, geistige Wahrheiten in simplen Beispielen darzulegen. Während 'Attar der Meister prägnanter Erzählungen ist, wird das gewaltige *Mathnawi* Rumis, in dem sich Geschichten und Bedeutungen fast unauflöslich verschlingen, zur wichtigsten Quelle für die persisch sprechenden Mystiker; mit Recht ist es von Dschami im 15. Jahrhundert als »Koran in persischer Zunge« bezeichnet worden.

Während die Dichter Irans die verschiedensten poetischen Formen entwickelten, die dann von den mystischen und profanen Poeten der Türkei und Muslim-Indiens übernommen wurden, hatten im 12. Jahrhundert sich die ersten Sufi-Orden gebildet, Bruderschaften, welche die esoterische Lehre nun in weitere Kreise trugen. In späteren Jahrhunderten wurden diese Orden, die von Bengalen bis Westafrika wirkten, zu den eigentlichen Zentren der Sufi-Literatur, sei es Poesie für die mystischen Zusammenkünfte, seien es Lehrwerke oder Kommentare klassischer Texte, oder auch Briefe und Sammlungen von Aussprüchen.

Das bedeutet, daß die Sufi-Literatur alle Gattungen umfaßt. Von außerordentlich schwierig zugänglichen theoretischen

Schriften, die ohne ausführlichen Kommentar nicht zu verstehen sind, bis zu volkstümlichen Sängen in den National- und Regionalsprachen (wie Türkisch, Sindhi, Urdu, Paschto, Bengali, Pandschabi, Suaheli, Kurdisch u. a.), von höchst verfeinerter arabischer und noch mehr persischer lyrischer Poesie zu ernsten, fast unterkühlten, tiefgründigen Briefen der Seelenführer, von populären Wundergeschichten zu Unterweisungen in den Geheimnissen des Gottgedenkens und seiner Wirkungen sind alle Formen der Literatur vertreten. Selbst die Satire fehlt nicht; denn die großen Mystiker waren sich sehr bewußt, daß der Sufismus schon früh mancherlei Volk anzog, die nur »Musik und Tanz« suchten und sich die äußeren Formen zu eigen machten, ohne den harten Weg der Askese und Selbstläuterung unter der strengen Führung eines Meisters gehen zu wollen.

Zwei Hauptthemen bestimmen die Sufi-Literatur: das eine ist das *tauḥīd,* das Einheitsbekenntnis, das andere die Liebe. *Tauḥīd* bedeutet viel mehr als nur das Einheitsbekenntnis auszusprechen oder tausende von Malen zu wiederholen; es bedeutet, ganz in der göttlichen Einheit zu entwerden, denn »niemand hat das Recht, Ich zu sagen, als Gott allein« (Charraz in Bagdad, spätes 9. Jahrhundert). Der Sufi erkennt in allem Geschaffenen diese Einheit. In den gegensätzlichen Erscheinungsformen dieser Welt zeigen sich Gottes *jalāl* und *jamāl,* Seine Majestät und Seine Schönheit oder, um Rudolf Ottos moderne Formulierung zu verwenden, das *mysterium tremendum* und das *mysterium fascinans.* Sie sind wie »ein zweifarbiger Strick«, der zunächst die Einheit Gottes zu verdecken scheint; doch wer die »Färbung Gottes« (Sura 2/138) erreicht, der weiß, daß alle Gegensätze im göttlichen Wesen zusammenfallen, und daß dort auch Glaube und Unglaube nicht mehr bestehen, denn sie sind geschaffen, und »alles ist vergänglich außer Seinem Angesicht« (Sura 28/88).

Die Liebe aber ist das eigentliche Wesen Gottes, und die meisten späteren Dichter, vor allem in der persischen Tradition, haben beschrieben, wie sie sich immer und überall manifestiert und das Liebesspiel im Grunde nur mit sich selbst spielt.

Um diese Geheimnisse anzudeuten, haben sich die Dichter eines raffinierten Vokabulars bedient. Während die mystische Dichtung im Arabischen sich aus der klassischen arabischen Dichtung mit ihren Heldinnen inspiriert, wird in der persischen (und das heißt auch türkischen und Urdu) Tradition der gesamte Kosmos einbezogen: Rosen und Nachtigallen, Flamme und Falter, die koranischen Propheten und die Gestalten der persischen epischen Überlieferung dienen als Symbole für die Liebe der Seele zu Gott, für den Weg des Suchers zur ewigen Heimat, für die Verwandlung der rohen Substanz in »gekochte«, reife Menschlichkeit. Am Ende des Weges mag der göttliche Vogel, der Simurgh, erscheinen und die wandernden Seelenvögel erfahren lassen, daß sie selbst der göttliche Vogel sind. Oder der Wanderer taucht in das Meer seiner Seele, um dort Gott zu finden, den er vergeblich in Straßen und Märkten, in Himmel und Erde gesucht hat.

Die volkstümliche Poesie hat neben diesen klassischen Themen Bilder aus ihrer eigenen Heimat übernommen: die Verse anatolischer Sänger führen uns in die endlosen Hochsteppen Anatoliens, während die indischen Mystiker heimische Legenden übernehmen und die Wahrheit in Worten ausdrükken, die auch der ungebildete Landmann, die kornmahlende Hausfrau, das Mädchen, das seine Aussteuer spinnt, verstehen können. Alle aber lehren, daß der Mensch sein niederes Selbst aufgeben und sich mit guten Eigenschaften bekleiden soll, und führen so in mannigfachen Wegen zu dem einen Ziel, der Vereinigung mit dem göttlichen Geliebten.

Es sind uns auch Selbstzeugnisse von Mystikern erhalten, die wichtige Quellen für die mystische Psychologie sind und ein manchmal erschreckendes Selbstbewußtsein zeigen: der Mystiker, der behauptet, die Einigung mit der *ḥaqīqa muḥammadiyya,* dem »archetypischen Muhammad« erreicht zu haben, sieht sich als den Mittelpunkt und die Achse seiner Zeit an, und es ist für den Außenstehenden schwierig, die in späterer Zeit immer häufiger und ausführlicher werdenden Selbstzeugnisse in Poesie und Prosa recht einzuschätzen.

Jede der hier angedeuteten Gruppen wäre in ein eigenes Buch auszuarbeiten gewesen: ein anmutiges Buch sufischer Tierlegenden wäre ebenso leicht zusammenzustellen wie Anthologien persischer, arabischer, türkischer oder anderer Gedichte; das Leben und die Nachwirkungen des Märtyrermystikers Halladsch sind gewiß ebenso erregend (und für unsere Zeit wohl noch relevanter) als die komplizierten theosophischen Gedankengänge Ibn 'Arabis, dessen Werk langsam im Westen erschlossen wird. Ruzbihan Baqlis glühende Liebesbeschreibungen in einer fast unübersetzbar kühnen Sprache würden einen ebenso interessanten Band ausmachen wie die lehrhaften Geschichten Suhrawardis, des Meisters der Erleuchtung, der seine hohe Mystik in einfach erscheinenden Bildern darlegt, während die Hauptwerke seiner Namensvettern, des Ordensgründers Abu Nadschib as-Suhrawardi und seines Neffen Abu Hafs 'Omar, bereits dem westlichen Leser zugänglich gemacht worden sind. Die Briefe Ibn 'Abbads enthalten reiche Belehrung für den Leser, der in eine Welt der Stille geführt wird (und gleiches könnte man von den Briefen seines Zeitgenossen Scharafuddin Maneri in Indien sagen, die ebenfalls übersetzt sind), während die Anekdoten 'Attars eine unerschöpfliche Quelle der Belehrung und manchmal auch der Erheiterung sind, die fast ein wenig von dem dunklen Gesamtton seines Werkes ablenken. Ekstatische Konfessionen gibt es genug in der islamischen Mystik, die nur ihres Interpreten harren, der die reiche Welt mystischer Paradoxe hier erforschen könnte, und die einzelnen Aspekte des Gottgedenkens erlauben tiefe Einblicke in das Seelenleben der meditierenden Sufis.

Es scheint mir typisch, daß die erste und die letzte große Gestalt in der Anthologie Frauen sind: die Frau hat in der islamischen Mystik eine beachtliche Rolle gespielt, sei es als schöpferische Führerin, wie Rabi'a, sei es als Helferin großer Sufis, oder in ihrer Rolle als Mutter, die die Persönlichkeit ihres Sohnes von früh an prägte. Zahlreiche Biographien bezeugen diese wichtige Rolle. Aber auch als Heilige erscheint sie überall von Nordafrika bis nach Indien, und in unserer Zeit haben

sich einige Frauen besonders in der Seelenführung ausgezeichnet.
Daß unsere Auswahl vierzig Gestalten umfaßt, war nicht geplant; doch ergab es sich plötzlich, und da Vierzig in der islamischen Tradition die Zahl der Vorbereitung, der vierzigtätigen Klausur und vieler anderer Riten ist und ferner auf die vierzig Stufen hinweist, die den Menschen nach mystischer Lehre von Gott trennen, scheint es eine gute Zahl für eine einführende Überschau zu sein.
Vielleicht ermöglicht die Vielfalt der Texte es dem Leser, die Form des Sufismus weiter zu verfolgen, die ihn am meisten anspricht, denn »die Wege zu Gott sind so zahlreich wie die Atemzüge der Menschen«

In allen Dingen liegt ein Zeugnis ja,
Das darauf hinweist, daß Er einer ist.

Die Literatur über den Sufismus ist außerordentlich umfangreich; als Einführung können folgende Werke empfohlen werden:
Reynold A. Nicholson, *The Mystics of Islam,* London 1914
Arthur J. Arberry, *Sufism. An Account of the Mystics of Islam,* London 1950
ders., *An Introduction to the History of Sufism,* London 1942
Fritz Meier, *Vom Wesen der islamischen Mystik,* Basel 1943
G. C. Anawati – L. Gardet, *Mystique Musulmane,* Paris 1961
M. Molé, *Les mystiques musulmans,* Paris 1965
A. Schimmel, *Mystical Dimensions of Islam,* Chapel Hill 1975; deutsch: *Mystische Dimensionen des Islam,* Köln 1985 (mit ausführlicher Bibliographie)
dies., *As through a Veil. Mystical Poetry in Islam,* New York 1982
Richard Gramlich, *Die schiitischen Derwischorden,* Bd. 1–3, Wiesbaden 1965, 1974, 1981

Die früheste Phase des Sufismus wird behandelt von
Tor Andrae, *I Myrtenträdgården*, Uppsala 1947; deutsch von H. H. Kanus *Islamische Mystiker*, Stuttgart 1960 englisch von Birgitta Sharpe *In the Garden of Myrtles,* Albany NY 1987

Eine liebenswerte Einführung in die persische Tradition:
Cyprian Rice, *The Persian Sufis,* London ²1969

Vom Standpunkt der Ibn'Arabi-Schule aus schreiben
Martin Lings, *What is Sufism,* London
ders., *A Sufi Saint of the Twentieth Century,* London² 1971
S. H. Nasr, *Sufi Essays,* London 1972

Grundlegende Übersetzungen klassischer Werke sind:
Richard Hartmann, *Al-Kuschairis Darstellung des Sufitums,* Berlin 1914
Hujwīrī, *Kashf al maḥjūb,* transl. by Reynold A. Nicholson, London 1911, mehrere Reprints
Kalābādhī, *Kitāb at-taʿarruf,* übersetzt von A. J. Arberry, *The Doctrine of the Sufis,* London 1935
Abū Ḥafṣ ʿUmar as-Suhrawardi, *ʿAwārif al maʿārif,* deutsch von Richard Gramlich: *Die Gaben der Erkenntnisse des ʿUmar as-Suhrawardī,* Wiesbaden 1979
Walther Braune, *Die Futūḥ al-ġaib des ʿAbdul Qādir,* Berlin-Leipzig 1933 (ein Werk des Begründers des größten Sufi-Ordens, der Qadiriyya)
Fritz Meier, *Die fawāʾiḥ al-ǧamāl wa fawātiḥ al-ǧamāl des Naǧm-uddin al-Kubrā,* Wiesbaden 1957
ders., *Abu Saʿīd Abūʾl-Ḫair. Leben und Legende.* Teheran-Paris-Leiden 1976

Für Spezialstudien zu in unserer Anthologie aufgeführten Autoren siehe die einzelnen Kapitel
Anthologien:
F. A. D. Tholuck, *Blüthenlese aus der morgenländischen Mystik,* Berlin 1825
Margaret Smith, *Readings from the Mystics of Islam,* London 1950
dies., *The Sufi Path of Love,* London 1954
M. M. Moreno, *Antologia della Mistica Arabo-Persiana,* Bari 1951
A. Schimmel, *Dein Wille geschehe, Gebete aus dem Islam*, Boundorf 1993
Constance E. Padwick, *Muslim Devotions*, London 1961

رابعة العدوية

Rabi'a al-'Adawiya

»jene vom Schleier der Elite Verhüllte, jene vom Vorhang der Aufrichtigkeit Verschleierte, jene von Liebe und Sehnsucht Verbrannte, jene in Nähe und Glühen Bekannte, jene in Vereinigung Verschwundene, jene von den Männern Angenommene, die zweite Maria die Reine ...« So beschreibt 'Attar die Mystikerin des 8. Jahrhunderts, die den Begriff der reinen Gottesliebe in die islamische Mystik eingeführt hat. Rabi'a (gest. 801) war eine Sklavin, die aber von ihrem Meister freigelassen wurde und sich dann bis ins hohe Alter ausschließlich der Verehrung Gottes widmete. Viele Legenden ranken sich um sie, die sie oft mit dem großen Theologen und Asketen Hasan al-Basri verbinden, der jedoch schon starb (728), als sie noch ein Kind war. Der Name »Rabi'a« wird noch heute zur Bezeichnung einer überaus frommen und tugendhaften Frau gebraucht.

Quelle: 'Aṭṭār, *Tadhkirat al-auliyā* Bd. I, S. 62–77
Margaret Smith, *Rābi'a the Mystic and her Fellow-Saints in Islam*, Cambridge 1928
Zu anderen Gestalten der frühen Mystik siehe die grundlegende Studie von Hellmut Ritter, »Hasan al-Basri«, *Der Islam* XXI, 1933, ferner
Josef van Ess, *Die Gedankenwelt des Ḥārit al-Muḥāsibī, anhand von Übersetzungen aus seinen Schriften dargestellt und erläutert*, Bonn 1961.

*

ES WIRD erzählt, daß Ibrahim ibn Adham volle vierzehn Jahre wanderte, bis er zur Kaaba gelangte, da er an jedem Gebetsplatz zwei *rak'a*[1] Gebete verrichtete. Als er schließlich ankam,

[1] Eine *rak'a* ist eine Einheit aus Beugungen, Niederwerfungen und Knien und Stehen; mehrere – mindestens zwei – *rak'a* sind für das Pflichtgebet erforderlich.

sah er das Haus (= die Kaaba) nicht und sprach: »O, was hat sich da ereignet – vielleicht ist meinen Augen etwas passiert!« Eine Stimme aus dem Unsichtbaren rief: »Deinem Auge ist gar nichts geschehen, doch die Kaaba ist gegangen, um eine Schwache zu empfangen, die sich hierher wendet!« Ibrahim brauste vor Eifersucht auf und sagte: »Wer ist denn das bloß?« Er lief hin und sah Rabi'a kommen, und die Kaaba begab sich auf ihren Platz. Als Ibrahim das sah, sprach er: »O Rabi'a, was ist das denn alles für eine Aufregung und Erregung, die du in der Welt verursacht hast?« Sie sprach: »Ich habe keine Aufregung in der Welt verursacht, sondern du, da du vierzehn Jahre gezögert hast, bis du zum Hause /Gottes/ gekommen bist.« »Ja«, sagte er, »ich habe diese vierzehn Jahre im Gebet in der Wüste zugebracht.« Sie sagte: »Du hast sie im Pflichtgebet zugebracht und ich im Flehen!« Sie ging und vollzog die Pilgerfahrt und weinte bitterlich und sprach: »O Herr Gott, Du hast sowohl der Pilgerfahrt große Belohnung zugesagt als auch dem Unglück. Nun, wenn meine Pilgerfahrt akzeptiert ist, wo ist die Belohnung für meine Pilgerfahrt? Und wenn Du sie nicht akzeptiert hast, so ist das ein großes Unglück, und wo ist die Belohnung für das Unglück?« Dann kehrte sie um, kam zurück nach Basra und war mit Gottesdienst beschäftigt.

*

MAN SAGTE zu ihr: »Woher bist du gekommen?« Sie sprach: »Von jener Welt.« Man sagte: »Und wohin willst du gehen?« Sie sagte: »In jene Welt.« Man fragte: »Was tust du in dieser Welt?« Sie sagte: »Ich bin voll Bedauern.« Sie sagten: »Wieso?« Sie sprach: »Ich esse das Brot dieser Welt und tue das Werk jener Welt.« Man sagte: »Du bist süßredend, du wärest eines Festungsbauers würdig.« Sie sprach: »Ich selbst bin Festungsbauer; was immer in mir ist, lasse ich nicht heraus, und was immer außerhalb von mir ist, lasse ich nicht hinein. Wenn jemand kommt und geht, hat er nichts mit mir zu tun. Ich hüte mein Herz *(dil)*, nicht den Lehm *(gil)*.« Sie sagten: »Liebst du den Allerhöchsten?« Sie sagte: »Ja.« Sie fragten:

»Hassest du den Teufel?« Sie sagte: »Nein.« »Warum?« Sie sprach: »Weil ich den Erbarmer so sehr liebe, bin ich dem Teufel nicht gram, denn ich habe den Gesandten Gottes im Traume gesehen, der mich fragte: ›Rabi'a, liebst du mich?‹ Ich sagte: ›O Gesandter Gottes, wen gäbe es, der dich nicht liebt; aber die Gottesliebe hat mich so völlig ergriffen, daß kein Raum für Freundschaft oder Feindschaft mit irgendeinem anderen geblieben ist.‹ Sie sprachen: »Was ist Liebe?« »Liebe ist aus der Urewigkeit gekommen und geht in die Ewigkeit, und in den achtzigtausend Welten ist keiner, der eien Schluck von ihr trinkt und nicht zuletzt zu Gott geht, und daher kommt das Wort ›Er liebt sie und sie lieben Ihn‹ (Sura 5/59).« Sie fragten: »Siehst du Ihn, den du anbetest?« Sie sagte: »Sähe ich Ihn nicht, so würde ich Ihn nicht anbeten.«

*

EINMAL zur Frühlingszeit ging sie in ihr Haus und senkte den Kopf. Ihre Dienerin sprach: »O Herrin, komm heraus und betrachte die Schöpfung!« Rabi'a sagte: »Komm du lieber herein, damit du den Schöpfer siehst – die Betrachtung des Schöpfers hat mich von der Anschauung des Geschaffenen abgelenkt.«

*

EINE Gruppe von bedeutenden Leuten kamen zu Rabi'a. Sie fragte einen von ihnen: »Warum betest du Gott an?« Er sagte: »Die sieben Ebenen der Hölle sind so gewaltig, und alle müssen daran vorbei – und der Elende ist vor Furcht entsetzt.« Ein anderer sprach: »Die Stufen des Paradieses enthalten einen lieblichen Aufenthaltsort, und dann ist Ruhe versprochen.« Rabi'a sprach: »Ein schlechter Diener ist's, der seinen Herrn aus Furcht vor der Hölle anbetet oder in Hoffnung auf Lohn!« Sie sagten: »Und warum betest du Ihn an, wenn du das Paradies nicht begehrst?« Sie sprach: »Erst der Nachbar, dann das Haus«.[1]

---

1 Arabisches Sprichwort

MAN SAH sie in den Straßen von Basra, mit einem Eimer in der einen Hand und einer Fackel in der anderen. Gefragt, was das bedeute, antwortete sie: »Ich will Wasser in die Hölle gießen und Feuer ans Paradies legen, damit diese beiden Schleier verschwinden und niemand mehr Gott aus Furcht vor der Hölle oder in Hoffnung aufs Paradies anbete, sondern nur noch um Seiner ewigen Schönheit willen.«

*

O GOTT, was immer Du mir an weltlichem Gut zugeteilt haben magst, gib es Deinen Feinden, und was immer Du mir an jenseitigem Gut zugeteilt haben magst, gibt es Deinen Freunden – Du bist genug für mich!
O GOTT, wenn ich Dich aus Furcht vor der Hölle anbete, so verbrenne mich in der Hölle, und wenn ich Dich in Hoffnung auf das Paradies anbete, gib es mir nicht, doch wenn ich Dich um Deiner selbst willen anbete, so enthalte mir Deine ewige Schönheit nicht vor!

*

O GOTT, mein Tun und mein Wunsch in dieser Welt ist nur, Dein zu gedenken, und im Jenseits nur, Dich zu treffen. Von mir kommt nur, daß ich sage: was immer Du mit mir tun willst, das tue.

ذوالنون المصري

Dhu'n-Nun der Ägypter

war in Oberägypten von nubischen Eltern geboren. Um ihn ranken sich zahllose Legenden; denn er wurde nicht nur als Mystiker, sondern eher als Magier angesehen, soll Bücher über Alchemie verfaßt haben, und war während der Verfolgung der Altgläubigen um 840 in Bagdad im Kerker. Er starb 859. Ihm werden Definitionen der ma'rifa, *der intuitiven Gotteserkenntnis oder – im weiteren Sinne – »Gnosis« zugeschrieben; vor allem aber erscheinen uns seine poetischen Gebete wichtig, in denen er, dem koranischen Wort getreu, den Lobpreis Gottes aus allem Geschaffenen vernahm. Damit führt er einen neuen Ton in die ernste, asketische Frömmigkeit der frühen Sufis ein, der später in den Naturschilderungen persischer und türkischer Mystiker voll ausgebildet ist. Auch kurze Anekdoten benutzte er zur Verdeutlichung der mystischen Erfahrungen. »Und die allermeisten Einwohner Ägyptens nannten ihn einen Ketzer; andere waren über sein Werk verwirrt und leugneten ihn, so lange er lebte, und bis er gestorben war, erkannte keiner seinen wahren Zustand, da er sich so sehr verhüllte.«* ('Aṭṭār, *Tadhkirat al-auliyā*)

Quellen:
'Attār, *Tadhkirat al-auliya*, Bd. 1, S. 112–134; Abu Nu'aim, *Ḥilyat al-auliyā*, Vol. IX 331–395, X. 3–4, ferner zahlreiche Zitate in Sarrāj, *Kitāb al-luma'*.

*

ES WIRD erzählt, daß eines Tages ein Kind zu Dhu'n-Nun kam und sagte »Ich habe 100000 Dinar, die möchte ich in deinem Dienste ausgeben und dieses Geld für deine Derwische spenden!« Dhu'n-Nun fragte: »Bist du volljährig?« Er sagte:

»Nein.« Er sprach: »Dann darfst du es nicht ausgeben; gedulde dich, bist du volljährig bist.« Nun, als der Knabe volljährig wurde, kam er wieder und legte sein Reuegelöbnis in die Hand des Scheichs ab und gab jenes Geld den Derwischen, bis daß diese 100000 Dinar nicht mehr da waren. Eines Tages ereignete sich etwas, und die Derwische hatten überhaupt nichts mehr, das sie ausgeben konnten. Der junge Mann sagte: »Ach, was für ein Jammer – wo sind nochmals 100000 Dinar, daß ich sie für diese Edlen spenden könnte!« Dhu'n-Nun hörte das und wußte, daß er noch nicht zur wahren Erkenntnis gelangt war, weil er sich noch um weltliches Gut kümmerte. So rief er den jungen Mann und sagte: »Geh zum Laden von dem und dem Drogisten, und sage ihm in meinem Auftrag, er solle dir drei Unzen von der und der Medizin geben.« Er ging und brachte die Medizin. Er sprach: »Tu sie in einen Mörser und reibe sie ganz fein; dann gieß ein wenig Öl darauf, so daß es ein Teig wird. Davon machst du drei Kugeln und stichst in jede mit einer Nadel ein Loch, und dann bringst du sie mir.« Der junge Mann tat so und brachte sie. Dhu'n-Nun rieb sie in der Hand und hauchte darauf, so daß es drei Rubine wurden, derengleichen man niemals gesehen hatte. Er sprach: »Bring sie zum Basar und laß sie schätzen, aber verkaufe sie nicht!« Der junge Mann ging zum Basar und zeigte sie dort, und [die Juweliere] wollten jeden davon für tausend Dinar kaufen. Der Jüngling ging zurück und erzählte es dem Scheich. Da sagte Dhu'n-Nun: »Leg sie in den Mörser, stoße sie und wirf sie ins Wasser!« Das tat er, und warf sie ins Wasser. Der Meister sprach: »Mein Kind, diese Derwische sind nicht um des Brotes willen hungrig – es ist ihr eigener Wunsch!« Da bereute der junge Mann und erwachte, und in seinem Herzen blieb keine Spur mehr von den Dingen dieser Welt.

*

ZEHN Jahre lang hatte Dhu'n-Nun Appetit auf Fleischgrütze, doch gab er seiner Triebseele nicht nach. Die Nacht des Opfer-Festes kam, und seine Triebseele sagte zu ihm: »Wie wärs, wenn du mir morgen zum Fest einen Bissen Fleischgrütze gäbst?[1]« Er sagte: »Triebseele, wenn du das willst, werde ich es tun, falls du diese Nacht mit mir übereinstimmst, daß ich den gesamten Koran in zwei *rak'a* rezitiere!« Die Triebseele stimmte dem zu, und am nächsten Tag machte er Fleischgrütze und stellte sie vor sich. Er reinigte sich die Finger und stellte sich hin zum Gebet. Sie fragten: »Was ist los?« Er sagte: »In diesem Moment hat meine Triebseele gesagt: ›Jetzt kriege ich endlich, was ich seit zehn Jahren haben will!‹, und da habe ich gesagt: ›Bei Gott, du kriegst es nicht!‹« Dhu'n-Nun sagte das gerade, als ein Mann eintrat mit einem Topf Fleischgrütze, den er vor ihn stellte und sagte: »O Meister, ich bin nicht von selbst gekommen; ich bin geschickt worden. Wisse, ich bin ein Lastträger und habe Kinder, die seit langem Fleischgrütze haben wollten. Nun hatte ich Geld gespart und gestern habe ich diese Grütze für das Fest gekocht. Heute nacht, als ich eingeschlafen war, sah ich im Traum die weltenschmückende Schönheit des Gesandten Gottes – Gott segne ihn und gebe ihm Heil! – der zu mir sagte: ›Wenn du mich morgen sehen willst, dann geh zu Dhu'n-Nun und sage ihm: Muhammad der Sohn 'Abdallahs des Sohnes 'Abd al-Muttalibs setzt sich dafür ein, daß du einen Augenblick mit deiner Triebseele Frieden schließt und ein paar Bissen essest!‹« Dhu'n-Nun weinte und sagte: »Ich gehorche dem Befehl.«

*

JEMAND sagte zu Dhu'n-Nun: »Zeige mir den Größten Namen Gottes!« Er sprach: »Zeige mir den kleinsten!« und warf ihn hinaus.

*

---

1 Beim Opferfest während der Pilgerfahrt, das in allen islamischen Gebieten durch das Schlachten eines Schafes o. ä. gefeiert wird, wird überall Fleisch gegessen; daher die Fleischgrütze

O GOTT, mein Vermittler bei Dir sind die Gnaden, die Du mir erwiesen hast, und mein Fürsprecher bei Dir die Wohltaten, die Du mir erzeigt hast!
O Gott, ich rufe Dich in der Menge, wie man einen Herrn anruft, und ich rufe Dich in der Einsamkeit, wie man einen Geliebten anruft. In der Menge sage ich: »O mein Gott!« und in der Einsamkeit: »O mein Freund!« Ich sehne mich nach Dir und bezeuge Dein Herrschertum, indem ich bekenne, daß Du mein Herr bist und der, zu dem ich zurückkehre. Deine Barmherzigkeit für mich begann, ehe ich noch erwähnt ward: Du schufest mich aus Staub, dann ließest Du mich in den Lenden weilen und brachtest mich in den Mutterschoß. Du formtest mich und ließest mich in der Finsternis zwischen Blut und Fleisch wohnen und bildetest mich in der Form eines Mannes. Dann brachtest Du mich in die Welt, wohlgeformt und heil, und beschütztest mich in der Wiege als winziges Kind und ernährtest mich mit trinkbarer Milch. Du bereitetest mir den Schoß der Mutter und ließest in ihrem Herzen Liebe und Zärtlichkeit für mich wachsen. Du zogest mich aufs beste auf und leitetest mich aufs schönste. Du schütztest mich vor den Anschlägen der bösen Geister und hütetest mich vor teuflischen Menschen. Du bewahrtest mich vor einem Zuviel am Leibe, das mir hätte schaden können, und vor einem Zuwenig, das mir hätte Schande machen können.
Geheiligt bist Du und erhaben, mein Herr, o Erbarmer – wenn ich auch alle Worte aufbrauchte, so könnte ich doch Deine übergroßen Wohltaten nicht aufzählen!
Du schenktest mir jedes Jahr neue Leitung, Erhabener, Herr der Majestät und Größe, bis Du mich meine Stellung einnehmen ließest, die Elemente meines Leibes gestärkt und meinen Verstand vervollkommnet hattest. Dann nahmst Du den Schleier der Nachlässigkeit von meinem Herzen und gabest mir ein, die Wunder Deiner Werke und die Herrlichkeiten Deiner Schöpfung zu erblicken. Du gabst mir einen starken Beweis für Deine Existenz und wiesest mich zu Dir; Du lehrtest mich, was Deine Propheten gebracht haben. Du nährtest mich mit mannigfachem Lebensunterhalt und mit verschie-

denen Beigaben durch Deine große Güte und Deine urewige Gnade und formtest mich recht. Dann ließest Du es nicht bei *einer* Wohltat bewenden, sondern warst nicht zufrieden, bis Du mir alle Wohltaten geschenkt, alles Übel von mir abgewendet hattest. Du zeigtest mir die Sünden, damit ich sie vermeiden, und die Fehler, damit ich sie verabscheuen kann, und leitetest mich zu dem, das mich Dir näherbringt. Wenn ich Dich rief, so hast Du geantwortet; wenn ich Dich bat, so hast Du mir gegeben; wenn ich Dich lobte, so hast Du mir gedankt, und wenn ich Dir dankte, so hast Du mir noch mehr geschenkt.
O mein Gott, welche Deiner Wohltaten könnte ich aufzählen, und für welche Deiner Gaben könnte ich Dir genug danken: für all das Gute, das Du mir so reichlich geschenkt, für all das Böse, das Du von mir abgewendet hast!

*

DHU'N-NUN erzählte: Auf einer meiner Reisen traf ich eine Frau. Ich fragte sie nach dem Ende der Liebe. Sie sagte: »Du Dummkopf, Liebe hat kein Ende!« Ich sagte: »Warum?« Sie sagte: »Weil der Geliebte kein Ende hat!«

*

DIE Heimsuchung ist das Salz des Gläubigen; wenn die Heimsuchung fehlt, so verdirbt er.

*

DHU'N-NUN ging zu einem Bruder, einem von den Sufis, die man um der Gottesliebe willen erwähnt. Er sah ihn von Heimsuchung betroffen, doch er sagte: »Derjenige liebt Gott nicht, der in dem Leid, das Gott schickt, Schmerz empfindet!« Dhu'n-Nun sagte: »Ich würde vielmehr sagen, derjenige liebt Gott nicht, der sich seiner Liebe zu Gott rühmt!« Da rief jener: »Ich bitte Gott um Verzeihung und wende mich reuevoll zu ihm!«

DHU'N-NUN war krank. Jemand kam, ihn zu besuchen, und sagte dann: »Der Schmerz vom Freunde ist angenehm!« Da wurde Dhu'n-Nun sehr ärgerlich und sprach: »Wenn du Ihn kenntest, würdest du Seinen Namen nicht so leichthin aussprechen!«

*

JEMAND sagte zu Dhu'n-Nun: »Derjenige, der nicht Seinen Schlag geduldig erträgt, ist nicht aufrichtig in seiner Liebe!« Er sprach: »Nein, derjenige, der Seinen Schlag nicht genießt, ist nicht aufrichtig in seiner Liebe.«

*

O GOTT, mache unsere Augen zu Springbrunnen von Zähren; lasse unsere Brust gefüllt sein mit Tränenbränden; lasse unsere Herzen schwimmen in den Wogen des Klopfens an die Himmelstore, und lasse sie umherschweifen aus Furcht in den Wüsten und Steppen! Öffne unseren Blicken eine Pforte zu Deiner Erkenntnis und unserer Erkenntnis das Verständnis der Schau im Lichte Deiner Weisheit, o Geliebter der Herzen aller Verwirrten, o Endziel des Wunsches aller Wünschenden!

*

DAS Kennzeichen eines kranken Herzens ist vierfach: eines ist, daß es keine Süße im Gehorsam empfindet, das zweite, daß es Gott nicht fürchtet, das dritte, daß es die Dinge nicht anblickt, um daraus ein Exempel zu lernen, und viertens, daß es nicht versteht, was es von der [religiösen] Wissenschaft hört.

*

DHU'N-NUN wurde gefragt: »Was ist das Kennzeichen der Vertrautheit mit Gott?« Er sprach: »Wenn du siehst, daß Er dich den Geschöpfen entfremdet, so macht Er dich mit sich vertraut, und wenn du siehst, daß Er dich mit Seiner Schöpfung vertraut macht, so wisse, daß Er dich von sich entfernt.«

JEDER, der in Wahrheit Gottes gedenket, vergißt im Gedenken alles andere, und jeder, der im Gedenken an Ihn alles vergißt, dessen sämtliche Angelegenheiten nimmt Gott wahr, und Gott wird ihm zum Ersatz für alle Dinge.

*

NICHTS erblickt Gott, das nicht stürbe, und wiederum erblickt nichts Gott, das nicht lebe – denn Sein Leben ist ewig, und wer Ihn erblickt, bleibt in Ihm.

*

ICH hatte Tränen – Du hast sie vernichtet;
Ich hatte Augen – Du ließest sie bluten.
Ich hatt' einen Körper – Du suchtest ihn heim;
Ich hatte ein Herz, und Du hast es verzehrt.
Ich hatte auch, Herr, einen Blick, und ich schaute
Mit ihm Deine Wahrheit – Du machtest ihn blind.
O Herr, sieh, Dein Diener ist tödlich erkrankt –
Du heilst ihn noch heute, wenn Du es so willst!

*

GOTT, nie lausche ich auf die Stimme eines Tieres oder das Rauschen eines Baumes, das Sprudeln von Wasser oder den Sang eines Vogels, das Brausen des Windes oder das Dröhnen des Donners, ohne zu finden, daß sie Deine Einzigkeit bezeugen und darauf hinweisen, daß es keinen gleich Dir gibt, daß Du der Herrscher bist, der nicht beherrscht werden kann, der Weise, der keine Unwissenheit kennt, der Gerechte, der nicht grausam ist, der Vertrauenswürdige, der nicht lügt!

*

ALS ihn die Todeskrankheit befiel, fragte man ihn: »Was ist dein Wunsch?« Er sprach: »Mein Wunsch ist, daß ich einmal, bevor ich sterbe, Ihn für einen Augenblick erkenne.« Dann rezitierte er den folgenden Vers:

Die Furcht machte mich krank,
die Sehnsucht verbrannte mich,
Die Liebe fesselte mich,
und Gott hat mich wieder belebt.

Und dann verließ ihn eines Tages das Bewußtsein. Yusuf ibn Husain [ar-Razi] sagte: »Bei seinem Tode sagte ich: ›Gib mir einen guten Rat!‹« Er sprach: »Schließe dich an einen solchen an, von dessen Äußerem du Heil findest und dessen Gesellschaft dich zum Guten bewegt und dessen Anblick dich Gottes gedenken läßt.« Andere sagten zu Dhu'n-Nun zur Zeit des Todeskampfes: »Gib uns einen Rat!« Er sagte: »Stört mich nicht, denn ich bin in Staunen versunken über all Seine Wohltaten!« Dann starb er. In der Nacht, da er die Welt verließ, sahen siebzig Personen den Propheten im Traum und, wie sie erzählten, sagte er: »Der Freund Gottes wünschte zu kommen; ich bin hergekommen, um ihn zu empfangen.«
Als er starb, sah man auf seiner Stirn in grünen Lettern geschrieben: »Dies ist der Freund Gottes, gestorben in der Liebe Gottes; dies ist der von Gott mit dem Schwerte Gottes Getötete!«
Als sie seine Bahre aufhoben, war ungeheuer starker Sonnenschein; da kamen die Vögel des Himmels und flogen über seine Tür und hielten seinen Leichenzug beschattet vom Hause bis zum Rande des Grabes. Und auf dem Wege, auf dem sie ihn trugen, begann der Gebetsrufer mit dem Gebetsruf, und als er an das Glaubensbekenntnis kam, erhob Dhu'n-Nun den Finger unter der Decke. Die Leute schrieen auf: »Er ist noch lebendig!« Sie setzten die Bahre ab, und der Finger war erhoben, doch er war tot. So sehr sie sich bemühten, der Finger ging nicht an seine Stelle zurück. Die Leute in Ägypten, die dies sahen, wurden alle höchlichst betroffen und sprachen: »Wir bereuen all die Grausamkeiten, die sie ihm angetan haben!« und taten Dinge an seinem Grabe, die man nicht beschreiben kann.

بایزید بسطامی

Abu Yazid (Bayazid) Bistami

steht wie eine einsame Feuergestalt in der nordpersischen Welt. Wenige Mystiker haben das Interesse ihrer Mitmenschen mehr erregt, wenige sind häufiger zitiert worden als der Meister von Bistam, der versuchte, dem Göttlichen durch den Weg der Negation nahezukommen. Sein schaṭḥ *(theopathischer Ausspruch)* Subḥānī mā aʿẓama schānī *»Ruhm sei mir – wie groß ist meine Macht!« wurde gern mit dem* Anā'l-ḥaqq *des jüngeren Halladsch zusammengestellt: denn das Wort* subḥān *wird nur in Verbindung mit Gott verwendet, wie im Ausruf* Subḥān Allāh *»Ruhm sei Gott!« als Ausdruck höchster Bewunderung. Bayezid (gest. 874) stand in Verbindung mit seinen sufischen Zeitgenossen und wurde zum Thema für mannigfache Legenden, die seine Glaubensstärke zeigen.*

Hellmut Ritter, »Die Aussprüche des Bāyezīd Bisṭāmī«, *West-Östliche Abhandlungen Rudolf Tschudi zugeeignet,* hersg. Fritz Meier, Wiesbaden 1954, daraus sind die meisten Zitate entnommen

Reynold A. Nicholson, »An early Arabic Version of the Miʿrāj of Abū Yazīd al-Bisṭāmī«, *Islamica* II 1925

R. C. Zaehner, *Hindu and Muslim Mysticism,* London 1960 (will den »indischen« Charakter von Bayezids Aussprüchen nachweisen)

Quelle: ʿAṭṭār, *Tadhkirat al-auliyā,* I, 134–179

*

Es wird erzählt, daß Dhu'n-Nun einen seiner Gefährten zu Bayazid sandte, damit er ihm berichte, was das für ein Mann sei. Als der Mann nach Bistam kam, fragte er nach dem Hause Bayazids und ging zu ihm hinein. Bayazid sprach: »Wen suchst du?« Er antwortete: »Bayazid!« Bayazid antwortete: »Wer ist Bayazid? Und wo ist Bayazid? Ich selber suche

Bayazid!« Da ging der Mann fort und sprach: »Der Mensch ist verrückt!« Er ging zurück zu Dhu'n-Nun und erzählte ihm sein Erlebnis. Der aber weinte und sagte: »Mein Bruder Bayazid ist fortgegangen unter denen, die zu Gott gegangen sind.«

*

JEMAND berichtete: Ich betete hinter Abu Yazid das Mittagsgebet. Als er die Hände zum *Allāhu akbar* erheben wollte, konnte er es nicht aus Ehrfurcht vor Gottes Namen. Seine Brust bebte, so daß ich das Knirschen seiner Knochen hören konnte, und ich entsetzte mich darüber.

*

ICH RIEF meine Seele zu Gott, aber sie verweigerte mir die Gefolgschaft und machte Schwierigkeiten. Da ließ ich sie stehen und ging weiter zu Gott.

*

MAN FRAGTE ihn: »Wann gelangt der Mensch zu Gott?« Er antwortete: »Du Armseliger, gelangt er denn überhaupt zu Ihm?«

*

SEIN NEFFE 'Isa fragte ihn nach seiner Weltentsagung. Er sprach: Die Entsagung *(zuhd)* hat keinerlei Wert. Ich war drei Tage in der Entsagung, am vierten Tage war ich damit fertig. Am ersten Tage entsagte ich dem Diesseits und allem, was darinnen ist; am zweiten Tage entsagte ich dem Jenseits und allem, was darinnen ist. Am dritten Tage entsagte ich allem außer Gott, und als der vierte Tag kam, war mir nichts übrig geblieben als Gott. Ich geriet in verzweifelte Sehnsucht. Da hörte ich eine Stimme sagen: »O Bayazid, du bist nicht stark genug, um es mit Mir allein auszuhalten!« Ich sagte: »Das ist gerade, was ich will!« Da rief die Stimme: »Du hast gefunden, gefunden!«

EINMAL ging ich nach Mekka, da sah ich nur das Haus und sprach zu mir selber: »Die Wallfahrt ist nicht angenommen, denn solche Steine habe ich viele gesehen.« Dann ging ich wieder hin; da sah ich das Haus und den Herrn des Hauses. Da sagte ich: »Das ist noch kein richtiger Monotheismus.« Ich ging zum dritten Male; da sah ich nur den Herrn des Hauses, und das Haus nicht.

*

EINST wollte er einen Bruder besuchen. Als er zum Oxus kam, rückten die beiden Ufer des Flusses zusammen, damit er trockenen Fußes hinübergehen könnte. Da sprach er: »Herr, was soll diese Arglist? Nicht darum habe ich Dir gedient!« und kehrte um.[1]

*

ANFANGS bildete ich mir ein, ich gedächte Seiner und kennte Ihn und liebte Ihn und suchte Ihn. Am Ende aber sah ich, daß Er meiner eher gedacht hatte als ich Seiner, daß Seine Kenntnis meiner Erkenntnis vorausging, daß Seine Liebe früher war als meine, und daß Er mich gesucht hatte, bevor ich Ihn suchte.

*

DIE Sehnsucht ist der Palast der Liebenden. In diesem Palast ist ein Thron aus der Strafe der Trennung aufgestellt und ein Schwert von dem Schrecken des Getrenntseins gezückt und ein Narzissenstengel der Vereinigung in die Hand der Hoffnung gelegt. Nun sind siebentausend Jahre vergangen, und noch ist die Narzisse grünfrisch, denn die Hand keines Hoffens hat sie je erreichen können.

*

WENN man mir die acht Paradiese in meine Hütte brächte und mir die Herrschaft über beide Welten zuteilte, so gäbe ich

1 Der Gedanke, daß Wunder eine göttliche List sind, durch die der Mystiker auf dem Wege aufgehalten wird, findet sich bei allen großen Sufis

dafür doch nicht einen Seufzer hin, der des Morgens im Gedenken an die Sehnsucht nach Ihm aus der Tiefe meiner Seele steigt.

*

DREI Eigenschaften gibt Gott dem, den Er liebt: eine Freigebigkeit wie die des Ozeans, eine Milde wie die der Sonne und eine Demut wie die der Erde.

*

SEIT dreißig Jahren wasche ich jedesmal, wenn ich Gottes gedenken will, Mund und Zunge mit Wasser aus Hochachtung vor Gott.

*

DREISSIG Jahre gedachte ich Gottes. Als ich schwieg, sah ich, daß mein Gedenken mein Schleier war [der mich von Gott getrennt hatte].[1]

*

WENN der Anfänger schreit und ruft, so ist er ein Wasserbekken; wenn er schweigt, wird er ein Meer voller Perlen.

*

MEIN GOTT, wenn Du den Menschen vergeben würdest von Adam angefangen bis zum Jüngsten Tag, so würdest Du doch nur einer Handvoll Staub vergeben, und wenn Du sie brennen lassen würdest, so würdest Du doch nur eine Handvoll Staub verbrennen!

*

BAYAZID sah Gott im Traum. Der sagte: »Alle Menschen verlangen etwas von Mir, nur Bayazid verlangt Mich selbst.«

---

1 Das Gedenken schließt noch Zweiheit ein, während das Ziel das völlige Aufgehen des gedenkenden Menschen in das Objekt des Gedenkens, Gott, ist.

ZWÖLF Jahre war ich der Schmied meines Ich, bis ich aus meinem Ich einen blanken Spiegel gemacht hatte. Fünf Jahre lang war ich mein Spiegel. Dann sah ich ein Jahr lang hinein, und sah um meine Hüften einen Magiergürtel.[1] Fünf weitere Jahre arbeitete ich, diesen Gürtel zu zerreißen, bis er zerrissen war und ich mich von neuem zum Islam bekehrte. Ich blickte hin und sah alle Menschen tot. Ich verrichtete das Totengebet über sie und kehrte von dem Begräbnis ihrer aller zurück und gelangte ohne die Belästigung durch das Volk mit Gottes Hilfe zu Gott.

*

ER ERHOB mich einmal und stellte mich vor sich und sprach zu mir: »O Bayazid, Meine Geschöpfe möchten dich gerne sehen.« Da sprach ich: »Schmücke mich mit Deiner Einheit und bekleide mich mit Deiner Ichheit und erhebe mich zu Deiner Eins-heit, damit wenn Deine Geschöpfe mich sehen, sie sagen: »Wir haben Dich gesehen!« und Du bist es und ich bin nicht mehr dort.«

*

ICH FLOG im Raum und im Nichtraum drei mal dreißigtausend Jahre. Als man mich zuließ zum erhabenen Thron, da erschien auch dort nur Bayazid. Ich rief: »O Gott, hebe den Vorhang auf!« Da kam aus dem Vorhang wieder Bayazid hervor.

*

YAHYA ibn Mu'adh schrieb an Bayazid:
»Ich bin berauscht, da ich so viel aus dem Becher Seiner Liebe getrunken habe!« Bayazid antwortete: »Du bist berauscht und hast nur die überquellenden Tropfen getrunken; aber ein anderer hat schon die Meere des Himmels und der Erde ausgetrunken und ist nicht satt geworden, und seine Zunge hängt vor Durst heraus, und er ruft: »Ist nicht noch mehr da?«

1 Der *zunnār*, »Magiergürtel«, ist das Zeichen der Ungläubigen.

يحيى بن معاذ

Yahya ibn Mu'adh

dessen Briefwechsel mit Bayazid Bistami so oft zitiert wird, ist unter den frühen Sufis als »der Prediger« bekannt, und manche seiner Kollegen haben ihn getadelt, daß er der Hoffnung besonders viel Raum gab. Yahya stammte aus Rayy nahe Teheran, verbrachte aber einen guten Teil seines Lebens im östlichen Iran, zunächst in Balch, dann in Nischapur, wo er 871 starb. Es heißt, daß er eine Anzahl Bücher verfaßt habe, »von eleganter Form, dem Ohr angenehm, fein in ihrer Substanz und nützlich für Devotionen«,[1] *und in der Tat heben sich seine kurzen Aussprüche und anmutigen Verse stark von den Aussprüchen seiner Zeitgenossen ab. Yahya vertrat eine geradezu »evangelische« Frömmigkeit, einen tiefen Glauben an die Güte Gottes und eine Freude an Ihm, die ihn auch dazu führte, kleine Tanzliedchen zu dichten, denn:*

»Ein Senfkorn Liebe ist meiner Meinung nach besser als siebzig Jahre Gottesdienst ohne Liebe.«

Sein Gottvertrauen hebt sich ab von der finsteren asketischen welthassenden Haltung der frühen Asketen, und wie Rabi'a wußte auch er, daß Gott das einzige Ziel in beiden Welten war.

Quellen:
'Aṭṭār, *Tadhkirat al-auliyā*, I 300–310; Abu Nu'aim, *Hilyat al-auliyā X 53-54*

---

1 Hujwiri, *Kashf al-mahjub*, Übers. von R. A. Nicholson, S. 123

DIE WELT ist eine Braut. Wer sie begehrt, der kämmt sie; der Asket schwärzt ihr das Gesicht und reißt ihr die Haare aus und zerreißt ihre Kleider; aber der, welcher Gott erkennt, ist mit seinem Herrn beschäftigt und kümmert sich nicht um sie.

*

WELCHER Unterschied zwischen dem, der um des Mahles willen zum Festmahl kommt und dem, der zum Festmahl kommt, um seinen Freund zu treffen!

*

WENN man mir die Hölle gäbe, würde ich niemals einen Liebenden verbrennen, weil die Liebe ihn ja schon hundertmal verbrannt hat. – Einer fragte: »Und wenn der Liebende nun viele Sünden hat, würdest du ihn dann auch nicht verbrennen?« Er sagte: »Nein, denn diese Sünden hat er nicht aus freiem Willen begangen; denn das Handeln der Liebenden geschieht unter Zwang, nicht freiwillig.«

*

MIT den Menschen sprechet wenig,
und mit Gott sprechet viel!

*

DER TOD ist schön; er läßt den Freund zum Freunde gelangen.

*

O GOTT, alles, was Du mir in dieser Welt geben willst, das gib den Ungläubigen, und alles, was du mir im Jenseits geben willst, das gib den Gläubigen; denn mir ist es genug, in dieser Welt Dein zu gedenken und in jener Welt Dich zu schauen!

*

WENN ich bereue, so läßt Er mich wünschen,
Und wenn ich sündige, läßt Er mich hoffen.
Wenn ich entfliehe, so ruft Er mich zu sich,
Wenn ich mich nahe, zieht Er mich heran.

Wenn ich Ihn liebe, erzeigt Er mir Freundschaft,
Weih' ich mich ganz Ihm, so spricht Er vertraut,
Und Er verzeiht mir, wenn ich mich vergehe,
Und wenn ich gut bin, belohnet Er mich.
O mein Geliebter, Du bist mein Erbarmer!
Nimm meine Traurigkeit alle von mir!
Dir gilt allein alle Sehnsucht des Herzens,
Sei's insgeheim oder sei's offenbar!

*

WENN mich das Geschick mit einer List der Heimsuchung trifft, so begegne ich ihm mit einer List von Gebet.

*

WENN Du von uns Dein gnädiges Antlitz abwendest, so suchen wir Dich zu begütigen durch das Wort »Es gibt keine Gottheit außer Gott«.

*

O GOTT, Du hast es gern, daß ich Dich liebe, obgleich Du meiner nicht bedarfst – wie sollte ich es nicht gern haben, daß Du mich liebst, wo ich Deiner so sehr bedarf?

*

O GOTT, wenn ich mich auch nicht von der Sünde zurückhalten kann, so kannst Du doch die Sünde verzeihen!

*

O GOTT, wie sollte ich mich um der Sünde willen vom Gebet zurückhalten, wo ich doch sehe, daß Du Deine Gaben nicht um meiner Sünden willen zurückhältst? Wenn ich auch sündige, schenkst Du doch Deine Gaben, und so kann auch ich, wenn ich auch sündige, nicht vom Gebet ablassen.

*

O GOTT, jeder, der jemand liebt, sucht dessen Ruhe; aber wenn Du jemanden liebst, so läßt Du Heimsuchungen über sein Haupt regnen!

O GOTT, wie soll ich mich vor Dir fürchten, wo Du doch gnädig bist, und wie soll ich mich nicht vor Dir fürchten, wo Du doch mächtig bist?

*

O GOTT, wie kann ich Dich rufen, da ich doch ein rebellischer Knecht bin, und wie könnte ich Dich nicht rufen, da Du doch ein gnädiger Herr bist?

*

O GOTT, ich habe nichts für das Paradies getan, und ich habe nicht die Kraft, die Hölle zu ertragen – nun liegt die Sache bei Deiner Gnade!

*

VERZEIHE mir, denn ich gehöre zu Dir!

سمنون المحب

Sumnun al-Muhibb, »der Liebende«,

der sich selbst »der Lügner« nannte, gehörte zum Bagdader Kreis um 900. »Er hatte eine besondere Religionsschule in der Liebe und eine besondere Neigung und sagte, daß die Liebe der Ursprung und Grund des Weges zu Gott dem Erhabenen sei«, schreibt Hudschwiri von ihm[1]*, und ʿAttar beschreibt ihn als »den ohne Furcht und ganz Liebe, den ohne Intellekt und ganz Herz, jener Falter der Kerze der Schönheit, jener vom Morgen der Vereinigung Verwirrte.«*[2] *Für ihn war Liebe höher und wichtiger als Erkenntnis, und so heißt es:*

Man kann etwas nur ausdrücken durch ein Mittel, das subtiler als das Ausgedrückte ist – nichts aber ist subtiler als die Liebe, so daß man sie ausdrücken könnte.

Eine Reihe von Studien beschäftigen sich mit der Sufik in Bagdad und dem Irak um 900, vor allem:

Abdel Kader, *The Life, Personality, and Writings of al-Junayd,* London 1962, das die zentrale Persönlichkeit des frühen Sufismus behandelt;

Gerhard Böwering, *The Mystical Vision of Existence in Classical Islam: The Qur'ānic Hermeneutics of the Sufi Sahl At-Tustari* (d. 283/896), Berlin 1979

A. J. Arberry hat das *Kitāb as-ṣidq, The Book of Truthfulness,* des wichtigen Meisters Abū Bakr al-Charrāz herausgegeben, Oxford 1937

Paul Nwyia, *Trois oeuvres inédites de mystiques musulmans: Šaqīq al-Balḫī, Ibn ʿAṭā, Niffarī,* Beirut 1973

ders., *Exegèse coranique et langage mystique,* Beirut 1970, ist ein ausgezeichneter Überblick über die Entwicklung der frühen mystischen Theologie.

---

1 Hujwiri, Übers. Nicholson, S. 398
2 ʿAttar, *Tadhkirat al-auliya* II/72

ALS ER in den Hidschaz reiste [um die Pilgerfahrt zu vollziehen], sagten die Leute von Faid zu ihm: »Sprich etwas zu uns!« Er bestieg die Kanzel und sprach, fand aber keine Hörer. Da wandte er sich zu den Kronleuchtern: »Mit Euch werde ich über die Liebe reden!« Sofort schlugen die Leuchter zusammen und wurden zerschmettert.

*

UND ES wird berichtet, daß er eines Tages über die Liebe sprach. Ein Vöglein kam aus der Luft herab und setzte sich auf seinen Kopf, dann auf seine Hand, dann auf seinen Schoß, und von dort aus auf den Boden. Dann schlug es so heftig mit dem Schnabel auf den Boden, daß Blut aus seinem Schnabel kam; dann fiel es hin und starb.

*

ER WURDE gefragt: »Warum ist Liebe mit Heimsuchung verbunden?« Er antwortete: »Damit nicht jeder Niedrige behaupten kann zu lieben, sondern, wenn er die Heimsuchung sieht, flieht.«

*

ES WIRD erzählt, daß er einmal in seinem Gebet sagte: »O Gott, worin Du mich immer prüfen willst, Du wirst mich recht darin finden und ich werde mich dareinschicken und nichts sagen!« Sofort überfiel ihn ein Schmerz, daß er es kaum ertragen konnte, doch sagte er nichts. Am nächsten Morgen sagten seine Nachbarn zu ihm: »O Scheich, was war gestern mit dir los? Durch dein Klagegeschrei haben wir nicht schlafen können!« Er aber hatte keinen Ton von sich gegeben, doch die Gestalt seiner Seele hatte sich seiner bemächtigt und war ans Ohr der Nachbarn gedrungen, so daß Gott der Erhabene ihm zeigte, daß Schweigen inneres Schweigen ist: »Wenn du wirklich still gewesen wärest, dann hätten deine Nachbarn es nichts gemerkt. Sag nicht etwas, was du nicht kannst!«

ICH HAB' mein Herz von dieser Welt getrennt –
Mein Herz und Du sind nicht getrennt für mich,
Und wenn der Schlummer mir die Augen schließt,
So find ich zwischen Lid und Auge Dich.

الحسين بن منصور الحلاج

Husain ibn Mansur al-Halladsch

ist zweifellos der berühmteste aller frühislamischen Mystiker. Sein Ausspruch anā'l-ḥaqq, *»Ich bin die Absolute Wahrheit«, oder, wie meist übersetzt, »Ich bin Gott«, ist bis heute immer wieder kritisiert oder von Vertretern der Einheitsmystik zu ihrem Motto erhoben worden. Der in Süd-Iran geborene Halladsch lebte für eine Zeitlang bei dem Mystiker Sahl at-Tustari, ging aber dann nach Bagdad. Pilgerfahrten, die er mit übersteigerter Askese ausführte, und Reisen, die ihn bis Zentralasien und Indien führten, erregten seine Sufi-Kollegen ebenso wie die seltsamen Briefe, die er aus aller Welt erhielt. Seine Auffassung, daß gewisse religiöse Pflichten durch andere, »nützlichere« Taten ersetzt werden könnten, und seine auf völlige Verinnerlichung gerichtete leidenschaftliche Frömmigkeit machten ihn in den Augen der Frommen wie der Regierung suspekt, und 913 wurde er eingekerkert, am 26. März 922 grausam hingerichtet.*
'Attar berichtet:

Jemand fragte Halladsch: »Was ist Liebe?« Er antwortete: »Du wirst es heute und morgen und übermorgen sehen.« Und an diesem Tage hackten sie ihm die Hände und Füße ab, am nächsten Tag hängten sie ihn, und am dritten Tage gaben sie seine Asche dem Wind.

Halladsch ist als der Märtyrer der mystischen Liebe in die Geschichte eingegangen, und sein Schicksal – interpretiert als das eines liebenden Freiheitshelden, der vom Establishment getötet wird – ist noch immer ein Modell für solche, die für ihre Ideale alle Qualen auf sich nehmen und Erfüllung im Opfertod finden.

Halladschs Gestalt, die in mannigfachen Aspekten in der islamischen Mystik erscheint, ist in jahrzehntelanger Arbeit von Louis Massignon in den rechten Rahmen gestellt worden; dank seiner Studien erscheint der Märtyrer-Mystiker nicht mehr als »Pantheist, der in unglaublicher Kühnheit den Schleier vom Pantheismus aufhob«, wie Tholuck 1821 schrieb. Er hat an der Transzendenz Gottes festgehalten, doch erfahren, daß der ungeschaffene göttliche Geist in Momenten der Ekstase sich dem geschaffenen menschlichen Geiste vereinen kann und dann durch ihn spricht. Er hinterließ zarte Gedichte, Fragmente eines Korankommentars, Riwāyāt, *Berichte, die durch himmlische Autoritäten gestützt werden, und das im Kerker verfaßte* Kitāb aṭ-ṭawāsīn.

Louis Massignon, *La Passion d'al-Hosayn ibn Manṣour al-Hallāj, martyr mystique de l'Islam,* Paris 1922; neue Auflage in 4 Bdn. Paris 1975
Kitāb aṭ-ṭawāsīn, avec le texte persan de Ruzbihān Baqlī, ed. et traduit par L. Massignon, Paris 1913
Divan. Essai de reconstitution, par L. Massignon, *Journal Asiatique* 218, Jan.-Juli 1931; trad. et présenté par L. Massignon, Paris 1955.
Dīwān, ed. mit Kommentar von K. M. ash-Shaibi, Beirut 1973

Louis Massignon hat eine große Anzahl von Aufsätzen dem Überleben Halladschs in der späteren Literatur gewidmet, und ist immer wieder auf ihn zurückgekommen. Die wichtigste Quelle ist:
Akhbār al-Ḥallāj, ed. L. Massignon et Paul Kraus, Paris 1936, 3. Aufl. 1957
R. Arnaldez, *Hallaj ou la religion de la croix*, Paris 1964
A. Schimmel, *Halladsch, »O Leute, Rettet mich vor Gott«*, Freiburg 1985
dies., »The Martyr mystic Hallaj in Sindhi folk poetry«, *Numen* IX 3, 1962
dies., »Zur Verwendung des Halladsch-Motivs in der indo-persischen Poesie«, *Mélanges offerts à Henry Corbin,* ed. S. H. Nasr, Teheran-Paris 1977
H. H. Schaeder, »Die persische Vorlage von Goethes Seliger Sehnsucht« *Festschrift für Eduard Spranger,* Berlin 1942

*

HALLADSCH kam nach Wasit, wo er etwas zu tun hatte. Der erste Laden, den er fand, gehörte einem Baumwollhändler. Dem übertrug Halladsch die Sorge, seine Arbeit in Ordnung zu bringen. Der Mann hatte einen Raum voll von Baumwolle. Halladsch sagte zu ihm: »Geh du, um meine Sache in Ordnung zu bringen, ich kümmere mich inzwischen um deine Arbeit.« Der Mann ging fort, und als er wiederkam, sah er, daß alle Baumwolle in seinem Laden gehechelt war. Das waren aber 24000 Pfund. Von diesem Tage an wurde Halladsch mit diesem Namen (d. h. »Baumwollkrempler«) benannt.

*

EINER der vertrautesten und nächsten Nachbarn Halladschs berichtet: Halladsch pflegte am 1. Ramadan die Absicht zum Fasten zu formulieren und das Fasten am Tage des Festes zu brechen,[1] und er pflegte den Koran jede Nacht in zwei *rak'as* vollständig zu rezitieren. Und am Festtag pflegte er ein schwarzes Gewand anzulegen und zu sagen: »Dies ist das Gewand eines, dessen Werke zurückgewiesen werden.«

*

AL-HULWANI sagte: Ich war mit Halladsch und dreien seiner Schüler zusammen, und meine Karawane befand sich halbwegs zwischen Wasit und Basra. Halladsch sprach eine Weile, und in seinen Worten war von Süßigkeiten die Rede. Da sagten wir: »Der Meister hat für Süßigkeiten zu sorgen!«
Da hob er sein Haupt und sprach:
»O Du, den die innersten Herzen nicht erreichen und den die Vorstellungen der Einfälle und Meinungen nicht berühren, der durch jede Gestalt und Form zu erblicken ist, ohne sie zu berühren und sich zu vermischen! Du bist es, der sich durch jeden Einzelnen manifestiert; Du bist es, der sich mit Urewigkeit und Ewigkeit schmückt. Du bist nicht zu finden außer bei Verzweiflung und zeigst Dich nicht außer in Verkleidung. Wenn meine Nähe bei Dir irgendwelchen Wert hat, und meine Entfremdung von den Geschöpfen, um Dir nahe zu sein, irgendwelche Verdienste hat, so gib uns Süßigkeiten, damit meine Gefährten zufrieden sind!«
Dann bog er etwas vom Wege ab, ungefähr eine Meile, und dort sahen wir Stücke von verschiedenfarbigem Halwa und

1 Jede religiöse Handlung muß mit der Absichtserklärung, *niya*, begonnen werden. Man formuliert die Absicht, für den folgenden Tag (oder für eine gewisse Zeit) zu fasten, oder ein Gebet von so-und-so-vielen *rak'a* zu verrichten

aßen davon; er aber aß nicht. Und als wir uns satt gegessen hatten und zurückkehrten, kam mir seinetwegen ein Verdacht in den Sinn; ich wandte den Blick nicht von jenem Ort ab und merkte ihn mir so gut wie man das in solch einem Fall kann. Dann bog ich vom Wege ab, um mich zu reinigen, während sie weitergingen, und kehrte zu der Stelle zurück, sah aber nichts. Da betete ich zwei *rak'as* und sprach: »O Gott, befreie mich von diesem niedrigen Verdacht!« Da rief mir eine himmlische Stimme zu: »O du! Ihr habt Halwa auf dem Berge Qaf gegessen,[1] und du suchst nun hier die Krümel? Denk an etwas Besseres! Denn dieser Scheich ist nicht anderes als der Engel dieser und jener Welt!«

*

NIEMALS steigt und niemals sinkt die Sonne,
Ohne daß nach Dir der Sinn mir stände.
Nie sitz mit den Leuten ich zu sprechen,
Ohne daß mein Wort Du wärst am Ende.
Keinen Becher Wasser trink ich dürstend,
Ohne daß Dein Bild im Glas ich fände.
Keinen Hauch tu ich, betrübt noch fröhlich,
Dem sich Deingedenken nicht verbände.

*

DEIN Bildnis mir im Auge, Dein Wohnort mir im Herz,
Im Mund das Deingedenken –
und wo verbirgst du Dich?

*

WENN dich die Rosse der Entfernung drängen,
Verzweifeln dir die Hoffnung rauben möchte,
So nimm der Demut Schild in deine Linke,
Das Schwert des Weinens fasse mit der Rechten,
Und hüte dich, o hüte dich, sei furchtsam!
Gib acht vor der verborgenen Tyrannis!
Und überkommt die Trennung dich im Finstern,

1 Der Berg Qaf umspannt nach islamischer Auffassung die ganze Welt

So geh zum Kerzenlicht des Herzensfriedens,
Sprich zum Geliebten: »Hier siehst Du mein Elend –
Verzeihe gnädig mir noch vor dem Treffen!«
Und bei der Liebe! Kehre ja nicht wieder
Vom Freunde, eh dein Wunsch Belohnung fand!

*

AHMAD ibn ʿAta ibn Haschim al-Karchi sagte: Ich ging eines Nachts hinaus in die Wüste und sah Halladsch auf mich zukommen. Ich wandte mich zu ihm und sagte: »Der Friede sei mit dir, Meister!« Er sprach: »Hier ist ein Hund, der ist hungrig. Bring mir ein geröstetes Lamm und zwei Brotfladen; ich warte hier.« Ich ging, kaufte etwas und brachte es ihm. Er band den Hund an einen seiner Füße und legte das Lamm und die Brotlaibe vor ihn, bis er sie aufgefressen hatte. Dann ließ er den Hund frei und schickte ihn fort und sagte zu mir: »Das ist es, was meine Triebseele seit Tagen von mir fordert, und ich habe ihr widerstanden, bis sie mich diese Nacht heraustrieb, um es zu suchen; aber Gott der Erhabene hat mich über sie obsiegen lassen!«[1]

Dann wurde er verzückt und begann in Ekstase zu rezitieren:

Ungläubig ward ich nun für Gottes Religion –
Mir ist Unglaube Pflicht –
doch schlecht bei den Muslimen.

Dann sprach er zu mir: »Kehre um und folge mir nicht; es könnte dir schaden!«

*

GEPRIESEN sei, dess Menschheit klar erzeigte
Das strahlende Geheimnis Seiner Gottheit,
Der sich dann Seiner Schöpfung offenbarte
In der Gestalt dess, »welcher ißt und trinkt«,
Bis Seine Schöpfung Ihn mit Augen schaute
Gleich einem Blick von einem Lid zum anderen.[2]

---

1 Der Hund, besonders der schwarze Hund, ist ein häufiges Symbol der *nafs*, Triebseele

2 Für »Menschheit« und »Gottheit« verwendet Halladsch die christlichen und christologischen Termini *nāsūt* und *lāhūt*

WELCH Land wär' leer von Dir, daß jene,
Dich suchend, bis zum Himmel gehen?
Du siehst: Sie schauen deutlich zu Dir,
Die Dich vor Blindheit doch nicht sehen.

*

HUSAIN ibn Mansur schrieb einen Brief folgenden Textes: Im Namen Gottes des Barmherzigen des Erbarmers, der Sich durch alles dem manifestiert, dem Er will. Friede sei mit dir, mein Sohn! Gott möge dir das Äußere des Religionsgesetzes verhüllen und dir das wahre Wesen des Unglaubens enthüllen. Denn das Äußere des Religionsgesetzes ist verborgener Unglaube, und das wahre Wesen des Unglaubens ist deutliche Erkenntnis.

Ferner: Lob sei Gott, der auf der Spitze einer Nadel erscheint, wem Er will, und sich in den Himmeln und Erden verhüllt, vor wem Er will, damit dieser bezeuge »Er ist nicht« und jener bezeuge »Es gibt keinen außer Ihm«. Doch ist nicht derjenige verwerflich, der bezeugt, daß Er nicht ist, noch ist derjenige lobenswert, der bezeugt, daß Er ist.

Was ich mit diesem Brief bezwecke, ist, dir zu raten, daß du dich nicht von Gott täuschen läßt und nicht an Ihm verzweifelst, daß du Seine Liebe nicht begehrst und dich nicht damit zufriedengibst, Ihn nicht zu lieben. Sprich nicht über Ihn, um Ihn zu bestätigen, und neige dich nicht Seiner Negation zu. Und hüte dich vor dem Bekenntnis Seiner Einheit! Leb wohl!

*

'ABDUL-WADUD ibn Sa'id ibn 'Abd al-Ghani sagte:
Ich trat bei Halladsch ein und sagte zu ihm: »Gib mir einen Hinweis auf das Einheitsbekenntnis!«

Er sprach: »Das Einheitsbekenntnis liegt außerhalb der Worte, so daß du es aussprechen könntest!«

Ich sagte: »Was bedeutet dann ›Es gibt keinen Gott außer Gott‹«? Er sprach: »Ein Wort, mit dem Er das gewöhnliche Volk beschäftigt, damit sie nicht mit den wahren Einheitsbekennern vermischt werden. Das ist die Erläuterung des Einheitsbekenntnisses von jenseits des Religionsgesetzes.«

Dann färbten sich seine Wangen rot, und er sprach: »Soll ich es dir kurz zusammenfassen?« Ich sagte: »Ja«!
Er sprach: »Wer behauptet, er erkläre Gott als Einen, der hat Ihm bereits etwas zugesellt.«[1]

*

GLAUBE und Unglaube unterscheiden sich im Hinblick auf den Namen; aber im Hinblick auf die Wirklichkeit gibt es keinen Unterschied zwischen ihnen.

*

DIE Behauptung, Ihn zu kennen, ist Unwissenheit; Ihm fortwährend zu dienen, ist Mangel an Ehrfurcht; sich zu hüten vor dem Kampf mit Ihm ist Verrücktheit; sich täuschen zu lassen von Seinem Frieden ist Dummheit. Disputation über Seine Attribute ist Verwirrung; Schweigen hinsichtlich Seiner Anerkennung ist Furchtsamkeit. Nähe bei Ihm zu suchen ist Kühnheit; mit Seiner Ferne sich dankbar zufrieden zu geben, ist niedrige Gesinnung.

*

KEINER bekennt Gott als Einen außer Gott selbst, und keiner kennt das wahre Wesen des Einheitsbekenntnisses als der Gesandte Gottes.

*

WER Ihn kennt, beschreibt Ihn nicht, und wer Ihn beschreibt, kennt Ihn nicht.

*

HALLADSCH diktierte einem seiner Schüler:
Wahrlich; Gott – Er ist heilig und erhaben, und Ihm gebührt das Lob – ist *eine* Essenz, durch sich selbst bestehend durch Seine Vorzeitlichkeit, isoliert von dem was nicht Er ist, sich

---

1 »Zugesellung«, *schirk*, d. h. jemand neben Gott anzuerkennen, ist die schwerste Sünde für einen Muslim. Nach extrem-mystischer Auffassung ist schon der, der das Glaubensbekenntnis ausspricht, kein echter *muwaḥḥid*, Monotheist, weil er noch einen anderen, nämlich sich, das sprechende Subjekt, neben Gott bestehen läßt

vereinzelnd von dem, was außer Ihm ist, durch absolutes Herr-Sein. Nicht mischt sich etwas mit Ihm, und nicht vermengt sich mit Ihm ein anderes; nicht enthält Ihn ein Ort, und nicht erfaßt Ihn eine Zeit; nicht schätzt Ihn ein Gedanke ab, und nicht bildet sich Ihn ein Einfall ein; nicht erreicht Ihn ein Blick, und nicht ergreift Ihn Erschlaffung.

Dann geriet er in ekstatische Freude und rezitierte:

Meine Besessenheit hält Dich heilig,
Und was ich denk' über Dich, ist Verwirrung.
Ach, es hat mich der Liebste verwirret
Und eine Braue mit bogigem Schwung.
Und es deutete schon die Liebe
Drauf, daß die Nähe nur Täuschung ist.

Dann sprach er:
Mein Sohn, hüte dein Herz davor, an Ihn zu denken, und deine Zunge, Seiner zu gedenken; doch benutze die beiden dazu, Ihm immer zu danken. Denn über Sein Wesen nachzudenken und sich Seine Attribute vorzustellen und Ihn mit Worten zu bestätigen, gehört zu den gewaltigsten Sünden und zum höchsten Hochmut.

*

WISSE, daß der Mensch, wenn er Gottes Einheit bekennt, sich selbst bestätigt, und wer sich selbst bestätigt, begeht verborgene Abgötterei. Gott der Erhabene ist es, der selbst seine Einheit bekennt durch die Zunge eines, den Er will, unter Seinen Geschöpfen. Wenn Er sich selbst als Einer bekennt durch meine Zunge – so ist Er Er, und es ist Seine Sache – andernfalls, was habe ich mit dem Einheitsbekenntnis zu tun?

Wer den Verstand zu Ihm als Führer annimmt,
Den läßt verwirrt Er auf die Weide ziehn;
Sein Innres wird vermischt mit lauter Täuschung,
Bis daß verstört er fragt: »Ach, gibt es Ihn?«

*

WER die göttliche Wahrheit mit dem Licht des Glaubens sucht, ist wie einer, der die Sonne mit dem Licht der Sterne sucht.

WER die Urewigkeit und die endlose Ewigkeit betrachtet und seine Augen gegenüber allem verschließt, was dazwischen liegt, der bestätigt das Einheitsbekenntnis. Und wer seine Augen vor Urewigkeit und endloser Ewigkeit verschließt und das betrachtet, was dazwischen liegt, verrichtet den Gottesdienst. Und wer sich vom Dazwischen und von den beiden Enden fernhält, der hat den Griff der Wahrheit in die Hand bekommen.

*

IBN HADDAD al-Misri erzählt:
In einer mondhellen Nacht ging ich hinaus zum Grabe Ahmad ibn Hanbals.[1] Da sah ich dort von weitem einen Mann, der nach Mekka hin gewandt stand. Ich näherte mich ihm, ohne daß er es merkte, und siehe, es war Husain ibn Mansur, der weinte und sprach:
»O Du, der mich mit Seiner Liebe berauscht hat und mich in der Feldern Seiner Nähe verwirrt gemacht hat, Du bist es, der durch die Vorzeitlichkeit isoliert ist, der allein ist auf dem Throne der Wahrhaftigkeit. Daß Du Dich dort aufhälst, geschieht durch Gerechtigkeit, nicht durch Gleichmäßigkeit; Deine Ferne geschieht durch Verhüllung, nicht durch Sich-Zurückziehen; Deine Gegenwart geschieht durch Kennen, nicht durch Verändern des Platzes; Deine Abwesenheit geschieht durch Sich-Verschleiern, nicht durch Abreisen. Nichts ist über Dir, daß es Dich beschatten könnte, nichts unter Dir, daß es Dich heben könnte, nichts vor Dir, daß es Dich begrenzen könnte, nichts hinter Dir, daß es Dich erreichen könnte!
Ich bitte Dich bei der Ehre dieser Gräber, die Du angenommen hast, und der Stufen, die von mir gesucht werden, daß Du mich nicht mir zurückgibst, nachdem Du mich mir entrissen hast, und mich mein Selbst nicht wiedersehen läßt, nachdem Du es vor mir verhüllt hast. Vermehre meine

1 Ahmad ibn Hanbal, Traditionarier und Führer der hanbalitischen Rechtsschule, st. 855

Feinde in Deinem Lande und diejenigen Deiner Diener, die es unternehmen, mich zu töten!«
Als er mich dann bemerkte, wandte er sich zu mir und lachte mir zu und kehrte um und sagte: »Abu'l-Hasan, der Zustand, in dem ich mich befinde, ist die erste Station der Novizen!«
Ich sagte verwundert: »Was sagst du da, Meister? Wenn dies die erste Station der Novizen ist, was ist dann die Station dessen, der darüber steht?«
Er sprach: »Ich habe gelogen. Es ist die erste Station der Muslime. Nein vielmehr, ich habe wieder gelogen: es ist die erste Station der Ungläubigen!«
Dann schrie er dreimal auf und fiel hin, und Blut floß ihm aus der Kehle. Er gab mir mit der Hand ein Zeichen, ich solle gehen. So ging ich und verließ ihn. Als es Morgen wurde, sah ich ihn in der Moschee Mansurs. Er nahm meine Hand und wandte sich mit mir in eine Ecke und sprach: »Bei Gott, ich beschwöre dich, laß keinen das erfahren, was du gestern von mir gesehen hast!«

*

BUCHSTABEN vier, durch die mein Herz entzückt ist,
Mein Denken und mein Sinnen sich verwirrt:
A, anziehend zur Schöpfung die Geschöpfe,
L, lauter Tadel, der mich überkommt.
L, nochmals, lehrt, daß noch mehr Tadel heimsucht,
H, das mich schweifen läßt – verstehst du das?
[ALLAH].[1]

*

ALS HALLADSCH den Schlußgruß des Nachtgebetes verrichtete, sprach er: »O Gott, Du bist der, welcher durch alles Gute erhofft wird, und bist es, welcher bei jeder wichtigen Angelegenheit angerufen wird, von dem die Erfüllung jedes Bedürfnisses erhofft und von dessen umfassender Huld alle Vergebung und Erbarmung gefordert wird. Du kennst und

---

1 Solche Buchstabenspiele werden im Laufe der Zeit bei den Mystikern immer häufiger

wirst nicht gekannt; Du siehst und wirst nicht gesehen; Du hast Kenntnis von den Winkeln der tiefsten inneren Empfindungen Deiner Geschöpfe, und Du bist allmächtig. Ich aber, da ich den Lufthauch des Zephirs Deiner Liebe und den Dufthauch Deiner Nähe gefunden habe, sehe die festgegründeten Gebirge für niedrig an und halte Himmel und Erden für gering. Bei Deiner Wahrheit! Wenn Du mir das Paradies verkaufen wolltest für einen Moment meiner Entrückung oder für einen Nu meiner heißesten Atemzüge – ich würde es nicht kaufen. Und wenn Du vor mich das Höllenfeuer stelltest, voll mit allen Arten Deiner Strafe, würde ich es für leicht halten gegenüber dem Zustand, in dem ich mich befinde, wenn Du Dich verhüllst. Verzeih den Geschöpfen und verzeih mir nicht, sei ihnen barmherzig und sei mir nicht barmherzig! Ich disputiere mit Dir nicht um meinetwillen, und ich bitte Dich nicht um meines Rechtes willen – so tu mit mir, was Du willst!«

Und als er fertig war, erhob er sich zu einem weiteren Gebet und rezitierte die Fatiha (Sura 1) und begann die Sura »Das Licht« (Sura 24) und kam bis zur Sura »Die Ameisen« (Sura 27). Und als er zu Gottes Wort kam: »Werft ihr euch nicht nieder vor Gott, der das Verborgene aus Himmel und Erde hervorbringen wird?« (Sura 27/25) stieß er einen Schrei aus und sprach: »Das ist der Schrei eines, der Ihn nicht kennt. Denn zur Liebe dessen, der wahrhaft liebt, gehört es, daß er nicht anbetet, was begrenzt ist!«

*

ICH bin der, den ich lieb'; Er, den ich liebe,
Ist ich – zwei Geister, doch in einem Leibe.
Und wenn du mich siehst, hast du Ihn gesehen,
Und wenn du Ihn siehst, siehest du uns beide!

*

ES hat mein Geist gemischt sich mit dem Deinen,
Wie Wein vermischt mit klarem Wasser sich.
Wenn etwas Dich berührt, rührt es auch mich an,
Denn immer bist und überall Du ich.

DEIN Geist hat sich gemischet mit dem meinen
Wie Moschus mit dem Ambra, duftend reinen,
Was Dich berührt, muß mich sogleich berühren,
So bist Du ich – ein ungetrennt Vereinen!

*

IBRAHIM ibn Fatik sagte: Ich trat eines Tages unerwartet bei Halladsch ein in einen Raum, den man ihm zugeteilt hatte [im Gefängnis], und sah ihn, den Scheitel auf dem Boden, sprechen:
»O Du, der wenn Er nahe ist, ständig in meiner Seele weilt, und der, wenn Er abwesend von mir ist, so fern ist wie das Vorzeitliche von dem zeitlichen Geschaffenen! Du strahlst vor mir auf, bis ich denke, Du seiest Alles, und Du ziehst Dich von mir zurück, bis ich bezeuge, daß Du nicht bist. Weder läßt Deine Ferne mich lebendig bleiben, noch nützt mir Deine Nähe; der Krieg mit Dir gibt mir keinen Nutzen, und der Frieden mit Dir gibt mir keine Sicherheit.«
Als er meine Anwesenheit bemerkte, setzte er sich aufrecht und sprach: »Tritt ein, scheue dich nicht!« So trat ich ein und setzte mich vor ihn, und seine Augen waren wie zwei Feuerflammen. Darauf sprach er: »Mein lieber Sohn, einige Leute bezeugen für mich meinen Unglauben, und andere bezeugen für mich meine Heiligkeit. Aber diejenigen, die meinen Unglauben bezeugen, sind mir und Gott lieber als diejenigen, die mir Heiligkeit zuerkennen.«
Ich sagte: »Meister, warum das?« Er sprach: »Weil diejenigen, die mir Heiligkeit zuerkennen, das tun, weil sie gut von mir denken, und diejenigen, die mich des Unglaubens bezichtigen, tun das aus Eifer für ihre Religion. Und einer, der sich für seine Religion ereifert, ist Gott lieber als einer, der über jemanden etwas Gutes denkt.«
Dann sprach er zu mir: »Und wie wird es dir gehen, Ibrahim, wenn du mich gekreuzigt, getötet und verbrannt siehst? – Und das wird der glücklichste von allen Tagen meines Lebens sein!« Dann sprach er: »Sitz nicht länger; geh im Schutze Gottes!«

Aus dem Kitāb aṭ-ṭawāsīn: Ṭāsīn des Verstehens

DAS Verständnis der geschaffenen Wesen hat keine Beziehung zur Wirklichkeit,
und die Wirklichkeit hat keine Beziehung zum Geschaffenen.
Die Gedanken sind Bande,
und die Bindungen der erschaffenen Wesen erreichen nicht die Wirklichkeiten.
Das Erfassen des Wissens von der Wirklichkeit ist schwer –
Das der Wirklichkeit der Wirklichkeit wieviel mehr!
Die Wahrheit liegt hinter der Wirklichkeit,
und die Wirklichkeit diesseits der Wahrheit.
Der Falter fliegt um das Kerzenlicht,
bis der Morgen anbricht,
und kehrt zu seinesgleichen zurück,
berichtet ihnen von des Zustandes Glück
mit lieblichstem Wort –
dann vereint er sich mit der koketten Schönheit,
begierig, zur Vollkommenheit zu gelangen.
Das Licht der Kerze ist das Wissen von der Wirklichkeit, ihre Wärme die Wirklichkeit der Wirklichkeit,
das Gelangen zu ihr die Wahrheit der Wirklichkeit.
Er begnügt sich nicht mit ihrem Licht,
mit ihrer Wärme nicht,
und wirft sich ganz hinein,
und seinesgleichen erwarten seine Rückkehr,
damit er ihnen von der Schau berichte,
da er nicht mit der Kunde sich begnügt.
Und da entschwindet er, vermindert sich, verflüchtigt sich
und bleibt ohne Spur und Leib, ohne Namen und Zeichen.
Weshalb sollte er zu den Formen zurückkehren,
und in welchem Zustand, nachdem er gewonnen hat?
Wer zur Schau gelangt, bedarf nicht mehr der Kunde;
wer zum Geschauten gelangt, bedarf nicht mehr der Schau.

DIE RUHE, und dann Schweigen, und dann Stummheit,
Und Wissen, und dann Finden, dann Begraben,
Und Erde, darauf Feuer, dann ein Leuchten,
Und Kälte, dann ein Schatten, und dann Sonne,
Und Felsgrund, und dann Flachland, und dann Wüste,
Und Fluß, und dann ein Meer, und dann Vertrocknen,
Und Rausch, und dann Ernücht'rung, und dann Sehn-
  sucht,
Und Nähe, und dann Treffen, dann Vertrautheit,
Bedrängnis, dann Befreiung, dann Vernichtung,
Und Trennung, dann Vereinung, dann Verlöschen,
Ergreifen, dann ein Rückstoß, dann Entrückung,
Beschreibung, dann Enthüllung, dann Bekleidung.
Nur Worte für die Menschen, die das Diesseits
Gleichsetzen mit wertlosen Kupfermünzen,
Und Stimmen hinter einer Tür; denn Worte
Der Menschen sind, wenn man sich nähert, Murmeln.
Das Letzte doch, des sich ein Mensch erinnert,
Wenn er das Ziel erreicht, ist »Ich«, »Mein Glückslos«,
Denn die Geschöpfe sind der Wünsche Diener,
Und Gottes Wirklichkeit ist »Heiligkeit«.

*

IN MEINEM Herzen kreisen
  alle Gedanken um Dich,
Anderes nicht spricht die Zunge,
  als meine Liebe zu Dir.
Wenn ich nach Osten mich wende,
  strahlst Du im Osten mir auf,
Wenn ich nach Westen mich wende,
  stehst vor den Augen Du mir,
Wenn ich nach Oben mich wende,
  bist Du noch höher als dies,
Wenn ich nach Unten mich wende,
  bist Du das Überall hier.

Du bist, der allem den Ort gibt,
aber Du bist nicht sein Ort,
Du bist in allem das Ganze,
doch nicht vergänglich wie wir.
Du bist mein Herz, mein Gewissen,
bist mein Gedanke, mein Geist,
Du bist der Rhythmus des Atmens,
Du bist der Herzknoten mir.

*

DU RINNEST zwischen Herzhaut und dem Herzen,
So wie die Tränen von den Lidern rinnen,
Und wohnest im Bewußtsein tief im Herzen,
So wie der Geist wohnt in den Körpern drinnen.
Nichts Regungsloses kann sich jemals regen,
Wenn Du es nicht bewegst, verborgen innen.

*

DER QADI Abu Bakr ibn al-Haddad berichtet: Als die Nacht kam, an deren Morgen Halladsch getötet werden sollte, erhob er sich und wandte sich zur Kaaba, seinen Mantel überwerfend, und erhob seine Hände und sprach mit vielen Worten, die man nicht alle behalten konnte. Zu dem, was ich davon behalten habe, gehört, daß er sagte:
»Wir sind Deine Zeugen – wir nehmen Zuflucht in dem Glanz Deiner Macht und werden durch ihn erleuchtet, damit Du erscheinen lässest von Dir, was Du willst. Du bist es, dessen Thron im Himmel ist, und ›Du bist im Himmel Gott und auf Erden Gott‹ (Sura 43/48). Du manifestierst Dich, wie Du willst, so wie es Deine Manifestation – entsprechend Deinem Willen – als ›schönste Form‹ ist[1], und in dieser Form ist der Geist, der wirkt durch Wissen, Erklärung, Macht und Beweis. Dann hast Du Deinem Zeugen, dem Ich-seienden, Dein Wesen, das Er-Seiende, eingegeben. Und wie ist es mit Dir, wenn Du Dich mir selbst verähnlichst am Ende meiner Etap-

1 »Gott schuf Adam in der schönsten Form«: ein Traditionsspruch

pen, und Mich selbst anredest durch Mich selbst, und Du die Realitäten Meiner Kenntnisse und Meiner Wunder erscheinen läßt, während Ich aufsteige in Meinen Himmelfahrten zu den Thronen Meiner Urewigkeit bei Meinem schöpferischen Wort! Man hat mich ergriffen und gefangen und herbeigebracht und gekreuzigt und getötet und verbrannt, und die aufwirbelnden verstreuenden Winde tragen meine Teile davon. Und wahrlich ein Atom des Yandschudsch-Räucherwerkes, der Stütze des Tempels meiner Transfigurationen[1], ist gewaltiger als die festgegründeten Berge.«
Dann rezitierte er:

Trauer klage ich Dir für die, deren Zeuge gegangen
Hinter das Wo, um zum Zeugen der Urewigkeit
zu gelangen.
Trauer klage ich Dir um Herzen, die lange entwöhnt
sind;
Die Wolken der Offenbarung, die Meere der Weisheit
umfangen.
Trauer klage ich Dir um die Sprache Gottes –
geschwunden
Ist sie, und auch die Erinnerung dran ward
wie Nichtsein seit langem.
Trauer klage ich Dir um die klaren Beweise, vor denen
Wort und Verständnis der Allerberedtesten demütig
bangen.
Trauer klage ich Dir um die Andeutungen des Geistes;
Nichts blieb als Trümmer, verfallen, von all ihrem
Prangen.
Trauer klag ich – bei Deiner Liebe! – um Tugenden
jener,
Die ihre Reittiere stets mit dem Zaum des Gehorsams
bezwangen.
Siehe, sie alle verwehten, da ist keine Spur und kein
Brunnen,

---

1 d. h. mein Körper

Hingeschwunden wie Ad, wie die Stätten von Iram vergangen.
Und es sind ihnen Menschen gefolgt, die im Finsteren tappen,
Blinder als Tiere, als Herden von Vieh nur in blindem Verlangen.

*

MAN BRACHTE Halladsch gefesselt, in Ketten, und er tanzte in seinen Fesseln und sprach lachend:

Mein Zechgenosse, immer
von Tyrannei ganz rein,
Gastfreundlich gab er Wein mir,
lud mich, sein Gast zu sein,
Und als der Becher kreiste,
ließ er den Henker ein –
So geht's, wenn mit dem Drachen
im Sommer man trinkt Wein!

*

IBRAHIM ibn Fatik berichtet: Als man Halladsch brachte, um ihn zu kreuzigen, sah er das Holz und die Nägel. Da lachte er so sehr, daß seine Augen tränten. Dann wandte er sich zu der Menge und sah Schibli darunter und sprach zu ihm: »Abu Bakr, hast du deinen Gebetsteppich bei dir?« Er sagte: »Ja, gewiß, Meister!« Er sprach: »Breite ihn für mich aus!« Er breitete ihn aus. Und Husain ibn Mansur betete zwei *rak'a* darauf. Ich war nahe bei ihm. In der ersten *rak'a* rezitierte er die Fatiha und Gottes Wort: »Wir werden euch mit etwas an Furcht und Hunger heimsuchen« (Sura 2/155) und in der zweiten rezitierte er die Fatiha und Gottes Wort: »Jede Seele kostet den Tod« (Sura 3/185). Und als er den Schlußgruß des Gebetes sprach, sagte er Dinge, die ich nicht alle behalten habe. Zu dem, was ich behalten habe, gehört dies: »O Gott, wahrlich, Du bist es, der sich aus jeder Richtung manifestiert, der von jeder Richtung frei ist. Bei der Tatsache, daß Du mein Recht garantierst, und bei der Tatsache, daß ich Dein Recht

garantiere – daß ich Dein Recht garantiere, widerspricht dem, daß Du mein Recht garantierst, denn meine Garantie für Dein Recht kommt aus meiner menschlichen Natur, und Deine Garantie für mein Recht kommt aus göttlicher Natur. Und so wie meine Menschlichkeit in Deiner Göttlichkeit aufgeht, ohne sich mit ihr zu vermischen, so überwältigt Deine Göttlichkeit meine Menschlichkeit, ohne sie zu berühren.
Bei Deiner Vorzeitlichkeit gegenüber meiner Zeitlichkeit – und bei meiner Zeitlichkeit unter den Gewändern Deiner Vorzeitlichkeit! Daß Du mir den Dank für diese Wohltat bescherst, die Du mir gnädig gewährt hast, als Du den Anderen das verbargst, was Du mir an Erscheinungen Deines Antlitzes enthülltest, und anderen als mir das verboten hast, was Du mir erlaubt hast an Schau in die verborgenen Tiefen Deines Mysteriums! Diese Deine Diener haben sich versammelt, um mich zu töten, aus Eifer für Deine Religion, und um Dir näherzukommen. Vergib ihnen, denn wenn Du ihnen enthüllt hättest, was Du mir enthüllt hast, so täten sie nicht das, was sie tun, und wenn Du mir verhüllt hättest, was Du ihnen verhüllt hast, so würde ich nicht mit dem heimgesucht, womit ich nun heimgesucht werde. Dir gebührt Lob für das, was Du tust, und Dir gebührt Lob für das, was Du willst.«
Dann schwieg er und betete innerlich. Dann sprach er:

Tötet mich, o meine Freunde,
Denn im Tod nur ist mein Leben!
Ja, im Leben ist mir Tod nur,
Und im Sterben liegt mein Leben.
Wahrlich, höchste Gnade ist es,
Selbst verlöschend zu entschweben
Und als Schlechtestes erkenn ich,
Fest an diesem Leib zu kleben.
Überdrüssig ist die Seele,
Hier noch im Verfall zu leben.
Tötet mich, ja, und verbrennt mich,
Dessen Glieder elend beben!
Geht dann an dem Rest vorüber,
An den Grüften, leer von Leben:

Meines Freunds Geheimnis sollt ihr
Aus der Erben Innern heben.
Seht, ich, einer von den Alten,
Die nach höchsten Rängen streben,
Bin jetzund ein Kind geworden,
Nur der Mutterbrust ergeben,
Ruhend in der salz'gen Erde
Und in tiefsten dunklen Gräben!
Wunderbar, daß meine Mutter
Ihrem Vater gab das Leben
Und daß meine jungen Töchter
Mich gleich Schwestern jetzt umgeben[1].
Eh'bruch nicht, noch Zeitenwandel
Haben dies Geschehn ergeben!
Sammelt meine Teile alle
Aus erstrahlenden Geweben,
Aus der Luft und aus dem Feuer,
Aus dem frischen Quell daneben!
Sät sie sorglich in die Erde,
Die noch staubig ist und eben,
Und befeuchtet sie, o Freunde,
Laßt die Becher kreisend schweben!
Laßt die Dienerinnen gießen,
Brunnen drehend Wasser heben!
Seht, nach sieben Tagen wird sich
Draus ein edler Strauch erheben!

Da trat Abu'l-Harith der Henker vor und gab ihm eine Ohrfeige, daß seine Nase blutete und das Blut auf sein graues Haar floß. Da schrie Schibli auf und zerriß sein Gewand. Abu'l-Husain al-Wasiti und eine Menge berühmter Mystiker wurden ohnmächtig, und fast wäre ein Aufstand losgebrochen. Aber die Wächter taten, was sie taten.

1 Das in diesen Versen ausgesprochene Paradox der Geschlechterverschiebung ist häufig, nicht nur bei den Sufis, sondern auch in anderen mystischen (antiken, christlichen, indischen) Dichtungen

SCHIBLI berichtete: Ich ging zu Halladsch, als seine Hände und Füße bereits abgeschnitten waren und er auf einem Baumstumpf gekreuzigt war, und sagte zu ihm: »Was ist Mystik?« Er sprach: »Ihre niedrigste Stufe ist, was du hier siehst.« Ich sagte: »Und was ist die höchste?« Er sagte: »Du hast keinen Zugang dazu. Aber morgen wirst du es sehen. Denn es ist im Verborgenen, was ich gesehen habe, und so ist es dir verborgen.« Und als es Zeit zum Abendgebet war, kam die Erlaubnis vom Kalifen, ihm den Kopf abzuschlagen. Da sagte der Wächter: »Es ist schon Abend, wir wollen es bis morgen verschieben.«

Und als der nächste Morgen kam, wurde er vom Holz genommen und vorangeführt, damit man ihm den Kopf abschlüge. Da sprach er mit lauter Stimme: »Der Anteil des in Ekstase Versunkenen ist, daß der Eine ihn zur Einheit zurückführt.« Dann rezitierte er den Koranvers: »Herbei wünschen [die Stunde des Gerichtes] diejenigen, die nicht an sie glauben; die aber, welche an sie glauben, wissen, daß es die Wahrheit ist.« (Sura 42/18).

Und man sagt, dies sei das Letzte gewesen, was man von ihm gehört habe. Dann wurde ihm der Kopf abgeschlagen, und er wurde in eine Matte gewickelt und mit Naphtha übergossen und verbrannt, und seine Asche wurde oben auf ein Minaret getragen, damit der Wind sie verstreue.

*

ALS HUSAIN ibn Mansur gehängt wurde, sprach Schibli in jener Nacht zu Gott: »Wie lange noch wirst du die Liebenden töten?« Und er sprach: »Bis sie Mein Blutgeld finden.« Und er sagte: »O Herr, und was ist Dein Blutgeld?« Er sprach: »Die Begegnung mit Mir und Meiner Schönheit ist das Blutgeld der Liebenden.«[1]

---

1 Blutgeld muß für den Getöteten gezahlt werden. Der höchste Ersatz, den der von Gottesliebe getötete Mystiker erhoffen kann, ist der Anblick der göttlichen Schönheit.

ابو بکر الشبلی

Abu Bakr asch-Schibli

gehörte zu Halladschs Freunden. Der frühere hohe Beamte hatte sich in Bagdad an Dschunaid angeschlossen; er war für seine kühnen Paradoxe bekannt und wurde mehrfach für verrückt angesehen; das mag ihm in der Tat das Leben gerettet haben, wie er selbst behauptete. Er starb 945 in hohem Alter und hinterließ zahlreiche kühne Aussprüche, die von späteren Sufis kommentiert worden sind.

Dīwān, ed. K. M. ash-Shaibi, Kairo 1967

Emile Dermenghem, »Abou Bakr Chibli, Poète mystique bagdadien«, *Annales de l'Institut d'Etudes Orientales d'Alger* 8, 1949-50

Neben den Biographien in 'Aṭṭārs *Tadhkirat al-auliyā* II 160-182 und Abu Nu'aims *Hilyat al auliyā* X 366-375 bietet vor allem Ruzhbihān-i Baqlīs *Scharḥ-i schaṭḥiyāt* wichtiges Material über den exzentrischen Bagdader Sufi.

Das Werk eines jüngeren Zeitgenossen Schiblis im Irak, Muhammad ibn 'Abdil Dschabbār an-Niffarī, hat A. J. Arberry erstmals herausgegeben: *The Mawāqif and Mukhāṭabāt of ... Niffarī, with other fragments,* edited and translated by A. J. Arberry, Gibb Memorial Series, NS IX, London 1935.

*

OFTMALS verbrannte er kostbare Kleider im Feuer. Einige Male zündete er Ambra unter dem Schwanz eines Esels an. Einer der Freunde sagte: »Ich habe gesehen, daß er Zucker und Mandelkerne auf dem Feuer verbrannte und sagte: Ich würde diese Welt und die nächste zu einem Bissen machen und ihn herunterschlucken und diese Leute freimachen, so daß sie keinerlei Mittel [die sie von Gott trennen] mehr haben.«

DAS beste Gedenken ist das Vergessen des Gedenkens in der Schau dessen, an den du gedenkst.

*

SCHIBLI rief einst zum Gebet. Als er zum Doppelbekenntnis (Es gibt keinen Gott außer Gott, und Muhammad ist Sein Prophet) gekommen war, sagte er: »Wenn Du es nicht befohlen hättest, würde ich neben Dir keinen zweiten nennen!«

*

WER Gott um Seiner Wohltaten willen liebt, der ist ein Polytheist.

*

EIN MANN stieß in einer Versammlung Schiblis einen Schrei aus. Er warf ihn in den Tigris und sagte: »Wenn er aufrichtig ist, so wird er wie Moses herauskommen. Wenn er ein Lügner ist, so wird er wie Pharao ertrinken.«
Am nächsten Tag ging Schibli mit seinen Gefährten auf Suche nach diesem Mann. Er war in einem Laden und schmiedete. Er nahm ein rotglühendes Stück Eisen aus dem Schmelzofen und gab es Schibli in die Hand. Schibli nahm es und legte es in seinen Ärmel. Er sagte zu seinen Gefährten: »Wir haben ihn gestern mit Wasser geprüft, nun prüft er uns heute mit Feuer.«[1]

*

SCHIBLI sah eines Tages einen Menschen, der bitterlich weinte. Er fragte: »Warum weinst du?« Der sagte: »Ich hatte jemanden lieb, der ist gestorben!« Er sprach: »Du Tor, warum liebst du jemand, der sterben kann?«

---

1 Diese Geschichte ist eines der ersten Beispiele für die später häufigen geistigen Wettkämpfe der Sufis, die sich in Wundern oder auch in kühnen Behauptungen zu übertreffen suchten.

MEIN Leib schmolz von der Glut des Herzens,
Mein Herz kann selbst nicht mehr bestehn.
Löst oder bindet meine Fesseln –
Was ihr auch tut, mir scheint es schön.
Die Leute wissen, daß ich liebe –
Allein sie wissen doch nicht, wen!

*

AUF seinem Totenbett sprach er:

Ein jedes Haus, in dem Du wohnst,
Bedarf nicht mehr der Kerzen Licht;
Am Tag, wenn man Beweise bringt,
Ist uns Beweis Dein Angesicht!

ابو عبد الله بن خفيف

Abu ʿAbdallah Ibn Chafif

gehört zu den strengen Asketen; gleichzeitig aber war er ein Bewunderer Halladschs, den er im Gefängnis kurz vor seiner Hinrichtung besuchte, und hat manche seiner Gedanken in seiner Heimatstadt Schiras an die späteren Generationen der dortigen Sufis weitergegeben. Selbstzucht, Menschen- und Tierliebe, und strengste Erfüllung der prophetischen Vorschriften zeichnen diesen Mystiker aus, der, wie es heißt, in seinem über hundert Jahre währenden Leben vierzigmal die vierzigtägige Klausur gehalten haben soll. Er starb 982. Seine praktische Frömmigkeit wirkte weiter in Kazaruni (st. 1034), dem Lehrer und Organisator; seine »mystischen« Anschauungen klingen wider in dem Werk seines Biographen Dailami über mystische Liebe.

A. Schimmel, hersg. Ali ibn Ahmad ad-Dailami, *Sirat-i Ibn al-Hafif aş-Şīrāzī, in der persischen Übersetzung von Cuneyd-i Şıṛāẓı*, Ankara 1955
A. Schimmel, »Ibn Khafif, an Early Representative of Sufism«, *J. Pakistan Historical Society*, 1959

Zu seinem geistigen Schüler Kazaruni s.
Fritz Meier, *Die Vita des Scheich Abū Isḥāq al-Kāzarūnī, Firdaus al-muršidiyya fī asrār aṣ-ṣamadiyya*, Leipzig 1948
Das Werk von Ibn Chafifs Biographen ad-Dailamī über die mystische Liebe: *ʿAṭf al-alif al-maʾlūf ilāʾl-lām al-maʿṭūf*, ed. Jean-Claude Vadet, Kairo 1962; Jean-Claude Vadet, *Le Traité d'amour mystique d'al-Daylami*, Paris 1980

*

Der Scheich berichtete: Abu Talib Chazradsch, der Gefährte Dschunaids, kam nach Schiras. Er war krank und hatte Dysenterie. Die Sufigemeinde beratschlagte sich: »Wer von uns wird ihn pflegen?« Ich sagte: »Ich!« Und jede Nacht saß er fünfzehn, sechzehn Mal auf und ich hielt ihm das Gefäß hin und nahm es fort. Am nächsten Tag war sein Leib ruhig, aber nachts fing es immer wieder an. Eines Nachts überwältigte mich der Schlaf, und ich schlief ein. Er rief einmal, während ich schlief, und auf seinen Ruf wachte ich auf, stand auf und stellte das Gefäß vor ihn hin. Er sagte: »O Sohn, wenn du noch nicht einmal einem Geschöpf dienen kannst – wie willst du dann dem Schöpfer dienen?«[1]

*

DER SCHEICH sagte: In meiner Nachbarschaft war ein Weber, der es sehr gut mit mir meinte. Eines Tages lud er mich ein und legte mir ein trockenes Stück Fleisch vor, das mit Sauermilch gekocht war. Ich streckte erst meine Hand nach dem Fleisch aus, aber das Fleisch war schrecklich verdorben; so ließ ich es und streckte die Hand in die Kutte. Der Mann wußte nicht, daß das Fleisch verdorben war und gab mir ein Zeichen: »Iß doch!« Um ihn nicht zu kränken, streckte ich nochmals die Hand nach dem Fleisch aus, steckte ein Stückchen in den Mund, konnte es aber nicht herunterkriegen. Der Mann begriff und schämte sich so sehr, daß er aufstand und hinausging. Auch ich ging hinaus und machte mich auf die Reise zur Qibla (d. h. nach Mekka). Ich schickte jemand zu meiner Mutter, ihr zu sagen: »Ich beabsichtige nach Mekka zu gehen, wenn du mir Auf Wiedersehen sagen willst, so komm zu dem und dem Tor und bring meinen Flickenrock mit!« Meine Mutter kam, brachte den Flickenrock, sagte Lebwohl und ging fort. Als ich Bagdad erreichte, hatte ich es so eilig, daß ich gar nicht in die Stadt hineinging, und als ich nach Kufa kam, da war eine Gruppe aus Chorasan, die auch nach Mekka ziehen wollte. Als sie mich sahen, sagten sie: »Komm doch mit uns!« Um sie nicht zu kränken, wartete ich die Pilgerkarawane nicht ab, sondern ging mit ihnen in die Wüste. Da verloren wir den Weg und irrten einige Tage

---

1 Eine Variante dieser Geschichte sagt, der Kranke habe gerufen *Laʿanaka Allāh* »Gott verfluche dich!«, was Ibn Chafif verstanden habe als *Raḥimaka Allāh* »Gott erbarme sich deiner!«

blindlings umher. Speise und Trank ging zu Ende, und schließlich war nichts mehr da. Zufällig trafen wir einen Araberstamm und baten um Essen, doch es gab nichts, und unser Hunger wurde gewaltig. Schließlich kauften die Gefährten einen Hund um einige Goldstücke, schlachteten ihn und brieten ihn und gaben mir auch meinen Anteil. In diesem Augenblick fiel mir der arme Weber und sein verdorbenes Fleisch ein, und ich wußte, daß dies die Strafe für [mein Verhalten] war.[1]

Ein anderer Bericht fährt fort: Und ich kehrte um, ihn um Vergebung zu bitten, und erst dann konnte ich die Pilgerfahrt unternehmen.

*

DER SCHEICH sprach: Ich habe von Gott dem Erhabenen drei Dinge erbeten, nämlich, daß, wenn ich zu Ihm gelange, ich nichts besitze, und daß kein Geschöpf eine Forderung an mich zu stellen hat, und daß auf meinen Gliedern kein Fleisch sei.« ʿAbd ur-Rahim sagte: Als der Scheich starb, hatte er diese drei Qualitäten, und als er starb, war seit siebzehn Tagen nichts in seinen Magen gekommen. Aus seinem Munde kam der Duft von Wohlgerüchen, und sein Hemd war ganz durchduftet. Ich sagte zu meinem Freunden: »Was ist denn das?« Aber auch sie waren ganz verwundert darüber.

Und der Scheich hatte gesagt: »Wenn ihr den Ruf ›Auf zum Gebet‹ vernehmt und mich nicht in der ersten Reihe der Moschee findet, dann sucht mich auf dem Friedhof!«

1 In einer Variante wird Ibn Chafif von dem Hundekopf angeredet und auf seine Unhöflichkeit gegenüber dem Nachbarn aufmerksam gemacht.

ابوالحسن خرقانی

Abu'l-Hasan Charaqani

lebte im nördlichen Iran. Er wird als ungebildeter Bauer geschildert, der feinsinnige theologische Fragen nicht kannte, aber von unerhörter mystischer Glut durchdrungen war. Von keinem irdischen Meister eingeweiht, hatte er die Initiation geistig durch den Geist Bayezid Bistamis empfangen – die Legenden wissen zu erzählen, daß Bayezid das Erscheinen eines solchen Jüngers etwa ein Jahrhundert nach seinem Tode vorausgesehen hatte. Obgleich Charaqan und Bistam weit voneinander entfernt liegen, erzählt die Legende:

Anfangs verrichtete er zwölf Jahre lang das Abendgebet in Charaqan, dann wandte er sich zum Grabe Bayezids und ging nach Bistam und stand dort und sprach: »O Herr Gott, gib dem Abu'l-Hasan einen Dufthauch von jenem Ehrenkleid, das Du Bayezid verliehen hast!« Dann wandte er sich um und kam am Morgen nach Charaqan zurück und verrichtete das Morgengebet in der Gemeinde in Charaqan mit der Reinheit des Nachtgebetes (d. h., ohne daß er von Schlaf oder irgendwelchen körperlichen Unreinheiten befleckt gewesen wäre).[1]

Gegen Ende seines Lebens begegnete ihm der gelehrte Abdallah-i Ansari, der tief von seiner mystischen Glut berührt wurde. Bald danach – 1033 – starb Charaqani, und zahlreiche Legenden ranken sich um ihn, so wie die von Rumi im Mathnawī *erzählte Geschichte, derzufolge sein zänkisches Weib einen Besucher, der den Segen ihres Mannes suchte, aus-*

1 Das Gebet erfordert vollständige Reinheit, keine Verunreinigung durch Schlaf oder irgendetwas, das aus dem Körper kommt; wer das Morgengebet mit der Reinheit des Abendgebetes spricht, hat weder geschlafen noch ein menschliches Bedürfnis gehabt.

schimpfte und ihren Mann mit allerlei Schimpfworten bedachte; der Sucher aber fand ihn im Walde, auf einem Löwen reitend und eine Schlange als Peitsche benutzend, und so sein Holz nach Hause bringend; das war Gottes Belohnung für seine Geduld mit seinem Weibe ... [1]

Quelle: ʿAṭṭar, *Tadkhirat al-auliyā*, II 201–253

*

PFLICHTGEBET und Fasten ist etwas Großes, aber Stolz, Neid und Gier aus dem Herzen zu entfernen ist noch besser.

*

CHARAQANI legte seinen Kopf vierzig Jahre lang nicht auf ein Kissen, und während dieser Zeit verrichtete er das Morgengebet mit der Waschung des Abendgebetes. Eines Tages verlangte er plötzlich ein Kissen. Seine Gefährten freuten sich und fragten: »O Meister, was ist geschehen?« Er sagte: »Abu'l-Hasan hat letzte Nacht das Nichtbedürfen und die absolute Bedürfnislosigkeit Gottes gesehen, und Muhammad hat gesagt: ›Jeder, der zwei *rakʿa* Gebet verrichtet und dem dabei nichts Weltliches in den Sinn kommt, von dem fallen alle Sünden ab, so daß er wie neugeboren wird.‹« – Ahmad ibn Hanbal hat entsprechend diesem *ḥadīth* das Gebet verrichtet, so daß kein weltlicher Gedanke ihn überkam, und als er den Schlußgruß gesprochen hatte, gab er seinem Sohn die frohe Kunde, daß er das Gebet ohne weltliche Gedanken gesprochen habe. – Vielleicht hat man diese Geschichte dem Scheich erzählt, denn der Scheich sagte: »Und dieser Abu'l-Hasan hat seit dreißig Jahren in dieser Hütte gesessen und niemals ist ein anderer Gedanke als an Gott ihm eingefallen.«

*

O GOTT, Du hast mich um Deinetwillen erschaffen, von der Mutter bin ich um Deinetwillen geboren – so mache mich nicht zur Jagdbeute irgendeines Geschöpfes!

---

1 Die amüsant erzählte Geschicht steht im *Mathnawi*, VI 2054 ff.

O GOTT, eine Gruppe Menschen werden am Jüngsten Tage als Märtyrer auferstehen, weil sie um Deinetwillen getötet worden sind, und ich werde auch als solch ein Märtyrer auferstehen, denn ich bin von dem Schwerte der Sehnsucht nach Dir getötet worden.

*

O GOTT, wenn mir ein Glied Schmerz bereitet, so gibst Du die Heilung – wenn Du mir Schmerz bereitest, wer gibt mir dann Heilung?

*

O GOTT, alles was von mir kommt, habe ich für Dich getan, und alles, was von Dir ist, habe ich um Deinetwillen getan, damit meine Ichheit verschwinde und alles Du bist.

*

ICH bin nicht ein Frommer und nicht ein Asket und nicht ein Gelehrter und nicht ein Sufi – O Gott, du bist Einer, ich bin eins von dieser Deiner Einheit!

*

O GOTT, am Jüngsten Tage werden die Propheten auf Kanzeln von Licht sitzen, und die Menge wird auf sie blicken, und Deine Heiligen werden auf Thronen von Licht sitzen, und das Volk wird auf sie blicken; Abu'l-Hasan wird in Deiner Einheit sitzen, damit das Volk auf Dich blickt.

*

CHARAQANI sah eines Nachts Gott im Traum und sprach: »Seit sechzig Jahren schmelze ich dahin in der Hoffnung auf Deine Liebe und sehne mich nach Dir!« Gott sprach: »Sechzig Jahre suchst du Uns? Und Wir haben dich schon in der Urewigkeit der Urewigkeiten geliebt!«

عبدالله انصاری

‘Abdallah-i Ansari

liegt außerhalb der Stadt Herat in Gazargāh begraben. Der Mystiker, 1006 in Herat geboren, erhielt nach religiösen Studien und einem zweimal mißlungenen Versuch, die Pilgerfahrt nach Mekka zu vollziehen, von Meister Charaqani die wahre mystische Weihe. Strenger Anhänger der hanbalitischen Rechtsschule, wurde er unter der Herrschaft der 1041 in Afghanistan und dem östlichen Iran eindringenden Seldschuken verfolgt, da diese die asch‘aritische Glaubensrichtung pflegten. Mehr als vierzig Jahre arbeitete er an seinem Korankommentar, und er stellte auch die Stufen des mystischen Pfaden in seinen Manāzil as-sā’irīn *knapp dar. Die Lebensbeschreibungen der frühen Sufis, die Sulami ein halbes Jahrhundert zuvor verfaßt hatte, übertrug Ansari mit Erweiterungen in den persischen Dialekt seiner Heimatstadt. Als Greis erblindete er, wurde, fast achtzigjährig, nochmals aus Herat vertrieben, kehrte aber in die Heimat zurück, wo er am 8. März 1089 starb. Seine* munādschāt, *Gebete in gereimter Prosa, mit Versen vermischt, sind in den verschiedensten Redaktionen erhalten; dieses schmale Büchlein, das u. a. auch 1924 in der persischen Druckerei in Berlin gedruckt wurde, ist ein wahres Vademecum und hat vielen Tausenden von Gläubigen Trost gespendet. Und bis zum heutigen Tage ist Gazargāh mit seinen zahlreichen kunstreich gearbeiteten Grabsteinen und den wunderbaren kalligraphischen Ornamenten, die vor allem gegen Sonnenuntergang ihre ganze Leuchtkraft entfalten, ein gern besuchter Platz, an dem man auf Erfüllung seiner Gebete hofft.*

Serge de Laugier de Beaureceuil, *Khwadja Abdullah Ansari, mystique hanbalite*, Beirut 1965

Ansari, *Manazil as-sā'irīn*, ed. et trad. S. de Laugier de Beaureceuil, Kairo 1962
Wheeler M. Thackston, *Khwaja Abdullah Ansari, Intimate Conversations*, New York (Paulist Press, Classics of Western Spirituality) 1978

*

Aus den Munādschāt.

O HERR, gib meinem Herzen voll Gnade Lebensgeist,
Da allem Schmerz geduldig Du Arzeneien leihst!
Was wüßt' ich armer Sklave, was es zu suchen gilt?
Der Wissende bist Du nur – so gib mir, was Du weißt!
O Gott, nimm meine Entschuldigung an
und halte nicht fest, was ich Böses getan!
O Gott, unser Leben ist in den Wind hingewandelt,
Wir haben unseren Körper mißhandelt
und haben dem Satan zur Freude gehandelt!
O Gott, vor und hinter der Gefahr finde ich keine Wege:
ergreife meine Hand, denn außer dir finde ich keine Hege und Pflege!
Da vor Gram unser Sein und Nichtsein sich gleichen –
gib, daß uns Freuden erreichen!
O Gott, mir graut vor meinem eigenen schlechten Wesen:
verzeih mir mit Deinem rechten Wesen!
O Gott, in unser Haupt ist Dein Rausch gedrungen,
in unserem Herzen sind Deine Geheimnisse erklungen,
Deine Zeichen tragen wir auf den Zungen.
Wenn wir fragen, so fragen wir nach Deinem Wohlgefallen;
wenn wir sagen, so sagen wir Dein Lob vor allen.
O Gott, zerstöre nicht unseres Bekenntnisses Fundamente und Warten,
und lass' ohne Wasser nicht unserer Hoffnung Garten!

O Gott, streu uns nicht die Asche der Scham über Haupt und Wangen
und halte uns nicht in unserem Unglück gefangen!
O Gott, wir wählten Deine Liebe in beiden Welten ohne Fragen:
So haben wir das Kleid der Plagen
an unserem Leib getragen
und haben das rauhe Gewand um uns geschlagen
und zerrissen den Saum von Glück und Wohlbehagen.
O Gott, Du hast gesagt: so wie ihr anblickt in der Welt die Großen und Mächtigen,
so sollt ihr auch anblicken die Armen und die Derwische, die schmächtigen!
O Gott, Du bist noch gütiger und großmütiger:
Du blickst im Jenseits auf die Gehorsamen, Demütigen
genau wie auf die Rebellen, die Aufruhrwütigen.
O Gott, wem Du das Mal der Liebe eingebrannt,
dessen Scheuer des Seins gabst Du dem Winde des Nichtseins in die Hand.
O Gott, jeder wird ruiniert durch das, was er nicht besitzt;
ich jedoch durch das, was ich besitze.
O Gott, habe ich auch nicht viel Gehorsam in mir,
so habe ich in beiden Welten doch niemand außer Dir!
O Gott, keine Grenze gibt es für Deine Gnaden,
und Dir zu danken bringt niemals Schaden.
Ein jeglicher, der Dich erkannt,
hat alles außer Dir verworfen und verbannt.
Was macht mit seiner Seele,
der, welcher Dich erkannt?
Was macht er mit dem Hause,
mit Weib und Kindes Band?
Du schenkst ihm beide Welten,
nachdem Du ihn verwirrt –
Den Du verwirrt – was tut er
mit Welten in der Hand?

O Gott, die andern sind vom Wein, ich bin vom Schenken berauscht;
meine Trunkenheit bleibt und die ihre vergeht und verrauscht.

Von Dir bin ich berauscht, von Trank und Becher frei;
Dein Vogel bin ich, doch von Korn und Schlinge frei.
Im Tempel, in der Kaaba ersehne ich nur Dich –
Wo nicht, so bin ich gänzlich von diesen beiden frei!

O Gott, Wasser rinnt im Flusse dess', nach dem Du fragst;
doch welch Heilmittel gibt es für den, dem Du Dich versagst?
O Gott, die Perle der Reinheit hast Du in Adams Saum gebunden,
und den Ring des Aufstandes hast Du um des Teufels Haupt gewunden,
wir haben Böses getan, doch in Wahrheit war der Aufruhr von Dir erregt und erfunden.
O Gott, das Feuer der Trennung ist Dein – was braucht es noch des Höllenfeuers Pein?
O Gott, eines Tages suchte ich Dich und fand mich – jetzt suche ich mich und fand Dich!

Wie Blut pulsiert die Liebe im Körper hin und her,
Erfüllt mich mit dem Freunde, macht von mir selbst mich leer.
Die Teile meines Körpers ergriff der holde Freund;
Von mir blieb nur der Körper, das andere ist Er!

ابو حامد الغزالی

Abu Hamid al-Ghazzali

gilt als der größte mittelalterliche Theologe des Islam. Geboren in Ost-Iran, wurde er schon jung Professor an der berühmten Nizamiyya-Hochschule in Bagdad. Nach einer religiösen Krise, die er in seiner Autobiographie analysiert hat, wandte er sich der Mystik zu, und in seinem Hauptwerk hat er die islamische Frömmigkeit dargestellt, wie sie im Zusammenwirken gesetzlicher und mystischer Elemente erscheint: sein Werk, das in vierzig Kapiteln durch alle Bereiche des Lebens führt, endet mit der Haltung des frommen Muslims zum Tode; denn wie der Mensch im Tode Gott ganz allein gegenüberstehen wird, so soll er jeder in seiner Handlungen, auch der profansten, Gott so dienen, als ob er Ihn sähe. Ghazzalis Iḥyā' 'ulūm ad-dīn, *»Die Wiederbelebung der Wissenschaften von der Religion« hat das Frömmigkeitsleben des Islam tief beeinflußt; mit Recht ist es immer wieder – zusammen mit seinen zahlreichen anderen Werken – analysiert und teilweise übersetzt worden. Ghazzali starb 1111 in seiner Heimatstadt Tus.*

Iyā' 'ulūm ad-dīn, 3 Bände, Bulaq 1289 h/1872
Al-Munqidh min aḍ-ḍalāl, zahlreiche Drucke
Al-Maqṣad- al-asnā fi scharḥ ma'ānī asmā Allāh al-ḥusnā, ed. Fadlou Shéhadi, Beirut 1971
W. H. Temple Gairdner, *Al-Ghazzālī's Mishkāt al-Anwār: The Niche for Lights,* London 1924
W. Montgomery Watt, *The Faith and Practice of Al-Ghazali,* London 1953
ders., *Muslim Intellectual,* Edinburgh 1963
Richard McCarthy, *Freedom and Fulfillment. An annotated translation of Al-Ghazālī's al-Munqidh min aḍ-ḍalāl and other relevants works,* Boston 1980
Maurice Bouyges, *Essai de chronologie des oeuvres d'al-Ghazāli,* ed. Michel Allard, Beirut 1959

Hava Lazarus-Yafeh, *Studies in al-Ghazālī*, Jerusalem 1975
M. Asín Palacios, *La Espiritualidad de Algazel y su sentida Christiana*, Madrid-Granada 1934–1941
Farid Jabre, *La notion de ma'rifa chez Ghazalī*, Beirut 1958
Fadlou Shéhadi, *Ghazali's Unique Unknowable God*, Leiden 1964
Es gibt ferner eine große Anzahl Werke zu seiner Theologie und Philosophie.

Übersetzungen:
Hellmut Ritter, *Das Elixier der Glückseligkeit*, Jena 1923, 2. Auflage, Köln 1979
M. Brugsch, *Die kostbare Perle im Wissen des Jenseits*, Hannover 1924
Ernst Bannerth, *Der Pfad der Gottesdiener* (der Ghazzali zugeschriebene *Minhādsch al-'ābidīn)*, Salzburg 1964
R. R. C. Bagley, *Ghazali's Book of Counsel for Kings* (Naṣīḥat al-*mulūk)* Oxford 1964

Aus dem *Iḥyā' 'ulūm ad-dīn:*
G. H. Bousquet, Ih'ya 'ouloum ad-din, ou vivification des sciences de la foi, Paris 1955 (eine sehr nützliche Übersicht über sämtliche Kapitel des *Iḥyā')*
Hans Bauer, *Islamische Ethik*, 3 Bände (Buch 37: Über Intention, reine Absicht und Wahrhaftigkeit; Buch 12: Von der Ehe; Buch 14: Erlaubtes und Verbotenes Gut) Halle 1916, 1917, 1922
Hans Wehr, *Al-Ghazzali's Buch vom Gottvertrauen* (Buch 35), Halle 1940 (daraus die hier folgende Probe)
Duncan B. Macdonald, »Emotional Religion in Islam as Affected by Music and Singing«, *JRAS* 1901, 1902 (Buch 18)
E. E. Calverley, *Worship in Islam*, Madras 1925 (Buch 14)
H. H. Dingemans, *Al-Ghazali's boek der liefde*, Leiden 1938 (Buch 36)
Susanna Wilzer, »Untersuchungen zu Ġazzālī's *kitāb at-tauba«, Der Islam* XXXII–XXXIII, 1955–1957 (Buch 31)
Leon Zolondek, *Book XX of al-Ghazālī's Iḥyā' 'Ulūm ad-dīn*, Leiden 1963 (über den Propheten)
A. Nabih Faris, *The Book of Knowledge*, Lahore 1962
ders., *The Foundations of the Articles of Faith*, Lahore 1963
ders., *The Mysteries of Almsgiving*, Beirut 1966 (Buch 5)
Heinz Kindermann, *Über die guten Sitten beim Essen und Trinken*, Leiden 1964 (Buch 11)
William McKane, *Al-Ghazālī's Book of Fear and Hope*, Leiden 1962 (Buch 133)
Kojiro Nakamura, *Ghazzali on Prayer*, Tokyo 1974 (Buch 9)
Muhammad Abul Quasem, *The Recitation and Interpretation of the Qur'an, Al Ghazali's Theory*, Bangi (Malaysia) 1979, (Buch 8)
R. Gramlich, *Muhammad al-Ghazzalis Lehre von den Stufen der Gottesliebe*, Wiesbaden 1984

Aus der »Wiederbelebung der Wissenschaften von der Religion« (übersetzt von Hans Wehr) »Über das Gottvertrauen« (tawakkul):
Das Einheitsbekenntnis als Quelle des Gottvertrauens.

FÜR DIE mit innerem Erleben und höherem Schauen Begabten läßt Gott der Allerhöchste vielmehr jedes Atom im Himmel und auf Erden seine Macht verkünden, von der alle Dinge reden, so daß sie hören, wie sie Gott dem Allerhöchsten Lob und Preis spenden und ihre eigene Ohnmacht bezeugen mit beredter Sprache, indem sie ohne Buchstaben und Laut sprechen, unhörbar für »die zum Hören Unfähigen«. (Sura 26/121) Damit ist nicht das äußerliche, an Laute gebundene Hören gemeint; denn daran hat auch der Esel Anteil. Wertlos ist aber, was der Mensch mit den Tieren gemeinsam hat. Vielmehr ist damit ein Hören gemeint, mit dem man eine Sprache ohne Buchstaben und Laut, nicht arabisch noch fremdländisch, versteht.
Du könntest sagen: Das ist ein für den Verstand unfaßbares Wunder. Schildere mir die Beschaffenheit ihrer Rede und wie und was sie reden, wie sie lobpreisen und ihre Ohnmacht bezeugen können!
So wisse: Jedes Atom im Himmel und auf Erden führt mit den Geistigen geheime Zwiesprache. Dies hat keine Grenzen und kein Ende. Denn was sie sagen, entstammt dem endlosen Meere der göttlichen Rede. »Wäre das Meer Tinte für die Worte meines Herrn, so würde das Meer erschöpft sein, ehe denn die Worte meines Herrn erschöpft wären.« (Sura 18/109). Sie reden miteinander von den Geheimnissen der Welt des Körperlichen und des Übersinnlichen. Etwas Geheimes bekannt zu geben ist jedoch schändlich. Nein – »die Herzen der Edeln sind Gräber von Geheimnissen«. Hat man je gesehen, daß ein geheimer Vertrauter eines Königs, der in seine geheimsten Angelegenheiten eingeweiht ist, vor einem großen Publikum ausplaudert, was er weiß? Dürften wir jegliches Geheimnis kund tun, so hätte der Hochgebenedeite nicht gesagt: »Wenn ihr wüßtet, was ich weiß, so würdet ihr

wenig lachen und viel weinen«. Diesen Ausspruch pflegte er vor ihnen zu tun, so daß sie weinen und nicht lachen sollten. Dann hätte er auch nicht verboten, das Geheimnis der Prädestination zu enthüllen und hätte nicht gesagt: »Ist von den Sternen die Rede, so schweigt! Ist von der Prädestination die Rede, so schweigt! Ist von meinen Gefährten die Rede, so schweigt!« Auch hätte er sich dann nicht bloß den Ḥuḏaifa zur Mitteilung eines Geheimnisses ausersehen. Ein doppeltes Hindernis besteht demnach für die Mitteilung dessen, was die Atome der Welt des Körperlichen und des Übersinnlichen den mit höherem Schauen Begabten innerlich anvertrauen: Erstens geht es überhaupt nicht an, Geheimes auszuplaudern und zweitens läßt sich der Inhalt ihrer Rede nicht genau bestimmen und abgrenzen. Dennoch wollen wir von ihrer geheimen Zwiesprache in Anknüpfung an unser Beispiel von der Bewegung der Feder einiges mitteilen, wodurch es im allgemeinen verständlich werden mag, wieso sich das Gottvertrauen darauf gründet. Dabei setzen wir das, was sie sagen, in Buchstaben und Laute um, obgleich es in Wirklichkeit gar nicht in Buchstaben und Lauten besteht. Doch erfordert dies die Notwendigkeit, verständlich zu sein.

Sagen wir also: Jemand, der die Dinge unter göttlicher Erleuchtung betrachtete und sah, wie die Oberfläche des Papiers von Tinte schwarz wurde, sprach zu diesem: »Wie kommt es, daß deine Oberfläche erst leuchtend weiß war und nun schwarz wird? Warum hast du denn deine Oberfläche schwarz gemacht und was ist der Grund dafür?« Da sagte das Papier: »Wenn du das sagst, tust du mir unrecht; denn ich habe meine Oberfläche nicht selbst schwarz gemacht. Du mußt vielmehr die Tinte fragen! Denn sie war im Tintenfaß, ihrem Aufenthaltsort enthalten; da verließ sie ihr Heim und ließ sich in widerrechtlicher und bösartiger Weise auf meiner Oberfläche nieder.« Da sagte er: »Du hast recht!« Nun befragte er die Tinte darüber. Die aber erwiderte: »Du tust mir unrecht! Ich war friedlich und ruhig im Tintenfaß, entschlossen, dieses nicht zu verlassen. Da überfiel mich die Feder in ihrer bösen Gier, entfernte mich gewaltsam aus meinem

Heim, zertrennte mich und verteilte mich, wie du siehst, auf einer weißen Fläche. Ihr hat also die Frage zu gelten, nicht mir!« »Du hast recht!« versetzte er und fragte darauf die Feder, weshalb sie die Tinte so widerrechtlich und boshaft von ihrer Heimstätte entfernt habe. Sie aber entgegnete: »Frag die Hand und die Finger! Denn ich war ein am Flußufer wachsendes, unter dem Grün der Bäume vergnügt lebendes Schilfrohr. Da führte die Hand ein Messer an mich heran, entfernte von mir die Schale, riß meine Kleider von mir, entwurzelte mich und zerteilte mich in einzelne Rohrstücke. Darauf schnitt sie mich zurecht, spaltete mich am oberen Ende und tauchte mich dann in die schwarze, bittere Tinte, worauf sie sich nun meiner bedient und mich auf meiner äußersten Spitze einhergleiten läßt. Du hast mich durch deine tadelnde Frage auf das schwerste verletzt. Laß mich also in Ruhe und frage meinen Vergewaltiger!« »Du hast recht«, sagte er und fragte sodann die Hand, warum sie die Feder so widerrechtlich und boshaft in ihren Dienst gestellt habe. Da sagte die Hand: »Ich bin ja nur Fleisch, Knochen und Blut. Hast du etwa schon Fleisch gesehen, das Unrecht tut oder einen Körper, der sich von selbst regt? Ich bin doch nur ein dienstbares Reittier, von einem Reiter geritten, welcher Kraft und Gewalt heißt. Sie ist es, die mir den Anstoß gibt und mich auf der ganzen Erde umhertreibt. Erdschollen, Bäume und Steine weichen bekanntlich nicht von ihrer Stelle und bewegen sich nicht von selbst, da kein solch starker, bezwingender Reiter auf ihnen sitzt. Die Hände der Toten gleichen mir, wie du wohl weißt, in ihrem stofflichen Bestand aus Fleisch, Knochen und Blut; und doch haben sie mit der Feder nichts zu schaffen. Auch ich selbst im eigentlichen Sinne habe mit der Feder nichts zu schaffen. Befrage nur die Kraft über mich. Denn ich bin nur ein Reittier, in Bewegung gesetzt von meinem Reiter«. »Du hast recht«, versetzte er. Alsdann befragte er die Kraft, wieso sie die Hand zur Arbeit heranziehe und sie fortwährend in ihren Dienst stelle und herumstoße. Sie aber antwortete: »Laß dein Tadeln und deine Vorwürfe gegen mich! Wie mancher Tadler ist selbst tadelnswert und wie mancher Getadelte ist schuldlos! Wie kannst du mich nur so verkennen und meinen, ich täte der Hand Gewalt an, wenn sie mir als Reittier dient. Dies letztere war schon der Fall, ehe sie noch in Bewegung versetzt wurde. Ich setzte sie dabei nicht in Bewegung und machte sie mir nicht dienstbar; vielmehr schlief ich ganz ruhig, so daß man meinte, ich sei tot oder nicht vorhanden. Denn ich war selbst regungslos und setzte auch nichts in Bewegung, bis an mich ein Auftraggeber herantrat, der mich aufstörte und gewaltsam zu dem antrieb, was du von mir siehst. Ich war nur imstande, ihm zu willen zu sein, aber ohnmächtig, mich ihm zu widersetzen. Und dieser Auftraggeber heißt der Wille. Ich kenne ihn nur nach dem Namen und an seinem wilden Ungestüm, wenn er mich aus tiefstem Schlaf aufschreckt und mich gewaltsam zu Dingen antreibt, die ich nicht nötig hätte, wenn er mich in Ruhe ließe«. »Du hast recht«, sagte er und fragte dann den Willen: »Wie kannst du dich gegen diese ruhige friedliche Kraft so erdreisten, daß du sie aussendest, um andere in Bewegung zu versetzen und sie so gewaltsam dazu antreibst, daß sie keine Zuflucht davor findet?« Da sprach der Wille: »Sei nicht so voreilig gegen mich! Denn vielleicht habe ich eine Entschuldigung vorzubringen, während du tadelst. Ich habe mich ja nicht selbst wachgerufen, sondern ich wurde wachgerufen; ich habe mich nicht ausgelöst, sondern wurde ausgelöst durch zwingenden Spruch und entscheidenden Befehl. Ehe er mich erreichte, war ich reglos. Doch zu mir kam vom Bereich des Geistes *(qalb)* der Bote der Erkenntnis mit der Sprache der Vernunft mit dem Auftrag, die Kraft auszulösen. Das tat ich denn notgedrungen. Denn ich bin hilflos und der Gewalt der Erkenntnis und der Vernunft unterworfen. Ich weiß nicht, um welcher Missetat willen ich ihr verhaftet, in ihren Dienst gestellt und ihr zu gehorchen gezwungen bin. Doch weiß ich, daß ich friedfertig und ruhig war, solange nicht dieser bezwingende Gast, dieser gerechte oder ungerechte Richter zu mir kam; ich bin ihm fest verhaftet und zum Gehorsam gezwungen. Ja, sobald er seine Entscheidung trifft, bin ich außerstande, ihm zuwider zu handeln. Fürwahr, solange er noch mit sich selbst uneins ist und betreffs seiner Entscheidung schwankt, bin ich in Ruhe, doch stets in banger Erwartung seiner Entscheidung. Sobald aber seine Entscheidung getroffen ist, werde ich durch Naturanlage und Zwang in Bewegung gesetzt und unter das Joch des Gehorsams gegen ihn gezwungen und setze die Kraft in Regung, daß sie seinem Gebot entspricht. Frag nur die Erkenntnis, wie es sich mit mir verhält und laß deine Vorwürfe gegen mich. Denn ich wende das Dichterwort auf mich an:

Reise ich von Leuten fort,
Die mich wohl bestimmen können,
Daß ich bleib' an ihrem Ort,
So sind sie es, die sich trennen.«

»Du hast recht«, versetzte er und trat an die Erkenntnis, die Vernunft und den Geist heran, indem er von ihnen Rechenschaft forderte und ihnen Vorwürfe machte, weil sie den Willen wachgerufen und sich dienstbar gemacht, daß er die Kraft in Regung setze. Da sprach die Vernunft: »Ich bin eine Fackel und habe mich nicht selbst angezündet, sondern wurde angezündet.« Der Geist sprach: »Ich bin eine Tafel und habe mich nicht selbst geglättet, sondern wurde geglättet«. Die Erkenntnis sprach: »Ich bin eine Zeichnung, eingegraben auf der leeren Tafel des Geistes beim Schein der Fackel der Vernunft und habe mich nicht selbst aufgezeichnet. War doch diese Tafel ehedem völlig frei von mir! Frag doch die Feder! Denn nur mit ihrer Hilfe kann eine Linie entstehen«. Da verlor der Fragesteller die Fassung, da keine Antwort ihn befriedigte und er rief aus: »Nun habe ich mich so lange auf diesem Weg abgemüht und habe so viele Stationen passiert, und jeder, von dem ich über die Sache Bescheid zu haben begehrte, verwies mich auf jemand anders. Dennoch ließ ich mich die vielen Zurückweisungen durchaus nicht verdrießen, da ich stets eine befriedigende Auskunft und eine einleuchtende Entschuldigung bei der Zurückweisung der Frage zu hören bekam. Aber wenn du behauptest, eine Linie oder Zeichnung zu sein und von einer Feder gezeichnet zu sein, so ist mir das unverständlich. Denn ich kenne nur Federn aus Rohr, Tafeln von Eisen oder Holz, Linien aus Tinte und Fackeln von Feuer. Ich höre auf dieser Station von Tafel, Fackel, Linie und Feder und sehe von all dem nichts. ›Ich höre es klappern und sehe kein Mehl‹«. Da sprach zu ihm die Erkenntnis: »Wenn du mit dem Gesagten die Wahrheit sprichst, so ist dein Kapital gering (vgl. Sura 12/88), deine Wegzehrung wenig und dein Reittier schwach und mager. Dabei droht das Verderben auf dem Weg, auf den du dich begeben hast, in mannigfacher Form. Das Richtige wäre daher für dich, daß du dich zurückziehst und dein Tun aufgibst. ›Du hast damit nichts zu schaffen, drum geh von dannen.‹ ›Jeder ist zu dem geeignet, wozu er geschaffen worden ist‹. Wünschest du jedoch den Weg bis zum Ziel durchzuführen, so »leihe aufmerksam dein Ohr« (vgl. Sura 50/36) und wisse, daß es auf diesem deinem Wege drei verschiedene Welten gibt: Die erstere von ihnen ist die Welt des Körperlichen und Wahrnehmbaren. Zu ihr gehört das Papier, die Tinte, die Feder und die Hand. Diese Stationen hast du ja bereits mit Leichtigkeit passiert. Die zweite ist die übersinnliche Welt; diese liegt hinter mir. Wenn du mich hinter dir hast, gelangst du zu ihren Stationen. In ihr gibt es ausgedehnte Wüsten, hochragende Berge und verschlingende Meere und ich weiß nicht, wie du dort unversehrt bleiben solltest. Die dritte ist die Welt des Unsichtbaren. Sie liegt zwischen der körperlichen und der übersinnlichen Welt. Du hast bereits drei Stationen von ihr durchlaufen, denn ihren Anfang bildet die Station der Kraft, des Willens und der Erkenntnis. Sie bildet deshalb die Mitte zwischen der körperlichen und der übersinnlichen Welt, weil die körperliche Welt leichter als sie zu durchlaufen, die übersinnliche dagegen schwieriger als sie zu beschreiten ist. Die Welt des Unsichtbaren in ihrer Lage zwischen der körperlichen und übersinnlichen Welt ähnelt dem Schiff, das der Bewegung nach zwischen dem Land und dem Wasser steht. Denn es wogt und schwankt nicht so stark wie das Wasser, aber es ist auch nicht so völlig ruhig und reglos wie das Land. Jeder, der auf dem Lande einherschreitet, schreitet in der körperlichen und sichtbaren Welt. Vermag er nun darüber hinaus auf dem

Schiff zu fahren, so schreitet er gewissermaßen in der unsichtbaren Welt. Ist er aber schließlich so weit, daß er ohne Schiff auf dem Wasser einhergehen kann, so schreitet er unerschüttert in der übersinnlichen Welt. Wenn du nicht auf dem Wasser gehen kannst, so weiche von hinnen. Du hast das Land durchmessen und das Schiff hinter dir gelassen, und nunmehr hast du nur das reine Wasser vor dir. Die übersinnliche Welt beginnt mit dem Schauen der Feder, womit die Erkenntnis auf der Tafel des Geistes niedergeschrieben wird und mit dem Entstehen der Gewißheit *(yaqīn)*, durch die man auf dem Wasser zu wandeln vermag. Hast du nicht gehört, daß der hochgebenedeite Prophet über Jesus – er sei gebenedeit – sagte, als man ihm erzählte, dieser sei auf dem Wasser gewandelt: »Hätte er größere Gewißheit besessen, so wäre er auf der Luft einhergewandelt«? Da sprach der Beschreiter des Weges, der all die Fragen stellte: »Ich bin durch deine Schilderung von der Gefahr des Weges in meinem Vorhaben schwankend geworden und verspüre bange Furcht im Herzen. Ich weiß nicht, ob ich die weiten Wüsten, die du beschrieben hast, durchwandern kann oder nicht. Gibt es dafür ein Kennzeichen?« »Jawohl«, war die Antwort, »tu deinen Blick auf und konzentriere dein Auge völlig auf mich. Wird dir dann das Schreibrohr, mit dem ich auf der Tafel des Geistes niedergeschrieben werde, sichtbar, so scheint es, daß du für diesen Weg geeignet bist. Denn wer die unsichtbare Welt durchmessen hat und an der ersten Tür der übersinnlichen Welt anklopft, empfängt eine auf die Feder bezügliche Erleuchtung. Bekanntlich empfing ja auch der hochgebenedeite Prophet zu allererst eine Erleuchtung, die sich auf die Feder bezog, als ihm offenbart wurde: »Lies! Denn dein Herr ist der edelste, der den Gebrauch der Feder lehrte, den Menschen lehrte, was er nicht wußte«. (Sura 96/3–5) Da sagte der Beschreiter des Weges: »Ich habe meinen Blick geöffnet und scharf konzentriert; aber bei Gott! ich sehe weder Rohr noch Holz. Dabei kenne ich doch nur solche Federn!« Da sprach die Erkenntnis: »Du bist auf falscher Fährte. Hast du noch nicht gehört, daß das Hausgerät dem Hausherrn gleicht?

Weißt du nicht, daß die Wesenheit Gottes des Allerhöchsten nicht den sonstigen Wesenheiten gleicht? Ebenso gleicht auch nicht seine Hand den menschlichen Händen und seine Feder den gewöhnlichen Federn und seine Sprache der sonstigen Sprache noch auch seine Schrift den sonstigen Schriftzügen. All dies sind göttliche Dinge, die der übersinnlichen Welt angehören. Gott der Allerhöchste ist nach seinem Wesen kein Körper, auch befindet er sich an keinem Ort im Gegensatz zu allem andern; seine Hand besteht nicht aus Fleisch noch aus Knochen und Blut im Gegensatz zu den übrigen Händen, noch besteht seine Feder aus Rohr, noch seine Tafel aus Holz, noch seine Sprache aus Laut und Buchstabe, noch seine Schrift aus Schriftzeichen und Linie, noch auch seine Tinte aus Vitriol und Galläpfeln. Wenn du das nicht ebenso siehst, dann kann ich in dir nur einen Zwitter sehen zwischen männlicher Fernhaltung anthropomorpher Vorstellungen von Gott und weiblicher Angleichung, der zwischen diesem und jenem schwankt, keiner der beiden Parteien zugehörig. Wie kannst du das Wesen und die Attribute des Allerhöchsten von den Körpern und ihren Attributen trennen und seine Sprache von Buchstaben- und Lautgebilden, und beginnst bei seiner Schrift, seiner Hand, seiner Feder und seiner Tafel Halt zu machen? Wenn du unter dem Ausspruch des Hochgebenedeiten: »Gott erschuf Adam nach seinem Ebenbild«, das äußere mit dem Blick erfaßbare Bild verstehst, dann sei doch absoluter Anthropomorphist *(mušabbih)*, wie man zu sagen pflegt: »Sei ein reiner Jude, sonst spiele nicht mit der Tora!« Verstehst du aber darunter das innere Bild, das man nur mit höherem Schauen, nicht aber mit den Blicken wahrnehmen kann, dann mach dich von anthropomorphen Vorstellungen auch gänzlich frei und sei in dem Glauben, daß Gott über solches heilig erhaben sei, ganz Mann und durchlauf den Weg! Denn du bist im heiligen Tale Ṭuwan. (vgl. Sura 20/12) Merke auf in deinem Inneren, was dir offenbart wird! Vielleicht findest du bei dem Feuer eine rechte Führung (Sura 20/12) und vielleicht werden dir aus den Vorhängen des göttlichen Thrones die gleichen Worte zugerufen wie dem Moses: »Wahrlich,

ich bin dein oberster Herr!« Als nun der Beschreiter des Weges von der Erkenntnis dies vernahm, da befürchtete er, der Sache nicht gewachsen und ein Zwitter zu sein zwischen »Fernhaltung« und »Angleichung«. Da wurde sein Herz feurig entflammt durch seinen heftigen Zorn über sich selbst, als er sah, wie er geradezu versagte. Nun war sein Öl in der Leuchte seines Herzens nahe daran aufzuleuchten, auch ohne mit Feuer in Berührung zu kommen. Als nun vollends die Erkenntnis mit ihrem Ungestüm hineinblies, entzündete sich sein Öl und es ward ein doppelt starkes Licht. (vgl. Sura 24/35) Da sprach zu ihm die Erkenntnis: »Jetzt nütze die Gelegenheit aus und tu deinen Blick auf! Vielleicht findest du bei diesem Feuer eine rechte Führung«. Er tat seinen Blick auf, und da ward ihm die göttliche Feder sichtbar; und siehe – sie war genau so entfernt von allen menschlichen Vorstellungen wie die Erkenntnis sie beschrieben hatte. Sie war nicht von Holz noch von Rohr; auch hatte sie keine Spitze und kein Ende, während sie fortgesetzt im Geiste aller Menschen mannigfache Erkenntnisse niederschrieb und sozusagen im Geiste jedes einzelnen eine Spitze hatte, obgleich sie gar keine besaß. Da wurde er darüber von Verwunderung ergriffen und sprach: »Welch ein trefflicher Gefährte ist die Erkenntnis! Möge Gott der Allerhöchste es ihr an meiner Statt lohnen! Denn jetzt offenbart sich mir die Wahrheit dessen, was sie über die Eigenschaften der göttlichen Feder ausgesagt hat. Nun sehe ich wahrhaftig, daß sie nicht wie gewöhnliche Federn ist«. Damit verabschiedete er sich von der Erkenntnis, dankte ihr und sprach: »Ich habe mich nun lange bei dir aufgehalten und mit dir disputiert. Ich bin entschlossen, zur Feder höchstselbst mich aufzumachen und sie über ihre Sache zu befragen«. So machte er sich denn zu ihr auf und sagte zu ihr: »Wie kommt es, o Feder, daß du fortgesetzt in den Geistern Erkenntnisse niederschreibst, wodurch der Wille ausgelöst wird, um die Kraft in Regung zu setzen und sie zu den von ihr zu bewirkenden Vorgängen hinzulenken?« Sie entgegnete: »Du hast wohl vergessen, was du in der Welt des Körperlichen und Sichtbaren gesehen hast und was du von der Feder als Antwort gehört hast, als du sie fragtest und sie dich darauf auf die Hand verwies?« »Ich habe es nicht vergessen«, versetzte er. »Nun, meine Antwort lautet wie die ihre«, sagte sie. Er fragte: »Wie ist das möglich, da du ihr doch nicht gleichst?« Sprach die Feder: »Hast du nicht gehört, daß Gott der Allerhöchste den Adam nach seinem Ebenbilde geschaffen hat?« »Jawohl« war die Antwort. »So frage die über mich, welche den Beinamen ›die Rechte des Königs‹ trägt! Denn ich werde von ihr festgehalten, und sie ist es, die mich hin und her bewegt, während ich zum Dienen gezwungen bin. Es besteht also kein Unterschied zwischen der göttlichen und der menschlichen Feder, insofern sie beide Werkzeuge sind. Der Unterschied besteht lediglich in der äußeren Gestalt«. Da sagte er: »Wer ist denn die Rechte des Königs?« Die Feder erwiderte darauf: »Hast du nicht den Ausspruch Gottes des Allerhöchsten gehört: ›Und die Himmel sind gefaltet in seiner Rechten‹?« (Sura 39/67) »Doch« versetzte er. Sie aber fuhr fort: »Und die Federn sind gleichfalls in seiner Rechten festgehalten. Sie ist es, die sie hin und herbewegt.« Da begab sich der Beschreiter des Weges von ihr fort zu der Rechten, bis er sie erblickte. Er sah, wie sie noch viel wunderbarer war als die Feder; doch kann man nichts von all dem schildern und auseinandersetzen, sondern noch so viele Bände können auch nicht einen geringen Bruchteil von ihrer Beschreibung enthalten. Im allgemeinen ist zu sagen, daß die göttliche Rechte, die göttliche Hand und der göttliche Finger ganz anders sind als die entsprechenden menschlichen Glieder. Er sah nun, wie die Feder im Griff der göttlichen Rechten bewegt wurde; da wurde ihm offenbar, daß die Feder wirklich nichts dafür konnte. Nun befragte er die Rechte, wie es sich mit ihr verhalte und wieso sie die Feder in Bewegung setze. Die aber erwiderte: »Ich gebe dir dasselbe zur Antwort wie das, was du von der Rechten gehört hast, die du in der sichtbaren Welt sahst, d. h. ich verweise dich an die Kraft, da die Hand an sich machtlos ist. Denn was sie in Bewegung setzt, ist ja zweifellos die Kraft«. Da begab er sich in den Bereich der Kraft und erblickte dort derartige Wunder, daß ihn dabei alles Vorangegangene verächtlich dünkte und befragte sie über die Bewegung der Rechten. Sie aber sprach: »Ich bin nur ein Attribut. Frage daher den, der über die Kraft verfügt *(al-qādir)*. Denn die Verantwortung liegt bei den Trägern der Attribute, nicht bei den Attributen«. Da war er nahe daran, voll Kühnheit zur Frage anzuheben. Doch es verschlug ihm die Sprache, denn hinter dem Vorhang der Umhüllung der göttlichen Majestät hervor scholl der Ruf: »Er wird nicht gefragt nach dem, was er tut, aber sie werden gefragt!« (Sura 31/23) Da überkam ihn die Ehrfurcht vor der Majestät Gottes, und er sank ohnmächtig zu Boden, eine Zeitlang erbebend in dieser Ohnmacht. Als er wieder zu sich kam, rief er aus: »Gepriesen seist du! Wie gewaltig bist du! Dir wende ich mich reuevoll zu, auf dich setze ich mein Vertrauen und glaube, daß du der König, der Gewaltige, der Einzige, der Bezwingende bist. Daher fürchte ich keinen als dich, bitte keinen außer dir und suche nur in deiner Verzeihung Zuflucht vor deiner Strafe und in deinem Wohlgefallen Schutz vor deinem Zorn. Es kommt mir nur zu, dich zu bitten und zu dir nur demütig zu beten und vor dir unterwürfig zu flehen. So sage ich denn: ›Öffne mir meine Brust, damit ich dich erkenne und löse mir das Zungenband, auf daß ich dich lobpreise‹.« Da erscholl hinter dem Vorhang hervor der Ruf: »Hüte dich, daß du zu lobpreisen begehrst und den Herrn der Propheten übertriffst. Kehre dich vielmehr ihm zu! Was er dir gebracht hat, das nimm! Was er dir untersagt hat, dem entsage. (vgl. Sura 59/7) Was er gesprochen, sprich auch du! Denn er hat in diesem göttlichen Bereich nichts weiter gesagt als: »Preis sei dir! Ich vermag nicht, dich zu loben, wie du dich selbst lobst!« Da sprach er: »Mein Gott, wenn die Zunge sich nicht erkühnen darf, dich zu loben, kann dann der Geist dich zu erkennen begehren?« Da erscholl er Ruf: »Hüte dich, über die Nacken der ›Wahrhaftigen‹ hinauszusteigen! Drum halte dich an den größten ›Wahrhaftigen‹ [d. i. Abū Bakr] und eifre ihm nach! Denn die Gefährten des Herrn der Propheten sind wie die Sterne; welchem von ihnen ihr auch nachfolgt, ihr werdet recht geführt. Hast du nicht seinen Ausspruch gehört: ›Das Unvermögen, zu seiner Erkenntnis zu gelangen, ist der Erkenntnis gleichzusetzen?‹ Es genügt daher für dich, wenn dir von uns höchstselbst das Wissen zuteil wird, daß dir unsere höchsteigene Gegenwart vorenthalten bleiben muß und daß du unfähig bist, unsere Schönheit und Herrlichkeit zu schauen«. Da kehrte der Beschreiter des Pfades um, und er entschuldigte sich für seine Fragen und Vorwürfe und sagte zur Rechten, zur Feder, zur Erkenntnis, zum Willen, zur Kraft und zu allen folgenden: »Nehmt meine Entschuldigung entgegen! Denn ich war ein Fremdling und Neuling in diesem Land und jeder, der eintritt, ist verwirrt. Meine Mißbilligung euch gegenüber geschah nur aus Unvermögen und Torheit. Aber jetzt hat sich eure Entschuldigung für mich als richtig erwiesen, und es ist mir offenbar geworden, daß er, der ohnegleichen ist in der körperlichen und übersinnlichen Welt, in Macht und Gewalt, der Einzige, Allgewaltige ist. Ihr aber seid nur in Dienst gestellt unter seinem kraftvollen Zwang, hin und her bewegt durch seine Macht. Er ist der Erste und der Letzte, der Offenbare und Verborgene«.

Als er dies in der sichtbaren Welt aussprach, erklärte man diese Äußerung für befremdlich und sagte zu ihm: »Wie kann er der Erste und der Letzte sein, während dies doch zwei entgegengesetzte Attribute sind und wie kann er zugleich der Offenbare und der Verborgene sein? Der Erste ist doch nicht Letzter und der Offenbare nicht verborgen!« Er entgegnete: »Er ist der Erste im Hinblick auf das Existierende, denn aus ihm ist der Reihe nach eines nach dem anderen hervorgegangen. Er ist ferner der Letzte, mit Rücksicht auf den Weg derer, die zu ihm gehen; denn diese steigen von Station zu Station immer weiter empor, bis schließlich die Ankunft in jenem Bereich göttlicher Gegenwart stattfindet und dies dann das Ende der Reise bildet. Er ist demnach Letzter in Bezug auf die Anschauung, aber Erster in Bezug auf die Existenz. Er ist verborgen für diejenigen, welche an der sichtbaren Welt festhalten und ihn mit den fünf Sinnen zu begreifen suchen; offenbar ist er für den, der ihn im Schein der in seinem Innern

entzündeten Fackel mit dem innerlichen, in die Welt des Übersinnlichen eindringenden Tiefblick sucht«.
So verhält es sich also mit dem Einheitsbewußtsein bei denen, die den Pfad der Einheit im Wirken beschreiten, d. h. denen durch Erleuchtung klar geworden ist, daß der Wirkende nur ein einziger ist.

عين القضاة همدانی

‘Ainul-Qudat Hamadani

war ein frühreifes Kind und zeichnete sich schon als Jüngling in Wissenschaften und Theologie aus. Dann wurde er durch Ahmad Ghazzali, den jüngeren Bruder des großen Imam Ghazzali, in die Mystik eingeführt und, von dessen Werk Sawāniḥ, *»Gedanken über die Liebe« beeinflußt, verfaßte er seine* Lawā’iḥ *»Glänzende Erscheinungen«, und die* Tamhīdāt, *die von dem unaussagbaren Geheimnis der alles verzehrenden Liebe künden und vor allem in Indien zu einem der meistgelesenen mystischen Texte wurden. Wegen angeblicher Ketzerei verleumdet, wurde der junge mystische Theologe in Bagdad eingekerkert und 1131 in seiner Heimatstadt Hamadan grausam hingerichtet; seine Apologie zeigt, wie wenig er sich schuldig fühlte.*

‘Afīf ‘Usairān, *Aḥwāl ū āthār,* Teheran 1338 sh/1959
Raḥīm Farmānish, hersg., *Lawā’iḥ,* Teheran 1337 sh/1958
Arthur J. Arberry, *A Sufi Martyr.* (Übersetzung der Apologie des ‘Ainulqudat), London 1969

Zu dem Problem der mystischen Liebe, wie es von ‘Ainul Qudat ausgedrückt wird, vgl.
Hellmut Ritter, »Philologika VII: Arabische und persische Schriften über die mystische Liebe«, in *Der Islam* 21 (1933)
Hermann Landolt, »Two types of mystical thought in Muslim Iran: An Essay on Suhrawardi shaikh al-ishrāq and Aynulquẓāt-i Hamadānī, in *Muslim World 68,* 3 (1978).

Richard Gramlich: *Gedanken über die Liebe* (Wiesbaden 1976)
Gisela Wendt: *Gedanken über die Liebe* (Amsterdam 1978).

ICH trank die Liebe, Becher über Becher;
Der Trank versiegte nie, noch ward ich satt.

*

Aus den Lawā'iḥ

WENN der König »Geist« auf dem Reittier »Liebe« zu reiten beginnt, dann ist sein Steigbügelhalter nicht geringer als Gabriel und sein Sattelhalter nicht weniger als Michael.

Wenn du dich zu der Welt der Liebe neigst,
Den Namen du im Buch der Liebe zeigst,
Steigbügelhalter wird dir Gabriel,
Sobald du auf das Reittier »Liebe« steigst.

*

WENN die Hindus in leidenschaftlicher Liebe zu einem Idol Vollkommenheit erlangen, dann bereiten sie vor sich eine Schüssel aus gekneteter Masse und schütten Naphta-Öl hinein. Dann reiben sie alle Glieder damit ein, nehmen Feuer in die Hand und wünschen, angesichts jenes nicht sehenden Auges des Idols zu sterben. Wenn die Götzendiener voller Hochachtung den Vorhang von der Schönheit des Idols aufheben, richten sie den Blick auf diese Schönheit, werfen Feuer in das Naphta und geben sich in dem Anblick des Bildes ganz der Liebe hin; sie verbrennen sich und sagen durch ihren ganzen Zustand:

O Seele mitten du im Feuerschein,
Komm nun, verwirrt, und trink der Liebe Wein!
Wenn du berauscht von des Geliebten Traumbild,
Tritt faltergleich froh in den Reigen ein!

Dann verbrennen sie ganz, ohne einen Laut von sich zu geben. Dann wird ihre Asche aufgehoben und zur Heilung von Kranken verwendet, und damit kann man wunderbare Ergebnisse erzielen.

Wenn du von Liebesglut zerfließest so wie Wasser,
Kann man mit deinem Staub viel Tote neu beleben!

Die Ruhe des Liebenden kommt daher, daß der Geliebte das Feuer der Eifersucht entzündet und die Seele des Liebenden in diesem Feuer verbrennt; denn er weiß, daß jedes Feuer, das es gibt, immolierend ist: was immer man ihm gibt, das brennt es – ausgenommen das Feuer der Eifersucht, denn das verbrennt nur das Gestrüpp des Widerstrebens. Jeder, der das versteht, findet einen Anteil an der Welt der Einheit. Ein Edler [Sana'i] hat in diesem Sinne gesagt:

Wirf du in deine Straße Glut aus der Gottesmacht,
Damit zu dir kein Schwätzer leicht auf den Weg sich macht!
Verbirg vor uns dein Antlitz mit deiner Haare Nacht:
Wir möchten nicht beflecken des Angesichtes Pracht!

Und wie auch Schibli – Gott heilige seine Seele! – in seinem Gebet gesagt hat: »O Gott, laß mich blind auferstehen, denn Du bist mir viel zu groß und zu erhaben, als daß meine Augen Dich sehen könnten.«
Das ist das Geheimnis hiervon.

*

DIE lieblich singende Nachtigall »Liebe« flötet auf dem Baume des Hörens und des Sehens gleichermaßen, d. h., wie die Liebe auf dem Wege des Sehens bestätigt wird, daß, wenn einer die herzberückende Schönheit zu sehen bekommt und sich dann in diese verliebt, er auch, wenn er von der seelenerhebenden Schönheit Kunde erhält, sich ebenfalls verliebt. Doch Liebe vermittels des Schauens ist auf einmal da; Unrast und Unruhe stellen sich sofort ein, und der Liebende wünscht, sogleich [zu der Quelle der Schönheit] zu eilen. Jedoch die Liebe, die vermittels der Kunde kommt, ist immer wieder neu, denn Kunde [zu geben] von der Schönheit und Vollkommenheit ist ja nicht auf einmal möglich. So kann auch die Liebe zu [ihrem Objekt] nicht auf einmal eintreten. Das ist eine feste Grundlage. Aus diesem Grunde, wenn die Schönheit des Geliebten erschaut wird, erscheint im Herzen des Liebenden Neigung zu ihm und er beginnt dadurch zu reden und zu hören; das Saatkorn [dieses Zustandes] ist die Schau der Schönheit und von Seiten des Geliebten Koketterie und Äugeln.

Wird einer durch sein Liebend-Sein geziert,
Der nicht aus seiner Welt zum Liebsten ginge?
Dem Vogel gleich, den man durch Körner fängt:
Durch seinen Anblick bleibt er in der Schlinge!

Wiederum, wenn [das Wort von der] Vollkommenheit der Schönheit an sein Ohr gelangt, dann neigt sich seine wahre Existenz infolge dieser Besonderheit dorthin, und er eilt natürlich zu ihr, selbst wenn er weiß, daß er sie nicht erreicht. Diese Neigung kommt infolge des Entzündens des Feuers. Im ersten Stadium wird Vereinigung gesucht, bis das Herz vom Klopfen des Forderns Ruhe findet und die Seele in ihre eigene Welt zurückkehrt, und im zweiten Stadium berührt die Erwähnung von »Vereinigung« den Geist [des Liebenden] nicht mehr, weil er schon vorher weiß, daß Vereinigung unmöglich ist.

So sehr erfüllte die Beschreibung
der Schönheit jeden Trank,
Daß jene schon entflogne Seele
im Brausen ganz versank.

Kurz, gewöhnlich hat die Liebe ihre Heimstatt zwischen zwei Herzen. Manchmal wird sie zur Koketterie des Geliebten und kümmert sich nicht um den Liebenden, und manchmal wird sie zum Flehen des Liebenden und wirft sich zu Füßen des Geliebten; manchmal läßt sie vor jenem den Stolz dieses deutlich werden und manchmal legt sie diesem die Bedürftigkeit jenes vor; doch ihr ganzes Ziel ist, daß sie alle beide in ihrem eigenen Zentrum und Platz zusammenbringe, damit eine Vereinigung ohne Trennung möglich werde. – So wie man gesagt hat: die Liebe wird zum Walfisch und verschlingt Liebenden und Geliebten in sich, damit deren Vereinigung in ihrem Bauche stattfinde und man sich keinerlei Trennung mehr vorstellen kann. Das kommt dem nahe, und dies ist ein sonderbares Mysterium!

Mein Lebens-Inhalt du – aus Furcht, dich nicht zu
sehen,
Möchte mein Herz mit dir in einer Haut nur leben!

DSCHUNAID – Gott heilige seine Seele! – sagte: Eines Tages gab mir [mein Onkel] Sari – Gott heilige seine Seele! – eine Urinflasche, damit ich sie zu einem christlichen Arzte brächte. Als der Arzt von ferne auf sie blickte, schrie er auf und sagte: »Das ist der Urin eines Liebenden, dessen Leber die Liebe ganz verbrannt hat!« Durch dieses ungeheure Wort wurde ich bewußtlos, und die Flasche fiel mir aus der Hand. Der Arzt sammelte sie um des Segens willen vom Boden auf und sagte: »Ich brauche dieses Wasser, um das Feuer der Krankheit zu dämpfen.«
Als ich zu Sari zurückkam, zerflossen von Schmerzen, mit blutendem Herzen und tränendem Auge, erzählte ich ihm die Angelegenheit. Er sprach: »Verdammter Kerl – wie scharfsinnig ist er doch!« Als er das sagte, leuchtete ein Licht von seinem Antlitz auf, so daß ich dachte, im Hause sei die Sonne aufgegangen. Wenige Tage später entschlief er und rollte den Teppich der zeitlichen Existenz zusammen.

Sieh des Herzens Blut aus meinen Augen
Freund! herunterrinnen deutlich sichtbar:
Der erbarmungslosen Liebe Feuer
Ward in der zerbrochnen Seele lichtklar!!

ابوالمجد مجدود سنائی

Abu'l-Madschd Madschdud Sana'i

stammte aus Ghazna (jetzt Afghanistan), und wurde nach einer erfolgreichen Laufbahn als Hofdichter der ghaznawidischen Fürsten zum Sufi. Er starb um 1131 in seiner Heimat, wo sein Grab noch immer besucht wird. Er ist der erste, der ein umfangreiches mystisches Lehrgedicht schrieb, die Ḥadīqat al-ḥaqīqa, *»Der Garten der Wahrheit«, in dem er Ermahnungen, Anekdoten und mystische Unterweisung verbindet. Damit legte er die Grundlage für alle späteren mystischen* Mathnawīs *(Gedichte in Doppelversen), die in den folgenden beiden Jahrhunderten von 'Aṭṭar und Rumi zu ihrer Vervollkommnung gebracht wurden. Auch ein kleineres* Mathnawī *über den Weg der Seele durch die verschiedenen Sphären, »Die Reise der Diener zum Orte der Rückkehr« hat Sana'i verfaßt. Zugänglicher als seine epischen Werke ist seine sehr schöne Lyrik; in seinen* qaṣīden, *»Lobgedichten«, hat er den Lobpreis aller Vögel besungen und die ersten großartigen, rhetorisch vollkommenen Hymnen auf den Propheten gesungen. Von besonderem Interesse ist seine »Klage Satans«, in der er den gefallenen Engel über sein Geschick klagen läßt; denn seit Halladsch war der Gedanke verbreitet, daß Satan sich vor Adam nicht niedergeworfen hatte, weil ihm das eine Verletzung des absoluten Monotheismus schien – wie könnte man sich vor einem anderen als Gott selbst niederwerfen? So nimmt Satan, in den Lehren dieser mystischen Strömung, lieber den Fluch Gottes auf sich als sich vor einem anderen als Ihm zu beugen, und wird zum Modell des wahren Liebenden.*

Ḥadīqat al-ḥaqīqa wa scharī'at aṭ-ṭarīqa, ed. Mudarris Razavi, Teheran 1329 sh/1950
Mathnawīhā, ed. Mudarris Razavi, Teheran 1348sh/1969
Dīwān, ed. Mudarris Razavi, Teheran 1341 sh/y1962.
Hellmut Ritter, »Philologika VIII: Anṣārī Herewi – Sanā'i Ghaznewi«, *Der Islam* XXIII 1934
R. A. Nicholson, *A Persian Forerunner of Dante,* Towyn-on-Sea 1944
Major J. Stephenson, *The First Book of the Hadiqatu'l-Haqiqat or the Enclosed Garden of the Truth of the Hakim Sanai of Ghazna,* Transl. by J. S., London 1908, repr. New York 1971

J.T.P. de Bruijn, *Of Piety and Poetry. The interaction of religion and literature in the life and works of Hakim Sana'i of Ghazna*, Leiden 1984

*

Satans Klage

GANZ einzig hielt an Ihm mein Herz
in Treue fest:
Dem Wundervogel »Liebe« war
mein Herz das Nest.
An meiner Schwelle war ein Heer
von Engeln reich,
Für meinen Rang war Gottes Thron
der Schwelle gleich.
Er legt' mir heimlich in den Weg
der Ränke Schlinge;
Darin war Adam Köder-Korn,
daß Er mich finge.
Zum Zielort Seines Fluches wollt'
Er machen mich;
Er tat's und nahm den Staub-Adam
als Vorwand sich.
Ich war der Engel Lehrer einst
in Himmeln weit
Und hofft' aufs höchste Paradies
in Ewigkeit;
Wohl siebenhunderttausend Jahr'
gehorcht' ich gleich,
Und aus Gehorsam sammelte
ich Schätze reich.

Las auf der Tafel ich: »Es wird
  einer verflucht!«
Das Opfer suchend, hab ich doch
  nicht *mich* gesucht!
Adam aus Staub geschaffen war,
  und ich aus Licht –
Ich sprach: »Der einzige bin ich!«
  Er war's, ich nicht.
»Du warfst dich nieder nicht!« so sprach
  der Engel Schar –
Wie konnte ich's, da dieser doch
  dazwischen war?
Komm, Seele, auf Gehorsamswerk
  verlass dich nicht:
Ein Beispiel für die Menschen ist's
  zu bessrer Sicht!
Am Ende wußt' ich, was bestimmt
  vom Schicksal mir,
Und hundert Ströme strömten heiß
  vom Auge hier.
Ihr Liebes-Klugen – seht, ich bin
  doch ohne Schuld:
Der Weg zu Ihm – Ergebenheit
  ist's, und Geduld.

*

Aus der Ḥadīqat al-ḥaqīqat

IM LANDE Ghor war eine große Stadt,
Darin es nichts als blinde Leute hat.
Ein Fürst kam mit dem Heer zu diesem Ort
Und schlug sein Zelt auf in der Steppe dort.
Er hatte einen Elefanten, mächtig,
Voll Stolz und Majestät, gar groß und prächtig.
Die Leute, die das Schreckliche vernommen,
Sie wollten gerne sehn, was da gekommen,
Und ein paar Blinde aus der Blinden Mitte,

Zum Elefanten lenkten sie die Schritte;
Die Form und die Gestalt des Elefanten
Zu sehen: wie die Leute eilends rannten!
Und sie berührten ihn (sie sah'n ihn nicht,
Da ihre Augen ohne Augenlicht!),
Und jeder, der ein Glied von ihm berührte,
Erfuhr nur das, was seine Hand verspürte,
Und jeder machte sich ein falsches Bild
Und band sein Herz an Fantasiegebild.
Als sie zur Stadt zurückgekehrt im Lauf,
Da führten sie sich gar großmäulig auf,
Da alle nach der Form des Tieres fragten
Und lauschten gut auf das, was jene sagten:
Der eine griff des Elefanten Ohr
Und redete dem, der ihn fragte, vor:
»Welch eine Form das Riesen-Untier hatte –
Ganz breit und schwer und weit, wie eine Matte!«
Und der den Rüssel griff mit seiner Hand,
Sprach: »Dieses ward mir ganz genau bekannt:
Er ist so lang wie eine Regenrinnen,
Ganz fürchterlich, und auch ganz hohl von innen!«
Und wer berührte von dem Elefanten
Mit seiner Hand die Füße des Giganten,
Der sprach: »So stark und fest ist seine Form
Wie einer kegelförm'gen Säule Norm!«
Denn jeder hatte nur ein Teil berührt –
So waren in die Irre sie geführt,
Befangen in unnützer Fantasie,
Im Sack gefangne Idioten sie!
  Denn den Geschöpfen ist Gott nicht bekannt –
  Zu Ihm hat keine Wege der Verstand![1]

*

1 Die Geschichte ist indischen Ursprungs und wird meist in der Fassung Rumis im *Mathnawi* III 1259 ff. erzählt. S. Fritz Meier, »Zur Geschichte von den Blinden und dem Elefanten«, in: »Das Problem der Natur im esoterischen Monismus des Islams«, *Eranos-Jahrbuch* XIV, 1946, 174 ff.

HÖRTEST du, daß Jesus eines Tages
Seinen Herrn um Regen bitten wollte?[1]
So ging er mit seinem Volk zum Beten,
Alle kamen und voll Demut flehten,
Aber ihr Gebet ward nicht erhört –
Jesus wurde traurig und verstört.
Plötzlich kam ein Ruf: »Entferne schnelle
Jenen Sünder, send ihn von der Stelle!
Wo es Sünde gibt – kein Wohlgefallen! –
Wird vergeblich das Gebet erhallen!«
Viele aus der Menge kehrten um,
Voller Furcht und in Verstörung stumm.
Nur ein einziger blieb Jesus nah –
Selig, der mit *einem* Auge sah!
Jesus sprach: »Was bist du nicht gegangen?
Fühlst dich mit den andern nicht gefangen?
Seit du lebst, tatst Sünden du genug,
Und du schwärztest deiner Taten Buch!«
Doch der sprach: »Für einen Augenblick
Fiel auf eine fremde Frau mein Blick,
Und sogleich, an diesem selben Ort,
Riß die Gier ich aus der Seele fort;
Meinen Fuß hob ich nicht von der Stelle,
Bis vernichtet ich der Sünde Quelle:
Weil im Auge Satan zeigte Macht,
Habe ich das Auge schwarz gemacht;
Weil der Teufel meinen Blick umgarnt,
Habe ich den Blick vom Aug' entfernt.
Was in mir des Teufels Anteil war,
Bot ich so dem Teufel deshalb dar.
Ich entfernte es von mir wie Galle,

1 Es gibt eine bestimmte Form des Gebetes um Regen, das von der Gemeinde außerhalb der Stadt gehalten wird. Das Motiv – auch sonst in der islamischen Überlieferung bekannt – stammt natürlich aus dem Neuen Testament: Matthäus V 29.

Daß ich Gottes Zürnen nicht verfalle.«
Jesus sprach: »Nun sprich schnell das Gebet,
Gottes Auserles'ner, der hier steht!«
Hob der Treue seine Hände auf;
Jesus sprach das Amen dann darauf.
Rasch erhob der fromme Mann die Hand –
Gott hat seine Werke anerkannt.
Wolken sammelten sich schnell, voll Segen,
Füllten sich und gossen aus den Regen.
Links und rechts Wildwasserbäche steigen,
Links und rechts die Flüsse sich verzweigen.
  Jeder, dessen Werk ist Gott geweiht,
  Dessen Wort regiert in seiner Zeit!

شهاب الدين السهروردى
شيخ الاشراق

Schihabaddin Yahya as-Suhrawardi

zeichnete sich schon als junger Mann durch seine geistreichen mystisch-philosophischen Gedanken aus, die er in ununterbrochener Folge auf Arabisch und Persisch niederschrieb, teils in hohem philosophischen Stil, teils in Form anziehender Parabeln. Aus den Elementen griechischer Philosophie, der Weisheit des alten Ägyptens und Irans und des Islam entwickelte er ein ganz überraschendes System der Erleuchtung (ischrāq), *in dem die verschiedensten Strömungen harmonisch vereinigt sind. Gott ist für ihn Licht, ein Licht, das in verschiedenen Graden durch die Vermittlung von Engelswesen bis in die menschliche Welt herabgestrahlt wird, und er versucht dem Menschen den Weg zu zeigen, aus dem »westlichen Exil«, in dem er jetzt in der Welt der Materie lebt, wieder in das lichtreiche »Jemen«, das »glückliche« Land im Osten, jenseits der Fixsternsphären, zu gelangen und seine ursprüngliche Lichtnatur wieder zu verwirklichen. Diese kühne Lichtmetaphysik erregte den Zorn der orthodoxen Theologen, denen der brillante junge Mann allzu gefährlich schien; in Aleppo, wohin er sich aus seiner persischen Heimat begeben hatte, wurde er eingekerkert und als Fünfunddreißigjähriger 1191 hingerichtet. Deshalb nennt man ihn oft – im Unterschied zu den anderen Suhrawardis –* al-maqtūl, *»der Getötete«, während seine Anhänger, die sich bis nach Indien verbreiteten, ihn den* schaich al-ischrāq, *den Meister der Erleuchtung, nennen.*

Henry Corbin, *Sohrawardi d'Alep, fondateur de la doctrine illuminative* (ishrāqī), Paris 1939
Oeuvres en Persan, ed. Henry Corbin, Teheran-Paris 1970

Opera metaphysica et mystica, ed. Henry Corbin, Bd. I, Istanbul 1945, Bd. II Teheran-Paris 1952
»Le bruissement de l'aile de Gabriel«, ed. et trad. par Henry Corbin et Paul Kraus, *Journal Asiatique,* Juli 1935
Henry Corbin, »Mystique et humour chez Sohrawardi, Shaykh al-ishrāq« In M. Mohaghghegh-H. Landolt, *Collected Papers in Islamic Philosophy and mysticism,* Teheran 1971
S. H. Nasr, *Three Muslim Sages,* Cambridge, Mass. 1963
Suhrawardi, *The Mystical and Visionary Treatuses,* übersetzt von Wheeler M. Thackston, London 1982

*

Aus: Der Rote Intellekt

EINER meiner lieben Freunde fragte mich: »Verstehen die Vögel untereinander ihre Sprache?« Ich sagte: »Ja, das tun sie.« Er fragte: »Woher weißt du denn das?« Ich sagte: »Im Anfang, als der Bildner in der Wahrheit meine Art sehen wollte, schuf er mich in Gestalt eines Falken, und in jenem Lande, wo ich war, gab es auch andere Falken. Wir redeten miteinander und hörten und verstanden, was der andere sagte.« Er sagte: »Und wie bist du dann zu diesem Standort gelangt?« Ich sagte: »Eines Tages legten die Jäger »Geschick« und »Bestimmung« die Schlinge des Schicksals aus und legten das Korn des freien Willens hinein und fingen mich auf diese Weise. Dann brachten sie mich aus jenem Lande, das meine Heimat war, in ein anderes Land. Dort nähten sie mir beide Augen zu[1] und legten mir vier verschiedene Fesseln an und setzten zehn Mann als Wächter über mich ein, fünf, die sich mir zuwandten und den Rücken nach draußen hielten, und fünf, die mir den Rücken zukehrten und nach draußen blickten.[2] Jene fünf, die mir ihr Gesicht zuwandten und den Rükken nach draußen kehrten, hielten mich dort in der Welt der Verwirrung, so daß ich mein Nest und jenes Heimatland und alles was ich gewußt hatte vergaß und meinte, es sei mir immer so wie hier gegangen.

---

1 Dem Falken werden bei der Ausbildung die Augen vernäht. Der Falke ist ein typischer Seelenvogel in der Mystik
2 Das sind die fünf Sinne

Als eine Weile so vergangen war, taten sie mir das Auge ein wenig auf, und mit soviel Auge wie möglich sah ich Dinge, die ich sonst nicht gesehen hatte, und hielt das für erstaunlich, bis mein Auge jeden Tag ein wenig weiter geöffnet wurde und ich Dinge sah, über die ich in Verwunderung geriet. Schließlich wurde mein Auge ganz geöffnet und mir die Welt so wie sie ist, gezeigt. Ich betrachtete meine Fesseln, die man mir angelegt hatte, und meine Wächter und sagte zu mir selbst: Ob es wohl jemals geschieht, daß mir diese vier verschiedenen Fesseln abgenommen werden und diese Wächter von mir entfernt werden und mein Flügel sich öffnet, so daß ich einen Augenblick in der Luft fliegen und mich von diesen Banden befreien kann?

Schließlich, nach einer Weile, fand ich die Wächter unaufmerksam. Ich sagte mir: Eine bessere Gelegenheit kann ich nicht finden, kroch in eine Ecke, und so, mit Fesseln und hinkend, wandte ich mich zur Wüste. In dieser Wüste sah ich jemanden kommen. Ich nahte mich ihm und grüßte ihn so höflich wie nur möglich, und er grüßte wieder. Als ich jene Person betrachtete, waren sein Bart, seine ganze Farbe und sein Angesicht rot. Ich dachte, er sei jung und sagte: »O junger Mann, woher kommst du?« Er sprach: »O Kind, du redest mich nicht richtig an. Ich bin das erste Kind der Schöpfung, und du nennst mich jung?« Ich sprach: »Aus welchem Grunde ist dann dein Bart nicht ergraut?« Er sprach: »Mein Bart ist weiß, und ich bin ein lichtvoller Greis. Aber jene, die dich in der Schlinge fingen und dir diese verschiedenen Fesseln anlegten und dir diese Wächter zugesellten, die haben auch mich für eine Weile in ein schwarzes Loch geworfen. Diese meine Farbe, die dir rot erscheint, kommt daher, sonst wäre ich weiß und leuchtend. Denn jedes Weiße, das mit dem Licht zusammenhängt – wenn es mit schwarz gemischt wird, so erscheint es rot, so wie die Röte zu Beginn des Abends oder am Ende des Morgens, die weiß ist und mit dem Sonnenlicht zusammenhängt und deren eine Seite sich zum Licht wendet, das weiß ist, und die andere Seite zur Nacht, die schwarz ist; die erscheint daher rot. Ebenso der Vollmond beim Aufgang; selbst wenn sein Licht nur geliehen ist, so ist er doch durch Licht qualifiziert, und eine Seite von ihm wendet sich dem Tage zu und die andere der Nacht, und so erscheint er rot. Die Kerze hat die gleiche Eigenschaft, ihr Unterteil ist weiß und das Oberteil schwarz von Rauch, und zwischen Feuer und Rauch erscheint das Rot, und dergleichen Dinge gibt es viel.«

Dann sagte ich: »O Meister, woher kommst du?« Er sprach: »Von hinter dem Berge Qaf, wo mein Aufenthaltsort ist und wo auch dein Nest war – aber du hast das vergessen.« Ich sagte: »Und was machst du hier?« Er sprach: »Ich bin ein Wanderer, ständig ziehe ich durch die Welt und sehe wundersame Dinge.« Ich sagte: »Was für wunderbare Dinge hast du in der Welt gesehen?« Er sprach: »Sieben Dinge: das erste ist der Berg Qaf, der unsere Heimat ist, das zweite das nachterleuchtende Juwel, das dritte der Tuba-Baum, das vierte die zwölf Webstühle, das fünfte der davidische Panzer, das sechste das überscharfe Schwert, und das siebente der Lebensquell«. Ich sagte: »Erzähle mir davon!«

Er sagte: »Das erste ist der Berg Qaf, der die ganze Erde umgibt und aus elf Bergen besteht, und du, wenn du von den Fesseln befreit wirst, willst dorthin ziehen, denn von dort bist du gebracht worden.« Ich fragte: »Wie kann ich denn dorthin kommen?« Er sprach: »Der Weg ist schwierig. Zunächst liegen zwei Berge vor dir, der eine ganz heiß und der andere ganz kalt, und die Hitze und Kälte jenes Ortes ist grenzenlos.« Ich sagte: »Das ist doch einfach – ich überquere den heißen Berg im Winter und den kalten im Sommer.« Er sprach: »Du irrst dich, denn in jenem Lande gibt es keine Jahreszeiten.« Ich fragte: »Wie weit ist dieser Berg entfernt?« Er sprach: »So weit du gehst, um wieder zum ersten Standplatz zu gelangen, so wie der Zirkel, dessen einer Fuß im Zentrum steht und der andere auf der Linie und sich so lange kreisend dreht, bis er dort ankommt, von wo er ausgegangen ist.«

Ich sagte: »Kann man diese Berge denn durchbohren und durch das Loch gehen?« Er sprach: »Auch das ist nicht möglich, aber jemand, der das Geschick hat, kann dort ohne Tunnel in einem Nu hindurchgehen, so wie das Balsamöl, das, wenn man es auf die Handfläche reibt und in die Sonne hält und es warm wird; denn ein Tropfen Balsamöl, den du auf die Handfläche tust, erscheint auf dem Handrücken wieder, dank einer besondern Eigenschaft, den er hat. Dann, wenn auch du die besondere Eigenschaft erreichst, durch den Berg zu gehen, kannst du leicht in einem Nu durch beide Berge gehen.« Ich sagte: »Wie kann ich denn diese Eigenschaft erreichen?« Er sprach: »Ich werde das zwischen den Zeilen sagen, wenn du es verstehst.« Ich sagte: »Wenn ich nun diese beiden Berge überschritten habe, ist der Rest leicht oder nicht?« Er sprach: »Leicht, aber nur, wenn jemand es richtig versteht. Manche sind zwischen den beiden Bergen festgehalten und andere sind zu einem dritten Berg gelangt und haben sich dort festgesetzt, andere zum vierten und fünften, und so immer weiter bis zum elften. Je gescheiter der Vogel ist, je weiter kommt er.«

[Nun erklärt der Meister das Geheimnis des nachtleuchtenden Juwels, das sein Licht vom Tuba-Baum erhält und je nach seiner Stellung zum Menschen bald heller bald dunkler erscheint; der Tubabaum steht inmitten der Berge, und dank seinen Früchten entstehen alle Bäume, Pflanzen, Duftkräuter auf Erden, denn in ihm nistet der Simurgh, der, wenn er seine Schwingen über die Welt breitet, den Segen dieses Baumes verteilt. Der Simurgh hatte, wie das *Schāhnāma* erzählt, den Helden Zal aufgezogen, der von seinem Vater ausgesetzt worden war, und später gelang es dank ihm Zals Sohn Rustam, seinen Gegner Isfandiar im Kampf zu besiegen, da dieser den Widerschein des Simurghs auf dem Panzer Rustams nicht zu ertragen vermochte.
Der Sucher fragt dann nach den zwölf Webstühlen, die kunstvoll zum Weben der scheinbar unlösbaren Gewebe und Fesseln aufgebaut sind, und nach dem davidischen Panzer, der eben jene Fessel ist, mit der man ihn gefangen hat. Diese Fessel kann nur mit dem überscharfen Schwert zerschlagen werden, und dann ist der Sucher frei, den Lebensquell zu suchen.]

Ich sagte: »O Meister, was soll ich tun, damit der Schmerz mir leicht werde?« Er sprach: »Erreiche den Lebensquell und gieße Wasser aus jenem Quell über dein Haupt, damit die Fesseln auf deinem Körper schmelzen und du vorm Schlag des Schwertes sicher bist, denn dieses Wasser zieht den Panzer zusammen, und wenn er eng wird, kann das Schwert leicht zuschlagen.« Ich sagte: »O Meister, wo ist die Lebensquelle?« Er sprach: »In der Finsternis; wenn du sie suchst, ziehe gleich Chidr[1] die Wanderschuhe an und mache dich auf dem Wege des Gottvertrauens auf, damit du in die Finsternis gelangst.« Ich sagte: »Nach welcher Richtung geht der Weg?« Er sprach: »Wohin immer du gehest; wenn du den Weg gehst, findest du den Weg.« Ich sagte: »Was ist das Zeichen der Finsternisse?« Er sprach: »Schwärze, und du bist selbst in der Finsternis, aber du weißt es nicht. Wer diesen Weg geht – wenn er sich selbst im Finstern sieht, dann weiß er, daß er schon früher in der Finsternis gewesen ist und niemals das Licht gesehen hat. Dies nämlich ist der erste Schritt der Wanderer, und von da aus kann er Fortschritte machen. Nun, wenn jemand diesen Standort erreicht, dann kann er eben von dort vorwärts gehen. Wer die Lebensquelle im Finstern anstrebt, hat viel Verwirrung zu leiden. Wenn er dieses Quells würdig ist, sieht er am Ende die Helligkeit. Er braucht nun nicht weiter nach dieser Helligkeit zu greifen, denn diese Helligkeit ist ein Licht vom Himmel über dem Lebensquell. Wenn er den Weg vollendet hat und in dem Quell badet, so ist er sicher vor dem Schlag des überscharfen Schwertes. ... Jeder, der den Sinn der Wahrheit findet, kommt zu jenem Quell. Wenn er aus dem Quell herauskommt, findet er die Fähigkeit, [alles zu durchdringen], wie das Balsamöl, von dem du einen Tropfen auf die Handfläche tust und das auf dem Handrücken wieder erscheint. Wenn du selbst Chidr wirst, kannst du den Berg Qaf leicht überschreiten.« ...

*

Aus: Die Sprache der Ameisen

EINIGE Ameisen gürteten flink ihre Lenden und wandten sich aus der unteren Finsternis, ihrem ersten Aufenthaltsort, zur Steppe, um Nahrung zu bereiten. Zufällig kamen ein paar Zweige in ihren Gesichtskreis, und zur Morgenzeit hatten sich

1 Chidr, Prophet und Heiliger, trank aus dem Lebensquell, der in der Finsternis liegt, und wurde unsterblich; er erscheint den Frommen, die in Not sind

Tautropfen auf deren Oberfläche niedergelassen. Eine fragte die andere: »Was ist denn das?« Die antwortete: »Der Ursprungsort dieser Tropfen ist aus der Erde«, und andere sagten, »Im Meer», und darüber fingen sie an zu argumentieren. Unter ihnen war eine erfahrene Ameise, die sagte: »Wartet einen Augenblick, nach welcher Seite sich der Tropfen neigt, denn jedes wird von seinem Ursprung angezogen und ist voller Sehnsucht, sich wiederum seinen Ursprungsort und seinem Urquell anzuschließen. Alle Dinge werden von ihrer Wurzel angezogen. Siehst du nicht, daß, wenn man einen Erdklumpen aus dem Mittelpunkt der Erde in die Luft wirft, dieser Klumpen schließlich wieder nach unten kommt, da sein Ursprung niedrig ist und er der Regel folgt: »Alle Dinge kehren zu ihrem Ursprung zurück«. Und was immer sich zur reinen Finsternis zieht, dessen Ursprung ist auch von dort. Und wenn er zu dem Licht der Gottheit kommt, so ist diese Angelegenheit besonders deutlich (– fern sei dabei der Gedanke an Vereinigung [zwischen Gott und der Welt!]: was immer Helligkeit sucht, das entstammt aus dem Licht.«
Die Ameisen sprachen noch darüber, als die Sonne warm wurde und der Tautropfen von seinem pflanzlichen Altar sich nach oben bewegte, und die Ameisen begriffen, daß er nicht der Erde entstammte: da er aus der Luft war, ging er mit der Luft dahin. »Licht über Licht; Gott leitet zu seinem Lichte wen Er will, und Gott gibt den Menschen Beispiele« (Sura 24/35), »und zu deinem Herrn ist der Platz der Rückkehr« (Sura 53/42), und zu Ihm steigt auf das gute Wort und erhebt sich die fromme Tat.

*

EINMAL geschah es, daß ein paar Fledermäuse sich mit einem Chamäleon verfeindeten, und sie beschimpften sich gegenseitig sehr. Die Auseinandersetzung überschritt alle Grenzen. Da einigten sich die Fledermäuse, daß, wenn die Dämmerung der Nacht sich über die Rundung des Himmels breite, sie sich versammeln sollten und das Chamäleon lanzengleich angreifen und es gefangensetzen wollten, daß sie es dann nach Herzenslust bestrafen und nach ihrem Willen Rache an ihm nehmen wollten. Als schließlich die Zeit zur Gelegenheit kam, zogen sie aus und zerrten das arme Chamäleon mit gegenseitiger Hilfe und wechselseitiger Unterstützung in ihre Unglücksbehausung und hielten es dort diese Nacht gefangen. Am Morgen sprachen sie: »Wie kann man dieses Chamäleon bestrafen?« Sie alle stimmten überein, daß es zu töten sei, und dann beratschlagten sie sich über den Modus der Hinrichtung. Sie stimmten darin überein, daß keine Strafe schlimmer sei als der Anblick der Sonne; also gäbe es keine schwerere Bestrafung als der Sonne ausgesetzt zu sein, und so zogen sie einen Analogieschluß zu ihrem eigenen Verhalten und bestraften es mit dem Anblick der Sonne. Das Chamäleon hatte von Gott gerade dies erbeten – das arme Chamäleon hatte genau diese Art von Tötung gewünscht. Husain ibn Mansur [Halladsch] sagt:

Tötet mich, o meine Freunde,
denn im Tod nur ist mein Leben,
Und mein Leben ist im Sterben,
und mein Sterben ist im Leben.

Als die Sonne aufstieg, warfen sie es aus ihrem Unglückshause heraus, damit es durch die Strahlen der Sonne gestraft werde – und diese Bestrafung war in Wirklichkeit seine Belebung, »und haltet nicht diejenigen, die da getötet wurden im Wege Gottes, für tot; nein, sie sind lebendig, genährt bei ihrem Herrn, erfreut in dem was ihnen Gott von Seiner Gnade zukommen läßt« (Sura 3/163). Wenn die Fledermäuse wüßten, welche Wohltat sie dem Chamäleon mit dieser Strafe erwiesen haben und was ihnen ermangelt an diesem Genuß, würden sie vor Ärger sterben! Abu Sulaiman Darani sagt: »Wenn die Nachlässigen wüßten, was ihnen am Genuß der Wissenden abgeht, so würden sie aus Kummer sterben.«[1]

*

1 Abu Sulaiman ad-Darani (gest. 830), bekannter Asket

Aus: Das Flöten des Simurgh[1]

... DIE mit klaren Herzen haben gezeigt, daß ein jeder Wiedehopf, der zur Frühlingszeit sein Nest verläßt und mit seinem eigenen Schnabel seine Federn ausrupft und sich zum Berge Qaf wendet – dann fällt der Schatten des Berges Qaf auf ihn für tausend Jahre dieser Zeit; denn »ein Tag bei deinem Herrn ist wie tausend Jahre, die sie zählen« (Sura 32/4), und diese tausend Jahre sind im Kalender der Leute der Wahrheit ein Morgenhauch aus dem Orient der Größten Göttlichkeit. In dieser Zeit wird er zum Simurgh, dessen Flöten die Eingeschlafenen weckt, und sein Nest ist auf dem Berge Qaf. Sein Flöten erreicht alle, doch nur wenige lauschen; alle sind mit ihm und die meisten sind ohne ihn.

Du bist mit uns und bist doch nicht mit uns –
Denn du bist Seele und deshalb nicht sichtbar.

Und für die Kranken, die vom Unglück der Wassersucht und der Schwindsucht ergriffen sind, ist sein Schatten das Heilmittel und tut ihrer Krankheit wohl. Und er läßt die verschiedenen Farben verschwinden. Dieser Simurgh fliegt ohne Bewegung und gleitet ohne Schwinge, und er kommt nahe, ohne Räume zu überwinden. Alle Formen und Bilder sind von ihm, doch er selbst hat keine Farbe. Und im Orient ist sein Nest, doch der Okzident ist nicht leer von ihm. Alle sind mit ihm beschäftigt, und er ist von allen ledig, alle sind von ihm voll und er von allen leer. Und alle Wissenschaften stammen aus dem Flöten dieses Simurghs und sind von ihm abgeleitet, und wundersame Instrumente wie Orgel und anderes sind aus seinem Ruf und Gesang entstanden.

Wenn du nicht Salomo gesehn –
Was weißt du von der Vögel Sprache?[2]

Seine Nahrung ist Feuer, und jeder, der eine Feder von ihm an seine rechte Seite bindet und durch das Feuer geht, wird nicht verbrennen. Der Morgenzephir stammt aus seinem Atem;

---

1 Der Simurgh wird hier, wie in 'Attar's *Manṭiq uṭ-ṭair,* schließlich mit Gott gleichgesetzt.

2 Salomon spricht die Sprache der Vögel (Sura 27/16)

deswegen sprechen die Liebenden mit ihm über das Geheimnis ihres Herzens und die Mysterien ihres Gemütes.

Über das Entwerden, *fanā*
Und einige derer, die Gott erfahren haben, sagen, daß »Es gibt keinen Gott außer Gott« das Einheitsbekenntnis der gewöhnlichen Menschen ist, und »Es gibt keinen Gott außer Ihm« das Einheitsbekenntnis der Elite. Aber die Grade des Einheitsbekenntnisses sind fünf: eines »Es gibt keine Gottheit außer Gott«, und das ist das Einheitsbekenntnis der gewöhnlichen Menschen, das Göttlichkeit allem dem abspricht, was außer Gott ist, und das sind die allergewöhnlichsten Leute. Jenseits dieser Gruppe gibt es eine Gruppe, die im Vergleich zu diesen die Elite sind, aber im Vergleich zu anderen noch gewöhnliche Gläubige; doch ihr Rang ist höher als der der gewöhnlichen Gläubigen, und deren Einheitsbekenntnis ist »Es gibt kein Er außer Ihm«, *lā huwa illā huwa*, und das ist höher als das erste, und ihr Rang ist höher, weil die erste Gruppe nur die Göttlichkeit alles dessen leugnet, was außerhalb Gottes ist, aber diese andere Gruppe beschränkt sich nicht darauf, alles außer Gott zu negieren, sondern sie negieren alle Ipseitäten außerhalb der göttlichen Ipseität *(hūwiyya)* und sagen, daß die Er-heit Ihm zukommt und man niemand anderes Er nennen könnte, denn alle Er-heiten stammen aus Seiner Er-heit, also kommt Ihm die absolute Er-heit (Ipseität) zu. Jenseits dieser Gruppe gibt es andere, deren Einheitsbekenntnis ist »Es gibt kein Du außer Dir«, und das ist noch höher als das derjenigen, die von Gott als »Er« sprechen. Denn »er« sagt man von einem Abwesenden. Diese aber leugnen alle Du-heiten, die sich zeigen, und ihr Hinweis deutet auf die göttliche Gegenwart hin. Und eine andere Gruppe ist über diesen und ist noch höher, und sie sagen: »Wenn jemand einen anderen mit Du anredet, so erfährt er ihn als von sich selbst getrennt und stellt Dualität fest, Dualität aber ist der Welt der Einheit fern.« Diese haben sich selbst verloren und vergessen in der Offenkundigkeit Gottes, und sagen »Es gibt kein Ich außer mir«, *lā anā illā anā*. Am

weitesten realisiert haben diese gesprochen, denn Dualität und Ichheit und Erheit sind alles subjektive Zusätze zu der Essenz des Durch-Sich-Selbst-Bestehens. Sie haben diese drei Worte im Meere des Auslöschens ertränkt, und die subjektiven Eindrücke sind hinweggerissen und die Hinweise verschwunden, »und alle Dinge sind vergänglich außer Seinem Angesicht« (Sura 28/88), und sie haben einen höheren Standort erreicht. Denn solange der Mensch noch dieser Welt der Menschlichkeit anhängt, erreicht er nicht den Platz der Göttlichkeit. Darüber hinaus gibt es keinen anderen Ort, denn dieser hat kein Ende. Man fragte einen Großen: »Was ist der Sufismus?« Und er sprach: »Sein Beginn ist Gott und sein Ende hat kein Ende und keine Grenze.«

روزبهان بقلی

Ruzbihan-i Baqli

gehört der Traditionskette von Ibn Chafif in Schiras an, wo er 1209 starb. Er hat die verfeinerte Liebesmystik, wie sie von Ahmad Ghazzali und 'Ainul qudat Hamadani in ihren Werken vertreten worden war, noch einmal in einem großartigen Werk in hoch-poetischer Sprache dargelegt, dem 'Abhar al-'āschiqīn, *»Le jasmine des Fidèles d'amour«, wie der Herausgeber Henry Corbin es übersetzt. Besonders wichtig ist sein* Scharḥ-i Schaṭḥiyāt, *ein Kommentar über die ekstatischen Aussprüche der frühen Sufis, der auch eine eingehende Interpretation Halladschs enthält und damit unerläßlich für ein Verständnis der mystischen Tradition ist. Spätere Generationen haben dieses Werk immer wieder benutzt; vor allem in Indien war es bekannt, und Fachruddin 'Iraqi beschrieb den Autor, welcher der persischen mystischen Sprache den größten Glanz verliehen hat, mit seinen Versen im »Buch der Liebenden«* ('Uschschāqnāma):

Der Meister von Schiras, Scheich Ruzbihan,
Durch Treu und Reinheit einzig in der Welt:
Er war der Ringstein für die Heiligen,
Der Seele Welt, war er der Welten Seele,
Der Fürst der Liebenden und Gnostiker,
Der Führer derer, die das Ziel erreicht ...

Sharḥ-i shaṭḥiyāt, Les Paradoxes des Soufis, ed. Henry Corbin, Teheran-Paris 1966
'Abhar al-'āshiqīn, Le Jasmine des Fidèles d'amour, ed. Henry Corbin, Teheran-Paris 1958
Louis Massignon, »La vie et les oeuvres de Ruzbehan Baqli«, in *Studia Orientalia Ioanni Pedersen dicata.* Kopenhagen 1953

Henry Corbin, »Sympathie et théopathie chez les Fidèles d'amour«, *Eranos-Jahrbuch* 24/1955
ders., »Quiétude et inquiétude de l'âme dans le soufisme de Ruzbihan Baqli de Shira«, *Eranos-Jahrbuch* 27/1958

*

Aus dem Scharḥ-i schatḥiyāt

Bei der Seele meines Seelen-Schützers! Wenn in der Schönheit der Schau all meine schmerzvollen Haare in Liebe ganz zu Seele werden und wenn der Liebste darin sichtbar wird, dann wird jedes davon zu einem Auge, und der Geliebte wird mit diesem Auge gesehen. Noch nähre ich das Hören der Seele; sie ist noch nicht zur vollkommenen Kontemplation /gelangt/. Ich bin die Nachtigall, die die göttliche Attributenlosigkeit singt; sie kann noch nicht sprechen »Ich bin die Göttliche Wahrheit«. O du grüne Muschel des ozeanartigen Berges Qaf – wo hältst du die Perle der Erkenntnis im Munde der Liebe? O Wundervogel der Wüste der Urewigkeit – fliege mit der Schwinge der Vorzeitlichkeit! Was treibst du im Luft-Lustschloß im Neste des Zeitlich-Geschaffenen? Das ist die Färbung der Selbstsüchtigen und der Ruf der Heuchler, die unsinniger Weise auf dem Wege zehn Schreie ausstoßen, und für jeden Hinz und Kunz aus dummem Hunzen und Grunzen das, was sie nicht besitzen, auf hundert Märkten feilbieten! Wenn sie diese Schönheit nicht finden, ist es nur recht; denn gleich Eseln gehen sie stets von der Lieblichkeit weg. Aus oberflächlichem Spaß versammeln sie sich in Kreisen; sie nehmen keinen Rat an von den aufrichtigen Weisen.
O Unheil verursachende Zeit! Wo ist der Aufschrei Schiblis? Wo ist Husris Ruf?
O Nachmittag der Welt! Wo ist der Sang Abu'l-Hasan Nuris? Wo ist das Ach Abu Hamza des Sufis?
O Schatten der Himmel! Wo ist das Zeitalter Sumnuns und die Liebe Dhu'n-Nuns und das Seufzen Sumnuns und die Klagen Buhluls?
O Teppich der Erde! Wo ist Dschunaids Beständigkeit und Ruwaims mystischer Reigen?

O durchsichtig grünes Wasser! Wo sind die Melodien Subbuhis und das Händeklatschen Abu 'Amr Zudschdschadschis und der Tanz Abu'l-Husain Sirwanis?
O Licht der Sonne! Wo ist der Odem Kattanis und das Brausen Nasrabadhis?
O Sphäre Saturns! Wo ist das Königreich von Bayazid Bistamis Einheitsbekenntnis?
O Neumond des Himmels! Wo ist Wasitis Unruhe und Yusuf ibn Husain-i Razis Eleganz?
O Tropfen der Wolke in der Luft! Wo ist das Stöhnen Abu Mazahim-i Schirazis? Wo ist die wechselnde Farbe Dscha'far al-Hadda's?
O Farbe Saturns, o Schande der Venus, o Buchstabe der Intelligenz! Wo ist das Ausgießen des Blutes von Husain ibn Mansur in »Ich bin die Absolute Wahrheit«?
Wo ist das Wandeln jenes seltsamen Gelehrten in sonderbaren Fesseln auf dem Hinrichtungsplatze inmitten von Freunden und Feinden?
O Zeit und Raum! Warum seid ihr ohne die Schönheit des Scheichs Abdullah ibn Chafif?
Hunderttausend heilige Herzen seien im Opferplatz der Liebe ihm geopfert, der die Rarität der Zeit der Manifestation ist und der Wanderer in der Wüste des »Er kam näher« (Sura 53/8), dem Vogel des Nestes »am Lotosbaum der Grenze« (Sura 53/14) und der Nachtigall auf dem Zweige des Tuba-Baumes, Ahmad al-Haschimi – Gottes Segen über ihn! Alle sind getötet am Martyriumsplatz der Liebe dieses Meisters; sie sind Buchstaben des Buches »Wahrlich du bist tot und sie sind tot«. Sie finden den Neumond seiner Schönheit am Himmel der Vereinigung mit ihm, und die, so nach Liebe dürsten, ersehnen der Regen der Einigung in seinem weltenschmückenden Antlitz.[1]

---

1 Eine wichtige Aufzählung der Sufis der klassischen Zeit, die dann beim Propheten Muhammad endet.

Aus dem »Jasmin der wahren Liebenden«

SCHAU, wie die Gnostiker in der Liebe zu Gott einen bestimmten Hinweis haben, nämlich die Liebe zu Seinen Heiligen und die Zuneigung zu Seinen Dienern, und in der menschlichen Liebe ebenfalls eine bestimmte Andeutung, nämlich, die dem Geliebten Nahestehenden zu lieben. Die Regel der Liebe ist so, daß der Liebende um Mitternacht das Gebell der Hunde der Gasse des Geliebten in seiner Seele vernimmt und dies als glücklichen Zufall in der Liebe ansieht.

Madschnun sah in der Wüste einen Hund;
Er gab ihm Brot und kreiste um ihn rund.
Man sprach: »Woher kommt solche Liebe dir?«
»Durch Lailas Dorf – sprach er– lief einst der Hund!«[1]

Und Arabisch:

Ich gehorche Lailas Volk in allem,
Und ertrage Große so wie Kleine.

Wenn die Zuneigung diesen Ruheplatz gefunden hat und diese Liebe dieses Reich, dann bewahrt der gute Vertrag die Liebe zum Herrn der Liebenden (d. h. dem Propheten). Auza'i berichtet: Salomo der Sohn Davids sagte zu seinem Sohn: ›Söhnchen, du mußt an den ersten Geliebten denken!‹ – Die Liebenden – nach dem Aufhören des Brennens der Liebe und der Bewegung vom Standort der Liebe – erinnern sich am Ende der Süße der Liebe und betrachten das Traumbild des Geliebten im Spiegel ihrer eigenen Phantasie, damit es für die Hand der Bedrängnis unerreichbar sei.

Da die Quelle der Liebe, welche spezielle Zuneigung ist, ein Attribut für Gott ist, hat er König und Königssohn im Kosmos mit Freundschaft und Liebe glorifiziert: Er hat Abraham *chalīl* »Freund« genannt und Muhammad *ḥabīb* »Geliebter Freund«; und alle Standorte – wie Furcht und Hoffnung und Geduld und Gottvertrauen (außer Zufriedenheit, die ein At-

---

1 Das Thema von Madschnun, dem Besessenen, der, in der Wüste umherschweifend, nur noch an Laila dachte, wird von den Sufis immer neu behandelt. Besonders ist »Lailas Hund« geradezu zum Ausdruck für etwas oder jemanden, den man nur wegen seiner Nähe zum Geliebten schätzt, geworden.

tribut Gottes ist und ein Stimulans für die Kenntnis der Herzen der Gnostiker) entwerden beim Anblick der Erscheinung des Unsichtbaren in der Nähe Gottes – außer der Liebe, denn Liebe ist ein wesenhaftes Attribut, mit dem Liebender und Geliebter qualifiziert sind: die entwird nicht und höret nimmer auf. Im Paradiese ist die Liebe und Zuneigung zu Gott dasjenige, was das Herz der Gottesfreunde erfreut, denn der Einfluß des Anblicks der urewigen Schönheit und der allgemeinen Hulderweisungen ist urewig und immerwährend und endet in beiden Welten nimmer, weder wirklich noch metaphorisch; denn ihr wahrer Urgrund ist das Wesen Gottes, und das ändert sich nicht.

... Wenn du die Seele der Liebe mit dem Auge der Seele sehen willst, so komm in meine Seele, damit du in den Rosenblättern der Seele meiner Liebe den Aufglanz der reinen Liebe findest, nämlich hunderttausende von schmerzerfüllten süß singenden Turteltauben und Nachtigallen von Liebes-Atemzügen, die im Garten des Herzens im Feuer der leidenschaftlichen Liebe die Flügel ihres hohen Strebens verbrannt haben; denn allen ist ihre geistige Seele im Schnabel der Liebe hängengeblieben ...

*

WISSE, o Bruder – möge Gott der Erhabene dich die Nahrung der Liebe kosten lassen! –, daß der Anteil der Liebenden in der Liebe nichts als Gram ist. Ihr Gram ist Angelangen, und in diesem Angelangen ist nichts als Feuer und Feuchte (von Tränen). Die Gescheiten sind verrückt, die Vertrauten fremd, die Besessenen nüchtern. Sie nehmen die Brust zum Zeugen für den Geist; sie halten Herz und Seele zum Entwerden in der Liebe zum Geliebten bereit. Sie sind Vögel, den Käfig zerbrechend; Gärtner, die Rose nicht brechend, Wanderer ohne Kraft und Not, ewig Lebende ohne Tod. Ihre Reise findet nur in der Wirklichkeit statt, und ihre Augenschminke ist nichts als der Staub der Straße des Religionsgesetzes.

Verpfändete Freie sind sie; Reisende in den Himmeln der

Gewißheit sind sie. Ihre freie Seele ist der Sklave der Liebe, da der Vogel ihres Geistes den Käfig des Leibes zerbrochen hat. ... Sie sind's, die das Schloß der Naturanlagen zerstört haben; sie sind's, die entselbstet den Weg zur Wahrheit gehen; das Streitroß ihres Herzens trägt nichts als die Last der Liebe; die Lippe ihrer Seele trinkt nichts als den Wein der Vertrautheit. Absichtslose Käufer von Koketterie, Meister ohne Lohn sind sie; auf dem Wege der Liebe sind sie fern vom Erkalten. Heitere Anmutige sind sie, liebliche Mondgesichtige; ihr Trank ist nichts als Herzensblut, denn die Wolke der Liebe bringt nichts als Gramestränen in ihr Herz. Ihre Nacht ist ganz Tag, ihr Tag ganz Neujahrstag. Vermittels der Fantasie sind sie Diebe im Hause des Geliebten – was sollen sie tun, da sie nichts als Diebstahl kennen?

[Die Liebenden werden in den folgenden Abschnitten mit ähnlich romantischen Bildern beschrieben, dann endet das Kapitel]:

Yusuf ibn Husain-i Razi sagt: Ich war in einer Zusammenkunft von Dhu'n-Nun in Ägypten anwesend; da saßen 70000 Leute. Er sprach über die Liebe zu Gott dem Erhabenen, und elf Leute starben. Als die Zusammenkunft zu Ende ging, stand ein Vagrant *('ayyār)* auf, der Chabbat genannt wurde. Er hatte sechzig Jahre gefastet und nachts nur Bohnenschalen gegessen. Der sagte: »O Abu'l-Faid – du hast viel von der Liebe zum Schöpfer geredet; sag doch einmal etwas über die Liebe von Geschöpf zu Geschöpf!« Da stieß Dhu'n-Nun einen Wehschrei aus, zerriß sein Gewand, stand auf und kam zu ihm; sein Gesicht wurde voll Blut, und er sagte auf Arabisch: »Ihr Pfand ist verfallen, und ihre Augen vergießen Tränen.«
Das ist die Geschichte der Liebenden, die du gehört hast. O du, in dessen Ohrläppchen die Farbe des urewigen Simurgh erscheint, o du, in dessen Lockengarten hunderttausend Seelen-Nachtigallen verliebt und verwirrt sind! Die Eigenschaft dieser Verstörten ist jenseits aller Beschreibung, und in diesem Wort sind mehr als hunderttausend Mysterien [verborgen]!

Ein Gruppe, deren Herzen
  zum Vergänglichen nicht neigen:
Nur die Straße »Wirklichkeit«
  ist es, wo sie niedersteigen.
Und zur Zeit, wenn es für sie
  allzu schwierig wird –
Kann der Wein die Lösung dann
  der Probleme zeigen.

فریدالدین عطار

Fariduddin ʿAttar

lebte als Drogist, wie sein Name sagt, in der ostpersischen Stadt Nischapur, wo er wohl um 1220 starb. Er nahm die Tradition Sana'is auf und legte seine mystischen Lehren in einer Reihe von maṯhnawīs *dar, verfaßte auch lyrische Gedichte und Vierzeiler, und ist der Autor einer wichtigen, wenn auch poetisch ausgeschmückten Sammlung von Heiligenlegenden, der* Tadhkirat al-auliyā, *deren Erzählungen und Berichte alle späteren Generationen tief beeinflußt haben. Vor allem seine Biographie Halladschs, durch den er geistig auf dem Pfad initiiert worden war, hat das Bild des Märtyrermystikers in der späteren persischen, türkischen und indischen Poesie weitgehend gefärbt. Unter seinen Epen ist das* Manṭiq uṭ-ṭair, *die »Vogelgespräche«, besonders berühmt; es berichtet von der Reise der dreißig Vögel durch die sieben Täler zum Vogelkönig, dem Simurgh, mit dem sie schließlich ihre eigene Identität erkennen: sie, dreißig Vögel,* sī murgh, *sind selbst der* Sīmurgh. *Im* Ilāhīnāme *berichtet ʿAttar von den Gesprächen eines Königs mit seinen sechs Söhnen, die er von weltlichen Begierden abzulenken sucht, während das* Muṣībatnama *die Erlebnisse des Suchers in den vierzig Tagen der Klausur poetisch wiedergibt: keines der geschaffenen Wesen, mit denen er sich unterhält, kann ihm den Weg zu Gott zeigen; aber am Ende weist ihn der Prophet an, Ihn im Meer der Seele zu finden. Ein anderes, weniger prominentes Werk ʿAttars ist das* Uschturnāma, *das von einem türkischen Puppenspieler handelt, der in sieben Vorhängen die Gestalten auftauchen und am Ende wieder in der »Kiste des Nicht-Seins« verschwinden läßt. ʿAttars Epen sind in scheinbar einfachem, in Wirklichkeit aber sehr kunstvollem Stil verfaßt; zahlreiche Anekdoten sind ein-*

gestreut, die, im Gegensatz zu den meisten Anekdoten und Geschichten, die bei Sana'i und später bei Rumi vorkommen, kurz und konzise sind und daher auch aus dem Ganzen herausgelöst und als Einzelgeschichten erzählt werden können. Soziale Kritik, ja selbst Kritik am göttlichen Ratschluß klingt häufiger als bei anderen Mystikern auf; sie wird gern einem Irren in den Mund gelegt.

'Attar hat sich selbst einmal als »die Stimme der Sehnsucht« bezeichnet, und in der Tat durchdringt ein unendliches Sehnen sein Werk. Seine praktische Tätigkeit als Drogist hat ihm zweifellos tiefe Einblicke in die menschliche Seele gegeben und ihn inspiriert, lebensnahe Gestalten zu schaffen; doch sind auch seine hochfliegenden Hymnen an Gott und die weitführenden Spekulationen über das Licht Muhammads, wie sie sich in den Einleitungspartien seiner Epen finden, von großer Wichtigkeit. Bewußt, daß der Mystiker eigentlich nicht das Geheimnis der Einigung verraten soll, warnt er sich selbst am Ende des Manṭiq uṭ-ṭair:

Ich sprach zum Herzen: »Du Geschwätziges,
Wie viel sprichst du noch von Geheimnis-Suche!«
Es sprach: »Ich bin in Geist versunken – tadle
Mich nicht; denn sprech' ich nicht, werd' ich
verbrennen.
Mein Seelenmeer wallt auf an hundert Stellen –
Wie könnte ich da einen Nu nur schweigen!«

Manṭiq uṭ-ṭair, ed. Jawad Shakur, Teheran 1341sh/1962
freie Übertragung: C. S. Noth, *The Conference of the Birds,* Berkeley 1971 (paperback)
Ilāhīnāma. Die Gespräche des Königs mit seinen sechs Söhnen, hersg. Hellmut Ritter, Istanbul-Leipzig 1940
Übersetzung: *The Ilāhīnāme or Book of God,* transl. by John A. Boyle, Manchester 1976
Muṣībatnāma, ed. Nurani Wisal, Teheran 1338sh/1959
Übersetzung: Isabelle de Gastines, *Le Livre de l'Epreuve,* Paris 1981
Uschturnāma, ed. Mahdi Muhaghghegh, Teheran 1339sh/1960
Pandnāma, ed. Silvestre de Saycy, Paris 1819
Dīvān qaṣā'id u ghazaliyāt, ed. Sa'id-i Nafisi, Teheran 1339sh/1960
Tadhkirat al-auliyā, ed. Reynold A. Nicholson, 2. Bde., London-Leiden 1905–1907, repr. 1959

Übersetzungen daraus: Arthur J. Arberry, *Muslim Saints and Mystics*, London 1964
Hellmut Ritter, *Das Meer der Seele. Gott, Welt und Mensch in den Geschichten Farīduddīn ʿAṭṭārs*, Leiden 1955, 2. Aufl., 1978
M. J. H. Garcin de Tassy, *La poésie philosophique et religieuse chez les Persans d'après le Mantiq at-tair*, Paris 1857
Fritz Meier, »Der Geistmensch bei dem persischen Dichter ʿAṭṭār«, *Eranos-Jahrbuch* XIII 1946
Wolfgang Lentz, »ʿAṭṭār als Allegoriker«, *Der Islam* 35/1960
B. Manuel Weischer, *Die nächtlichen Gespräche des Farīduddīn ʿAṭṭār*, München 1981

*

Aus dem Proömium zum Ilāhīnāma

ERHAB'NER Gott, Du, Einer, ohnegleichen:
Dich nennen Herr die Herrn aus allen Reichen.
Du bist das Ende und auch das Beginnen,
Das Außen, O Erhabner, und das Innen.
So viel Jahrtausende rennt der Verstand,
Doch hat von Dir er keinen Hauch erkannt!
So viel er Dich auch sucht: er sieht Dich nimmer;
Er ist beschränkt aufs Hörensagen immer.
Für alles, was geschaffen, bist Du Licht,
Du nur verleihst dem Auge seine Sicht.
O Wunder, daß Du sichtbar und verhüllt!
Du bist's der – ohne Herz – den Herzgrund füllt.
Die Seelen stammen, Freund, von Deinem Strahle,
Du bist der Kern, das andre ist nur Schale …
Nur Namen hat die Welt von Dir, kein Zeichen;
Nicht kann Dich schauender Verstand erreichen.
Verborgen dem Verstand, im Dasein sichtbar,
Zeigst Du den Abglanz Deines Wesens lichtklar.
Als sie Dich sah, hat Form ihr Ziel gefunden:
Du bleibest ewig, doch sie ist entschwunden.
Niemals tritt ja die Zweiheit bei Dir ein:
»Sprich: Er ist Gott!« – das ist Dein Wesen rein.
Für Dich hat Ort und Zeit nur Haares Platz,
Die Welt ein Zauber nur, Du bist der Schatz.

Du bist der Schatz im tiefsten Seelengrunde:
»Ich war ein Schatz«, kam's einst aus Deinem Munde.[1]
Durch Dich erschien die Welt – in jedem Nu
Sprichst ganz Geheimes in der Seele Du.
Wohl sucht Verstand Dich vielfach zu umschreiben –
Zuletzt muß er doch voller Schmerzen bleiben.
Wie schön – zeigst Du im »Sei!« Dein Angesicht
Und hüllst die sieben Sphären in Dein Licht!
Wie schön – O Sprechender! Gibst Lipp' und Mund:
Du bist so klar und doch verhüllt im Grund.
Wie schön – O Sehender! Du schenkst das Sehen,
Daß wir im Schleier-Innern Dich erspähen.
Wie schön – die Welt erhellt von Deinem Schein,
Der Mensch geformt nach Deinem Widerschein!
Wie schön, daß Du gezeigt in Herz und Seele
Dem Sucher Deine Schönheit ohne Fehle!
...
Du bist das Licht, das in den sieben Sphären
Um diesen Staubball kreist in stetem Währen.
Du bist das Licht, das strahlt im Sonnenglanze,
Wodurch der Teil ist ewig und das Ganze.
Du bist das Licht, das Mond und Stern bewohnt,
Verloren sind vor ihm so Stern wie Mond!
Du bist das Licht, dran niemals rührt die Glut,
Schmerz wie Arznei, die tief im Herzen ruht.
Du bist das Licht, aus Eifersucht entbrannt,
Das alle, die es lieben, setzt in Brand!
Du bist das Licht, das der Propheten Seele
Und das erscheint in Heil'gen ohne Fehle.
Du bist das Licht, den Wandrern helle Kerzen
Und großer Glanz für alle Menschenherzen.
Von deinem Licht ward der Verstand verstört
Und war von Scham unwissend und betört.
Kommst Du im Frühling sichtbarlich gegangen,

1 Hinweis auf das außerkoranische göttliche Wort »Ich war ein verborgener Schatz und wollte erkannt werden, darum schuf Ich die Welt«.

So lüftest Du den Schleier von den Wangen.
Du wirfst zur Erde des Gesichtes Glanz
Und schmückst den Staub mit holden Bildern ganz.
Der Frühling kommt mit Blüten allzuhauf,
Vor Deinem Antlitz wallt die Rose auf.
Sieh, wie die Rose nach Dir sehnend lacht!
Daher kommt ihrer vielen Farben Pracht.
Narzissen setzt Du Kronen auf aus Gold,
Juwelenschmuck aus Wolken auf sie rollt.
Trägt Veilchen Deines Klosters Ordenskleid
Und senkt den Kopf so tief aus Trennungsleid.
Die Lilie will mit jeder Zunge loben
Dich, Herr, und trägt deshalb das Haupt erhoben.
Ihr Herzblut trinken Tulpen, die Dich lieben,
Die Wang' ist bleich, ihr Herz blutrot geblieben.
Nach Dir sich sehnend, ist verwirrt ihr Sinn,
Sie werfen sich in Deinen Staub nun hin.
Wie man Dich auch beschreibt: es ist voll Fehle –
Gewiß weiß ich: Du bist der Seele Seele!
O Seele Du von Nicht-Sein und vom Sein:
Nichts sah ich in der Welt als Dich allein.
Durch Dich wach ich und hab das Selbst verlassen:
Du kannst mich, Herr, zu Dir gelangen lassen.
Verwundet hat mich Liebesleidenschaft:
Du bist in Wahrheit, Freund, des Geistes Kraft.
Ich bin im Wesen Dein verwirrt versunken,
In Deiner Attribute Meer ertrunken.
Der Perle ›Einigung‹ wollt' ich erlangen,
Nun bleib' in diesem Meere ich gefangen.
Ich bin ganz fremd in diesem Ozean,
Zu Dir allein führt immer meine Bahn,
Zeig mir den Weg, die Perle zu empfah'n
In Deiner Macht und Größe Ozean!
Du bist gewiß die Perle in der See,
Bist in der Liebe sicher Huld und Weh.
Aus Dir stammt alles, Kern Du der Essenzen,
In allen Stäubchen läßt die Wang' Du glänzen.

Nichts haben sie als Dich im Weltenrund,
Aus Lieb zu Dir sind sie verwirrt und wund.
Verborgen bist Du und ganz hell im Herzen,
Bist Ort und bist ohn' Ort und Stell' im Herzen.
Im Herz der Liebenden, dort ist Dein Platz,
Dich zu besitzen, sehnt sich alles, Schatz.
...
Ich suche Dich im Herzen, in der Seele –
Kein Hauch, da mir das Dein-Gedenken fehle.
Du wohnst in meiner Seele immer drinnen,
Ich bin die Schale, Du der Kern tief innen.
Das Herz Attars ward voller blut'ger Wunden,
Bis er die Einung mit dem Freund gefunden.
Nichts will ich, Liebster, als Dich zu beschreiben,
Und dann allein mit Deiner Liebe bleiben.
Willst Du allhier mir diesen Wunsch versagen,
So werde über Deine Hand ich klagen.
Durch Deine Gnade gabst Du Hoffnung mir –
Vereine mich in Liebe nun mit Dir!
Vereinigung nur wünsche ich von Dir,
Daß Herz und Seele leuchtend werden mir.
Du bist die Sonne, und in Deiner Nähe
Bin ich wie Schatten, wenn ich bei Dir stehe.
Nein, auch den Schatten machst Du noch zunicht,
Wenn Du verströmest je Dein ew'ges Licht!
In stetem Hoffen ward zu Blut mein Herz,
In stetem Hoffen ruhelos, voll Schmerz.
Schenk Einigung mir nur für einen Nu,
Gib einen Hauch dem Leid um Dich nur Ruh!
Ich hoff auf Dich hier ja zu jeder Zeit:
Ich bitte Gott, daß Er mein Tun verzeiht!
Ich hoff auf Dich, wenn ich gehorsam bin:
Ach, schenke Glück durch Dein Licht meinem Sinn!
Ich hoff auf Dich am Tage des Gerichts,
Besitz ich auch als Schmerz und Reue nichts.
Ich hoff auf Dich, auch auf der Brücke Schneide,
Denn Deine Huld errettet mich vom Leide.

Ich hoff auf Dich auch an der Taten Waage,
Denn Du verzeihst die Sünden unsrer Tage!
Ich bin dem niedern Selbst ja so verfallen –
Ein kleiner Sperling in des Falken Krallen!
Du mögest mich vor diesem doch bewahren –
Ach, laß mich Deinen Anblick nur gewahren!
Daß ich den Schmerz der Liebe trank – Du weißt es! –
Und Tag und Nacht darin versank – Du weißt es!
Ich klage laut im Schmerze Deiner Liebe,
Da stets in diesem Strudel Blut ich bliebe.
Du mögest mich von diesem Schmerze heilen –
Laß mich aus Güte nicht alleine weilen ! ...
Du weißt: ich habe nichts als Dich erlesen –
Besitze nichts, o Seele, als Dein Wesen.
Von dieser Welt und jener hab' ich Dich,
Du, Ziel von allem hier und dort für mich! ...
O Gott, wer bin ich hier? Ein Bettler arm,
Der Dir bekannt in Deiner Freunde Schwarm.
O Gott, der Bettler tritt sehr hilflos vor:
Ein' Handvoll Knochen ist's an Deinem Tor!
O Gott, verwirrt, verstört ist mein Gemüt.
Da es im Feuer Deiner Liebe glüht!
Vor Sehnen ward mein Herz zu Blut – Du weißt es!
Laß mich vergehn! Was bleibt, o Gut – du weißt es!
Dein Bleiben ist am Ende mein Vergehen,
Und Du wirst stets auf Teil und Ganzes sehen.
Du bist ja ewig – ich kann es nicht sein;
Ich werd' vergehn – und Du bleibst ganz allein!

*

Aus dem Muṣībatnāma

ES WAR ein Führer auf dem Wege Gottes,
Der einst von Gott sich einen Gast erflehte.
Der Herr der Welt sprach heimlich in sein Herz:
»Ja, morgen früh wird dich ein Gast besuchen!«
Am nächsten Tag begann der Mann sein Werk,

Bereitete, was sich für Gäste ziemet;
Dann blickte er nach allen Seiten hin –
Da kam ein armer Hund des Weges her.
Der Mann verjagte diesen Hund voll Zorn,
Da ja sein Herz nur seinen Gast erharrte:
Ach käme doch der Gast und zeigte sich –
Die Gottesgabe, käme sie doch rasch!
Doch auf dem Wege zeigte sich kein Mensch,
Und schließlich schlief der Hausherr traurig ein.
Da sprach zu ihm der Herr: »O du Verwirrter,
Ich hatte dir doch einen Hund geschickt!
Du triebst ihn fort, anstatt ihn zu bewirten,
Und hungrig ist er angstvoll fortgerannt!«
Der Mann erwachte und war ganz verzweifelt,
Und war durchnäßt von Tränen und von Blut;
Er rannte überall und lief herum,
Bis er den Hund in einem Winkel fand.
Er trat vor ihn und fleht' ihn jammernd an,
Bat um Verzeihung ihn, ihn zärtlich lockend.
Der Hund tat auf sein Maul und sprach: »O Wandrer,
Du wünschtest einen Gast – doch wünsch dir Einsicht,
Denn besser wäre es, Gott gäbe dir
Die wahre Einsicht, und nicht einen Gast!«

*

EINSTMALS gab's in Ägypten
gar schwere Hungersnot,
Die Leute starben, starben,
und schrieen nur noch »Brot!«
Durch Zufall kam ein Irrer,
der diesen Zustand sah,
Wie alle Leute starben,
und Brot war niemals da.
Er sprach: »Der du den Glauben
und alle Welt umfaßt:
Erschaff' nicht so viel Leute,
wenn Du kein Futter hast!«

Aus dem Ilāhīnāma

DIE WELT der Wahrheit, unser Scheich Gurgani,
Der »Pol« in seiner Zeit im inn'ren Wissen –
Er hielt in seinem Kloster eine Katze,
Die sah der Scheich am Tage ein paar Male.
Man hatte ihr an ihren kleinen Pfoten
Aus Leder Futteralchen angefertigt,
Daß, wenn sie sich vom Platz entfernen sollte,
Die kleinen Pfoten ihr nicht schmutzig wurden.
Bald kletterte dem Scheich sie auf den Schoß,
Bald schlief auf dem Gebetsteppich sie friedlich.
Wenn eine Zeit vergangen war, dann rief er
Nach einem Diener, zu ihm herzukommen,
Mit eigner Hand band er ihr dann die Schuhchen,
Und ließ sie dann ein Weilchen wieder laufen.
Sie hatte in der Küche ihre Zuflucht,
Kein bißchen Fleisch war dort vor ihr verborgen;
Sie trug nichts fort, gekochtes oder rohes,
Nur das, was man ihr gab, das fraß sie auf.
Man traute ihr im Kloster und am Tische,
Und niemand sah sie jemals etwas stehlen.
Doch plötzlich eines Nachts – da, in der Küche
Stahl sie ein Stückchen Fleisch aus einer Pfanne.
Der Diener suchte sie und fand sie schließlich,
Zog ihr die Ohren lang und strafte sie.
Da kam die Katze nicht mehr zu dem Meister;
Sie saß voll Zorn in einem Winkel, schmollend.
Der Meister fragte nun nach ihr den Diener,
Und der erzählte, was sich zugetragen.
Der treue Scheich rief nun nach seiner Katze
Und sprach zu ihr: »Warum hast du's getan?«
Damals jedoch war diese Katze trächtig –
Dreimal lief sie, und brachte her drei Kätzchen,
Und legte sie dem Meister vor die Füsse.
Dann sah sie einen Baum, und ganz bekümmert
Klomm sie hinauf, sehr wütend auf den Diener,
Und schloß die Augen und verschloß den Mund.

Der Meister sah es und, dem Diener zürnend,
Erstaunte er und sagte zu sich selbst:
»Die Katze ist gewißlich zu entschuld'gen;
Denn fern von ihr war's, daß sie selber fraß;
Sie tat's aus Mangel nicht von edlem Anstand –
Es war Notwendigkeit, die sie bewog.
Wenn jemand so in schwere Not geraten,
Wird ihm erlaubt, was das Gesetz verbietet.
Für ihre Jungen würde selbst die Spinne
Dem Löwen Futter aus dem Rachen rauben!
Das, was die Katze tat, ist nicht so seltsam –
Bewundernswert ist Bindung an die Kinder.
Solange dir noch nie ein Kind geboren,
Ahnst du es nicht, was *ein* Kind Sorgen macht!«
Zum Diener sprach nun der erfahrne Meister:
»Die stumme Kreatur hat Gram erlitten;
Da sie dir zürnt, sitzt sie auf diesem Aste:
Bitt um Verzeihung sie, gewinn ihr Zutrau'n!«
Der Diener, seinen Turban abgenommen,
Stand vor der Katze, um Verzeihung bittend,
Doch seine Bitte hatte keine Wirkung:
Die Katze würdigte ihn keines Blicks.
Doch schließlich ging der Scheich und sprach zur Katze,
Fürbittend für ihn, rief er sie vom Aste.
Da sprang die Katze plötzlich aus der Höhe,
Und rollte sich dem Meister vor die Füße.
Ein lauter Schrei kam aus der Menge Herzen,
Aus jedem Herz schlug Feuer hoch wie Kerzen:
Sie alle waren gleichgesinnt der Katze,
Sie alle dankten für das süße Ende.

Bist du mit hundert Welten auch verbunden,
doch andre Bindung hast du mit dem Kinde.
Frei ist vom Gram um Kinder nur allein
Der Eine Gott, der unvergleichlich rein!

*

EIN CHRIST ward Muslim, und am nächsten Tag
Ging stolz der Dummkopf hin, um Wein zu trinken.
Als seine Mutter ihn betrunken sah,
Sprach traurig sie: »Was hast, du, Sohn, getan?
Erst hattest Jesus du geärgert hier –
Jetzt ist Muhammad auch enttäuscht von dir!«

*

EIN Irrer, der durch eine Wüste lief –
Der Wahnsinn packte ihn, so daß er rief
(Das Angesicht zum Himmel wendend, sehr
Voll Herzensschmerz) rief er: »O Gott, o Herr!
Mag Dein Beruf auch nicht das Lieben sein:
Ich liebe stets und immer Dich allein!
Und hast *Du* Freunde ohne Zahl wie mich:
Ich aber habe keinen Freund als Dich!
O Welt-Erleuchtender, wie sag ich's Dir?
Lern' Liebe einen Augenblick von mir!«

عمر بن الفارض

ʿUmar ibn al-Farid

verbrachte den größten Teil seines Lebens in Kairo, wo er auch 1235 starb; eine Zeitlang hielt er sich in Mekka auf. Mit Recht gilt er als der größte arabische mystische Dichter, obgleich seine Verse sich fast der Übersetzung entziehen; denn erstmals verwendet er die Formen und Motivsprache der klassisch-arabischen Dichtung, um unter ihren Bildern auf göttliche Wahrheiten hinzuweisen. Seine Sprache ist von ungewöhnlicher Feinheit und Biegsamkeit und nutzt alle Möglichkeiten des Vokabulars und der dichten grammatischen Konstruktionen aus; doch soll er seine Verse meist während der Verzückung gesprochen haben. Größten Ruhm haben seine den urewigen Wein der Gottesliebe besingende Wein-Ode (chamriyya) *und »Das Gedicht (oder: Die Ordnung) des Fortschreitens« gefunden, das nach seinem Reim meist als* At-Tāʾiyya al-kubrā, *»Das größere auf t reimende Gedicht« bezeichnet wird. In ihm legt er in 768 Versen die Stufen und Stadien des mystischen Wanderers dar, nicht immer in für den Uneingeweihten logischer Sequenz, und oftmals in Worten, die erkennen lassen, daß er die alles umfassende Einheitsschau existentiell erlebte, ohne sie jedoch theoretisch zu untermauern. Jahrhundertelang stritten sich die Sufis mit der Orthodoxie über seine Rechtgläubigkeit; europäische Gelehrte haben sich schon früh an der Übersetzung einiger seiner mystischen Liebesdichtungen versucht.*

Dīvān, Kairo s.d.
A. J. Arberry, *The Mystical Poems of Ibn al-Fārid,* Chester Beatty Monographs No. 4, London 1954
E. Dermenghem, *L'écloge du vin (al-Khamriyya), poème mystique de Omar ibn al-Faridh, et son commentaire par ʿAbdal Ghani an-Nabolosie,* Paris 1931

Reynold A. Nicholson, »The Lives of 'Umar Ibnu'l-Fāriḍ and Muḥyiu'ddīn Ibnul 'Arabī,« JRAS 1906
ders., *Studies in Islamic Mysticism,* Cambridge 1921, repr. 1967. Das dritte Kapitel ist die beste Analyse von Ibn al-Fāriḍs Werk.
»Die *Tā'iyya* hatte das Unglück, von Hammer-Purgstall übersetzt zu werden«, bemerkt Nicholson in dem genannten Aufsatz, doch soll die schön gedruckte Ausgabe durch den damals achtzigjährigen Wiener Orientalisten nicht unerwähnt bleiben:
Joseph von Hammer-Purgstall, *Das arabische Hohe Lied der Liebe, das ist Ibnol Faridh's Taije in Text und Übersetzung zum ersten Male herausgegeben,* Wien 1854
Übersetzung des Diwans: A.J. Arberry, *The mystical Poems of Ibn al-Fāriḍ,* Dublin 1958

*

Aus der Dschīmiyya (dem auf dsch reimenden Gedicht)

...Es sieht ihn, sei er fern auch, jedes Glied doch
In jedem zarten, klaren, holden Wesen,
Im Lied der Laute und der sanften Flöte,
Wenn sie in süßen Melodien sich mischen;
In baumbestandener Gazellenweide,
In Dämmrungskühle und beim Morgenglanze,
Im Tropfenfall aus feinen Wolkenschleiern
Auf Teppiche, aus Blumen licht gewoben,
Und wo der Morgenwind schleift seine Säume,
Wenn er mir früh die Düfte lieblich zuträgt;
Wenn ich des Bechers Lippe küsse, schlürfend
Den reinsten Wein in tiefem Glück und Freude!
Ich kannte Heimweh nicht, da er bei mir war
Mein Herz war ruhlos nicht, wo wir auch waren;
Dort war mein Heim, als mein Geliebter dort war,
Wo sich die Düne neigte, neigt' ich mich ...

Aus der Wein-Ode
(Versmaß Ṭawīl: ◡ – – / ◡ – – – / ◡ – – / ◡ – – –)
WIR tranken einst auf das Wohl
   des Freunds, des Geliebten, Wein,
Eh man noch die Traube schuf,
   da flößte er Rausch uns ein.
Der Vollmond war sein Pokal;
   er selbst war die Sonn', die kreist
Durch Neumond; und mischst du ihn,
   erglänzet der Sterne Schein.
Und wär' nicht sein süßer Duft –
   wer führte zur Schenke mich?
Was täte die Fantasie,
   könnt' er nicht den Glanz ihr leih'n?
Und nennst du im Volksstamm ihn,
   so werden die Brüder gleich
Ganz trunken, berauscht – jedoch
   von Schande und Sünde rein.
Er stieg aus dem tiefsten Grund
   der Weinkrüge auf, entschwand,
Und nichts als der Name blieb
   von ihm noch zurück allein.
Doch kommt einem Manne er
   einmal wieder in den Sinn,
So wohnet das Glück in ihm,
   es fliehen ihn Not und Pein,
Und hätten die Zecher nur
   das Siegel des Krugs erblickt,
Das hätte sie schon berauscht,
   eh sie noch geschmeckt den Wein!
Und hätt' man den Staub besprengt
   am Grab eines Toten nur:
Der Geist kehrte wieder ihm,
   belebt würde sein Gebein.
Hätt' man in den Schatten nur
   des Walls, wo die Rebe wächst,
Gelegt einen Kranken: leicht

könnt' man ihn von Qual befrein.
Und brächte zur Schenke man
Gelähmte – sie gingen gleich,
Es spräche der Stumme schon,
hört' er von des Duftes Weih'n,
Und schwebte sein Wohlgeruch
im Osten, und wär' im West
Ein Kranker, der nichts mehr riecht –
Duft-Sinn könnt' er ihm verleihn,
Und färbte sein Glas die Hand
des Zechers, der's anfaßt, rot:
Der irrte nicht mehr zur Nacht –
er trägt ja des Pol-Sterns Schein!
Und käm' er verschleiert nah
dem Blinden, so säh' der hell,
Der Taube gewönn' Gehör,
gießt man aus dem Krug nur ein …
Sie sprachen: Beschreib ihn uns –
du kennst ihn am besten ja!
Wohl kenn' ich ihn wahrlich gut;
so nenne ich euch den Wein:
Ganz rein, doch wie Wasser nicht,
ganz zart, aber nicht wie Luft,
Ein Geist, aber ohne Leib,
ein Licht, doch nicht Feuerschein!

محی الدین ابن عربی

Muhyi'uddin Ibn 'Arabi

stammte aus Murcia in Spanien; zu seinen ersten Meistern in der Mystik gehörte die heilige Fatima von Cordova, eine Frau hoher Geistigkeit. Der hochgebildete, in allen Wissenschaften erfahrene Ibn 'Arabi verließ den islamischen Westen, um die Pilgerfahrt zu vollziehen; die Begegnung mit einer klugen jungen Perserin in Mekka inspirierte ihn zu Liebesgedichten, die er später selbst theologisch interpretierte. Ibn 'Arabi war ein unermüdlicher Autor, dessen psychologische Einsichten gelegentlich ganz modern wirken; unter seinen Hunderten von Werken sind besonders die Futūḥāt al-Makkiyya *(Mekkanische Eröffnungen) und die* Fuṣūṣ al-ḥikam *(Ringsteine der Weisheit) zu erwähnen, die sein mystisches System verdeutlichen. Die* Fuṣūṣ *sind eine mystische Prophetologie, in denen die Eigenheiten der 29 koranischen Propheten erläutert oder, besser gesagt, angedeutet werden; das oft kommentierte Büchlein hat die spätere mystische Prophetologie stark beeinflußt.*

Ibn 'Arabi, der 1240 in Damaskus starb, hat die in der islamischen Mystik vorhandenen Strömungen zusammengefaßt und in ein theosophisch zu nennendes System gebracht, dessen Grundlage die Einheit des Seins, waḥdat al-wudschūd, *bildet, die dann mit wenigen Ausnahmen die Mystik der folgenden Jahrhunderte durchdringt. Gott und die Schöpfung bedürfen einander: Gott war ein verborgener Schatz, der erkannt sein wollte (wie ein alter Spruch sagt) und der deshalb die Welt wie einen Spiegel schuf; in ihr, und in ihrem höchsten Geschöpf, dem Menschen, erkennt Er sich, während die Geschöpfe nicht bestehen könnten, wäre Er nicht ihr Urgrund. Gewiß, die göttliche Essenz bleibt auch in Ibn 'Arabis Werk transzendent, doch hat man seine Lehre immer wieder als pantheistisch oder monistisch bezeichnet. Sie wird es sicherlich in den späteren, vereinfachten Formulierungen der Dichter in der gesamten islamischen Welt und in der Philosophie zahlreicher Orden. Jedoch ist das ursprüngliche System Ibn ʿArabis viel komplizierter. Henry Corbin hat die Mystik der Gottesnamen besonders herausgearbeitet: jeder der göttlichen Namen wirkt auf etwas Geschaffenes und leitet es; nur der Vollkommene Mensch (der sich einmal im Propheten Muhammad manifestiert hat) besitzt die Fülle aller Namen, die sich in ihm manifestieren.*

Mit Ibn ʿArabi verliert die frühe, voluntaristische Persönlichkeitsmystik des Islam ihren Platz; nach 1300 wird die aus zahlreichen hellenistischen, neuplatonischen und gnostischen Quellen gespeiste All-Einheitslehre des Denkers aus Murcia vorherrschend, und spätere Mystiker haben in ihrem Lichte auch die Worte der früheren Sufis interpretiert. Doch die ursprüngliche lebendige Spannung, wie sie von den frühen Sufis in ihrer persönlichen Liebesbeziehung zu Gott erfahren wurde, wird im allgemeinen durch »das Aufheben der Schleier der Unwissenheit« ersetzt; aber selbst jene Mystiker, die Ibn ʿArabis von der Orthodoxie bis heute angegriffene Thesen ablehnten, konnten sich dem Einfluß seiner Terminologie nicht entziehen.

Fuṣūṣ al-ḥikam, ed. A. A. Affifi, Kairo 1946
Al-Futūḥāt al-Makkiyya, 4 Bände, Kairo 1329h/1911
The Tarjumān al-Ashwāq, A Collection of Mystical Odes by Muḥyi'addin ibn al-ʿArabi, ed. and translated by Reynold A. Nicholson, London 1911, Reprint mit Vorwort von Martin Lings, London 1978
H. S. Nyberg, *Kleinere Schriften des Ibn al-ʿArabī*, Leiden 1919
A. A. Affifi, *The mystical Philosophy of Ibnul-ʿArabi*, Cambridge 1936
H. Corbin, *L'Imagination Créatrice dans le soufisme d'Ibn Arabi*, Paris 1958, englische Übersetzung durch Ralph Manheim, *Creative Imagination in the Sufism of Ibn Arabi*, Princeton 1969
Léon Schaya, *La doctrine soufique de l'unité*, Paris 1962
M. Asín Palacios, *El Islam cristianizado. Estudio del ›Sufismo‹ a trave de les obras de Abenarabi de Murcia*, Madrid 1931
Arthur Jeffery, »Ibn al-ʿArabī's Shajarat al-kawn«, *Islamic Studies* X–XI, Karachi 1959

Osman Yahya, *Histoire et classification de l'oeuvre d'Ibn Arabī*, Damaskus 1964
Übersetzungen:
R. W. J. Austin, *Sufis of Andalusia*, London 1971
ders., *Bezels of Wisdom* (Übersetzung der *Fuṣūṣ al-ḥikam)*, New York 1980
Titus Burckhardt, *La Sagesse des Prophètes*, Paris 1955 (Teilübersetzung der *Fuṣūṣ)*
Michel Chodzkiewicz, *An Ocean without Shore*, Albany 1994
Claude Addas, *Quest for the Red Sulphur*, Cambridge 1994

*

Aus den »Ringsteinen der Weisheit«. Die Weisheit des Unsichtbaren im Worte Hiobs.

WISSE, daß das Mysterium des Lebens das Wasser durchgleitet, und dieses ist der Ursprung der Elemente und der »Pfeiler«.[1] Deswegen hat Gott »aus dem Wasser alle Dinge lebendig« gemacht (Sura 21/30). Es gibt also in der Tat nichts, das nicht lebendig ist, denn es gibt nichts, das nicht Gottes Lob singt,[2] selbst wenn wir seinen Lobgesang nicht verstehen, es sei denn durch göttliche Enthüllung. Nur das Lebendige kann Lobpreis singen. So ist alles lebendig und alles hat seinen Ursprung im Wasser.
Siehst du nicht [Gottes] Thron, wie er auf dem Wasser ruht und daraus gestaltet ist? Er schwimmt auf dem Wasser, das ihn von unten stützt – wie auch der Mensch, den Gott als Diener geschaffen hatte, und der dann anmaßend gegen seinen Herrn wurde und über Ihm sein wollte: und doch stützt Er – Er ist erhaben! – von unten die »Höhe« dieses Dieners, der seiner selbst unwissend ist; und das ist [der Sinn des] prophetischen Ausspruchs: »Selbst wenn ihr einen Strick herabließet, würde er auf Gott fallen.« Das zeigt, daß man Ihn als »darunter« denken kann, so wie die Beziehung als »darüber« in Seinem Wort: »Sie fürchten ihren Herrn, der über ihnen

1 Die Pfeiler sind die Elemente der Schöpfung
2 Der Gedanke, daß alles Geschaffene Gott lobt, tritt immer wieder im Koran hervor.

ist« (Sura 16/50) und Seinem Wort: »Und er überkommt Seine Diener« (Sura 6/61) [angedeutet] ist. Sein ist das Oben und Unten, und deshalb sind die sechs Richtungen nur durch den Menschen offenbar geworden, der nach dem Bilde des Erbarmers geschaffen ist.

Es gibt keinen »Speiseplatz« (= Quelle der Erhaltung) als Gott. Er hat über eine bestimmte Gruppe von Leuten gesagt: »Wenn sie nur an der Tora und dem Evangelium festgehalten hätten« und hat dann weiter, indeterminiert und allgemeiner, gesagt: »und was ihnen von ihrem Herrn herabgesandt war«, und dieses »was ihnen herabgesandt war« schließt alle Bestimmungen ein, die auf die Zungen eines Gesandten oder eines Inspirierten herabgesandt worden sind; [dann folgt der Nachsatz]: »dann hätten sie von dem, was über ihnen ist, gegessen« wobei sich das auf den »Speiseplatz von oberhalb«, der Ihm zugeschrieben wird, bezieht, »und von unter ihren Füßen« (Sura 5/70), was den »Speiseplatz von unterhalb« bedeutet, den Er sich selbst durch die Zunge Seines Propheten zuschreibt, der Sein Wort von Ihm verdolmetscht.

Wäre der Thron nicht auf dem Wasser, so könnte seine Existenz nicht erhalten bleiben, denn die Existenz des Lebendigen kann nur durch Leben erhalten bleiben. Siehst du denn nicht, wenn ein Lebender eines normalen Todes stirbt, wie die Teile seiner Komposition auseinanderfallen und seine Kräfte von dieser speziellen Komposition verschwinden?

Gott sagte zu Hiob: »Stampfe mit deinem Fuß, dies ist ein Badeplatz« (Sura 38/42), d. h., »kühles« Wasser, weil die Hitze seines Schmerzes übermäßig war und Gott sie mit der Kühle des Wassers löschte. So ist es Heilkunde, das zu vermindern, was zu groß ist, und das zu vermehren, was zu gering ist. Das Ziel ist, Gleichgewicht; doch das kann man nur annähernd erreichen. Wir sagen deshalb »nur annähernd erreichen«, weil die Wirklichkeiten und die existenzielle Schau darauf hinweisen, daß der Akt der Schöpfung ewig mit dem [göttlichen] Atem geschieht, und so bedeutet Schöpfung eine gewisse Neigung in der Natur, die Abweichung oder Änderung genannt wird. Gleichermaßen gibt es in der Göttlichen

Wahrheit einen Willen, und das ist eine Neigung zu dem besonderen Objekt des Wunsches unter Ausschluß jedes anderen. Gleichgewicht ist überall fast erreicht, aber es findet niemals tatsächlich statt. So ist uns die Bestimmung des Gleichgewichts versagt.

In der göttlichen Weisheit, die durch die Propheten vermittelt ist, wird Gott mit den Eigenschaften »Wohlgefallen«, »Zorn«, und anderen Qualitäten beschrieben. Wohlgefallen läßt den Zorn über den aufhören, an dem man Wohlgefallen hat, während Zorn das Wohlgefallen aufhören läßt. Gleichgewicht ist daher die gegenseitige Balance von Wohlgefallen und Zorn. Nun, jemand, der jemandem zürnt, zürnt ihm nicht, während er Wohlgefallen an ihm hat; er wird nur mit einem der beiden Begriffe beschrieben; und das ist die »Neigung«. Und jemand, der an jemandem Wohlgefallen hat, zürnt ihm nicht gleichzeitig, sondern er wird auch mit einem der beiden Begriffe beschrieben; das ist »Neigung«. Wir bemerken dies für denjenigen, der meint, daß die »Leute des Höllenfeuers« ewig Gottes Zorn leiden und niemals sein Wohlgefallen genießen; das ist richtig. Wenn andererseits, wie wir auch gesagt haben, das Ziel für die Bewohner des Höllenfeuers das Aufhören ihrer Schmerzen ist, während sie im Feuer bleiben, dann ist das Wohlgefallen. Der Zorn hört auf, wenn ihre Qual aufhört, weil die eigentliche Essenz der Qual auch die Essenz des Zornes ist. Wer zornig ist, der leidet, und er strebt, sich an dem Objekt seines Zornes zu rächen, indem er ihm Schmerz bereitet, so daß der Zürnende sich erholen kann, indem er den Schmerz, den er erfährt, auf das Objekt seines Zornes überträgt. Wenn du die Göttliche Wahrheit in Ihrer Transzendenz vom Kosmos betrachtest, dann ist Sie hoch erhaben über solche beschränkten Konzepte. Wenn jedoch die Göttliche Wahrheit die Ipseität des Kosmos ist, dann sind alle Determinationen von Ihr und in Ihr manifestiert; das ist Sein Wort: »Zu Ihm kehren alle Dinge zurück« (Sura 11/123) [wo dies] in Wahrheit und durch geistige Enthüllung [gesagt wird], während es in Seinem Wort: »So dienet Ihm und vertraut auf Ihn« (Sura 11/123) vom

Standpunkt der Verhüllung der Schleier [gemeint ist]. In der Tat, es gibt nichts im Reiche der Möglichkeiten, was wunderbarer ist als dieser Kosmos, weil er nach dem Bilde des Erbarmers [gebildet] ist. Gott hat ihn existenzialisiert, d. h., er zeigt offenkundig Seine Existenz durch seine offenkundige Erscheinung, so wie der Mensch offenkundig erscheint durch die Existenz in der Natur-Form.

Wir sind Seine äußere Form, während Seine Ipseität der Geist dieser Form ist, der sie lenkt. Diese Lenkung kann nur in Ihm und von Ihm sein, denn Er ist der Erste, dem Wesen nach, und der Letzte, der Form nach. Er ist der Äußere im Hinblick auf die Änderung von Determinationen und Zuständen, und Er ist der Innere im Hinblick auf die Lenkung, und »Er kennt jedes Ding« (Sura 6/101). Er ist bewußt jeden Dinges, denn Er weiß es durch direkte Schau, nicht durch [einen deduktiven] Gedankenprozeß, ebenso wie das Wissen [der mystischen Erfahrungen] nicht durch Denken erreicht wird, denn es ist wahres Wissen, während alles andere Mutmaßung und Konjektur ist, aber nicht richtiges Wissen.

Hiob ward deshalb das Wasser zu trinken gegeben, um den Schmerz seines Durstes aufhören zu lassen, der aus der Beugung und Quälerei stammte, mit denen Satan ihn heimgesucht hatte, d. h., auf Grund seiner Entfernung von den Realitäten, um sie zu sehen wie sie sind, während ihre Erfassung ihn an den Ort der Nähe gebracht hätte. Alles was man wahrnimmt, ist dem Auge nahe, selbst wenn es körperlich fern ist; denn die Sicht findet Kontakt mit ihm durch das Wahrnehmen, sonst könnte es das gar nicht wahrnehmen. Oder das Objekt findet Kontakt mit dem Blick, wie es immer sei. Daher gibt es eine gewisse »Nähe« zwischen dem Blick und dem Erblickten. Hiob jedoch spielte auf Anfälle an und schrieb sie Satan zu, obgleich sie ihm nahe waren, und er sagte: »Das was weit von mir ist, ist nahe bei mir infolge seiner Macht in mir.« Du weißt ja, daß Distanz und Nähe relative Begriffe sind, die Beziehungen ausdrücken, aber keine Existenz in sich selber haben, obgleich ihre Wirkungen auf das, was nahe oder fern ist, deutlich feststehen.

Erkenne das Mysterium Gottes in Hiob, den Er für uns zu einem Beispiel und zu einer niedergeschriebenen Geschichte seines Zustandes gemacht hat, damit diese Gemeinde Muhammads sie lese, so daß sie lerne, was darin ist, und durch Anschluß an ihr Subjekt, Hiob, Ehre erlange: Gott preist ihn, Hiob, wegen seiner Geduld, obgleich er zu Ihm gefleht hat, den Schmerz von ihm zu nehmen. Nun wissen wir, daß das Flehen eines Menschen um Aufhebung des Übels keineswegs seine »Geduld« beeinträchtigt und daß er trotzdem »geduldig« und »ein guter Diener« ist, wie Er sagt: »Siehe, er war bußfertig« (Sura 38/44), d. h., daß er sich zu Gott zurückwandte und nicht zu den sekundären Ursachen. Die Göttliche Wahrheit wirkt zwar durch eine Ursache, und die sekundären Ursachen, die zum Aufhören des Schmerzes führen können, mögen zahlreich sein, aber der Verursacher ist Ein Einziger. Daß sich der Diener zu diesem Einen Einzigen wendet, der seinen Schmerz durch sekundäre Ursachen lindert, ist besser als daß er sich zu einer bestimmten Ursache wende, die möglicherweise nicht in Einklang mit Gottes Wissen hinsichtlich [seines Schmerzes] ist. Er könnte sagen: »Gott antwortet mir nicht«, während er nicht Ihn gerufen hat, sondern sich nur an eine bestimmte Ursache gewandt hat, die nicht dieser Zeit oder diesem Augenblick entspricht. Hiob handelte entsprechend der Weisheit Gottes, denn er war ja ein Prophet, weil er wußte, daß Geduld, welche eine Gruppe von Leuten als »Zurückhalten der Seele von jeder Klage« ansehen, nicht darauf beschränkt ist, wie wir dies wissen. Ihre Definition ist vielmehr, daß die Seele sich hütet, zu etwas zu klagen, das anders als Gott ist, und nicht zu Gott selbst. Jene Gruppe ist mißgeleitet in ihrer Ansicht, daß derjenige, der klagt, dadurch seine »Zufriedenheit mit dem Geschick« beeinträchtigt. Dem ist nicht so. Denn die Zufriedenheit mit dem Geschick wird nicht beeinträchtigt durch Klage zu Gott oder zu jemand anderem; sie wird nur beeinträchtigt durch die Annahme des vorausbestimmten Dinges. Was uns gesagt worden ist jedoch, betrifft nicht die Annahme dessen, was vorausbestimmt ist, denn der Schmerz ist vorausbestimmt, aber er ist nicht die Bestimmung selbst. Nun wußte Hiob, daß in der Zurückhaltung der Seele vom Klagen zu Gott, er möge die Pein von ihm nehmen, ein Widerstand gegen den göttlichen Zwang eingeschlossen war. [Solcher Widerstand aber] enthüllt eine Unwissenheit des Menschen, wenn Gott ihn heimsucht, hinsichtlich dessen was die Seele heimsucht, so daß er nicht zu Gott ruft, um seine Qual zu enden. Aber nach der Meinung dessen, der wahrhaft gewiß ist, sollte man sich erniedrigen und Gott bitten, solch eine Sache von einem zu nehmen, denn für den Inspirierten ist solches auch eine Erleichterung für Gott.

Gott hat sich ja selbst beschrieben, daß er Schmerz empfindet, wenn Er sagt, »Diejenigen, die Gott und Seinen Gesandten kränken wollen« (Sura 38/57). Was für größeren Schmerz gibt es für Ihn, als daß Er dich heimsuchen sollte mit einer Qual, während du Seiner nicht gedenkst oder eine dir unbekannte göttliche Station übersiehst, so daß du zu Ihm zurückkehren würdest mit Klagen, daß Er [die Heimsuchung] von dir nehme? Es ist besser, Ihm zu nahen in Bedürftigkeit, was ja deine wahre Kondition ist, da durch deine Bitte an Ihn, die Qual von dir zu nehmen, sie auch von der Göttlichen Wahrheit genommen wird, da du Seine äußere Form bist.

Ein Gnostiker war hungrig und weinte. Jemand, der keine Erfahrung in solchen Dingen hatte, schalt ihn. Der Gnostiker antwortete: »Er hat mich hungrig gemacht, damit ich weinen sollte!« Er meint, daß Gott ihn mit einer Plage heimgesucht hat, damit er Ihn bitten solle, sie ihm zu nehmen. Das beeinträchtigt keineswegs seine Geduld, denn wir wissen, daß diese darin besteht, die Seele davon abzuhalten, zu etwas zu flehen, das anders als Gott ist. Mit »anders als Gott« ist irgendein spezieller Aspekt Gottes gemeint, da die Göttliche Wahrheit *einen* speziellen Aspekt bestimmt hat, den der Ipseität, zu dem ihr rufen sollt, damit der Schmerz von euch genommen werde, aber nicht zu den anderen Aspekten, die »Ursachen« genannt werden. Diese sind nichts anderes als Er, insofern sie die Partikularisation in sich darstellen. Wenn der Gnostiker die Ipseität Gottes bittet, die Heimsuchungen aufzuheben, so verhüllt ihm dies nicht [das Wissen], daß alle Ursachen in besonderer Weise wiederum Seine Essenz sind. Diese Art [der Kenntnis] ist nur das Privileg der Besonderen unter Gottes Dienern, jener, denen die Mysterien Gottes anvertraut sind; denn Er hat vertraute Diener, die nur Er kennt und die einander kennen. Nun haben wir dir einen Rat gegeben, so handele und bitte Ihn – Er ist erhaben!

*

Aus dem »Dolmetsch der Sehnsüchte«

ICH SPRACH zu jeder Gurrenden auf Zweigen
im Dickicht mit verzweigten Klageweisen:
Sie weint um den Gefährten ohne Tränen,
doch strömen mir vom Lid der Trauer Zähren –
Ich sprach zu ihr, nachdem die Augenlider
mit reichen Tränen meine Lage zeigten:
»Weißt etwas du von denen, die ich liebe –
Ob sie im Zweiges-Schatten mittags ruhten?«

KOMMENTAR: Er sagt: Ich unterhalte mich mit jeder geistigen Feinsubstanz, die in einer vermittelnden Gestalt auf einem feststehenden Zweig in einem der Gärten der göttlichen Erkenntnisse erscheint, in einer Weise, die auf den Sehnsuchtsschmerz wegen des Verrinnens der Zeit hindeutet, wo solche wie ich etwas erreicht haben.

»Und sie weint«: Das Weinen der Geister ist ohne Tränen, und mein Weinen mit Tränen geschieht wegen dieser körperlichen Form, welche mich bildet; und ich hatte gleich ihr ohne Tränen geweint, weil ich infolge des geistigen Zustandes auf der gleichen Wirklichkeitsstufe wie sie war, und dem fügte ich noch das natürliche Weinen zu, zu dem sie keine Veranlagung hat; so war meine Ekstase aus diesem Grunde doppelt so groß wie die ihre, und ich übertraf sie darin. Es ist, als rede er die von der Welt der Natur getrennten Geister an, nachdem sie mit dieser verbunden wurden, und die in unserer Zeit

nichts erreichten, weil sie damit beschäftigt waren, ihre Begierden zu erlangen.
Ich sage zu ihr mit und durch dieses mein Weinen, welches ausdrückt, was ich ertrage: »Weißt du etwas von denen, die ich liebe, weil du auf dem Standort der Enthüllung bist, da du dich von der Welt der Finsternis getrennt hast und ich in ihr bis zum vorbestimmten Ende gefangen bin? Und erscheinen sie in den Schatten dieser natürlichen Organismen, so daß ich sie dort suchen kann? Denn Gott spricht: »Und ihre Schatten am Morgen und am Abend« (Sura 13/16). Ich künde von ihnen mit Prostration, denn die Prostration geschieht nur bei der Schau und der unmittelbaren Erkenntnis, sonst nicht – vor allem, da einer von [den Sufis] sagte: »Ich bin die absolute Wahrheit«,[1] und die Göttliche Wahrheit – Erhaben ist Sie – sagte: »Und durch Mich hört er und durch Mich sieht er.«[2] So informiere mich denn, ob die Sache so ist, wie ich dich befragt habe, so daß ich sehe, wie ich den Schleier von meinem Auge hebe und sehend bezeuge, was in meinem Sein ist!

*

Das bekannteste Zitat Ibn 'Arabis findet sich am Ende eines ähnlichen Gedichtes in der gleichen Sammlung:

MEIN HERZ ward fähig, jede Form zu tragen:
Gazellenweide, Kloster wohlgelehrt,
Ein Götzentempel, Kaaba eines Pilgers,
Der Tora Tafeln, der Koran geehrt:
Ich folg' der Religion der Liebe, wo auch
Ihr Reittier zieht, hab' ich mich hingekehrt!

---

1 Hier wird auf Halladsch und sein »Ich bin die göttliche Wahrheit« angespielt.
2 Anspielung auf das außerkoranische Gotteswort, demzufolge der Mensch sich durch supererogative Werke Gott immer mehr nähern kann, bis Gott »sein Auge wird, durch das er sieht, sein Ohr durch das er hört, seine Hand, durch die er greift« *(Ḥadīth an-nawāfil)*

مولانا جلال الدین رومی

Dschelaluddin Rumi

aus Balch (Afghanistan) gebürtig, Sohn eines bedeutenden mystischen Theologen, ließ sich mit seiner Familie in Anatolien (Rum, *daher sein Beiname* Rumi) *nieder und wurde durch die Liebe zu dem Wanderderwisch Schamsuddin von Tabriz zum mystischen Dichter, der seine Liebe, Sehnsucht und mystische Glut in mehr als 35000 Versen lyrischer Dichtung ausgoß, die in ihrer Leidenschaftlichkeit, aber auch ihrer vielfältigen Bildersprache in der persischen Dichtung unübertroffen sind; er eignete sie seinem mystischen Geliebten Schams zu, unter dessen Namen sein* Dīwān *bekannt ist. Später wandte er sich seinem Lieblingsschüler Husamuddin zu, auf dessen Bitten er ein mystisches Lehrgedicht im Stile der Verse Sana'is und 'Attars verfaßte, das kurz als »Das Mathnawī« bekannt ist und von Dschami als »der Koran in persischer Zunge« gepriesen wurde. Kaum ein anderes Werk der mystischen Literatur hat so viele Kommentare erfahren wie dieses Gedicht, das in über 25000 Versen eine wahre Enzyklopädie der Mystik darstellt. Es ist jedoch keine systematische Zusammenfassung mystischer Theorien, sondern der spontane Ausdruck mystischer Erfahrungen in immer wechselnden Bildern, Anekdoten, Geschichten, die oftmals unauflöslich miteinander verwoben sind. Rumi, von seinen Anhängern Maulana (türkisch: Mevlana), »unser Herr« genannt, hinterließ auch ein Prosawerk, Aufzeichnungen seiner Gespräche* (Fīhi mā fīhi), *und interessante Briefe, die seine Teilnahme am Schicksal der ihm Nahestehenden zeigen. Als er am 17. Dezember 1273 in Konya starb, wurde Husamuddin sein Nachfolger; nach dessen Tode übernahm sein ältester Sohn Sultan Walad, der auch die poetische Biographie seines Vaters ver-*

faßt hat, die Leitung der Derwische und organisierte den Orden, der im Westen als Tanzende Derwische bekannt ist; denn ein großer Teil von Maulanas Dichtung ist im wirbelnden Tanze entstanden und voller Musik.

Dīwān-i kabīr ya Kulliyāt-i Schams, ed. B. Z. Furūzānfar, 10 Bde., Teheran 1336sh/1957ff.
Mathnawī-i ma'nawī, ed. and translated, with commentary, by Reynold A. Nicholson, (Gibb Memorial Series NS 4), London 1925–1940
Fīhi mā fīhi, ed. B. Z. Furūzānfar, Teheran 1338sh/1959
Mevlâna'nin mektuplari, türkische Übersetzung von Abdulbaki Gölpinarli, Istanbul 1964
Selected Poems from the Dīvān-i Shams-i Tabrīz, ed. and transl. R. A. Nicholson, Cambridge 1898, repr. 1961
Gustav Richter, *Dschelaladdin Rumi. Eine Stildeutung in drei Vorträgen,* Breslau 1932
A. Banani, R. Hovannasţian und G. Sabagh (Hrsg.), *Poetry and Mysticism in Islam. The Heritage of Rumi,* Cambridge 1994
Peter Chelkowski, (Hersg.), *Biruni/Rumi, The Scholar and the Saint,* New York 1975
Afzal Iqbal, *The Life and Thought of Rumi,* Lahore 1956, reprints.
A. Schimmel, *The Triumphal Sun. A Study of the works of Mowlāna Jalālod-din Rūmi,* London – The Hague 1978
dies., *»Ich bin Wind und du bist Feuer«; Rumi, Leben und Werk des Mystikers,* Köln 1978
Zahlreiche deutsche Übersetzungen seit *Rückert* (1819) und V. *von Rosenzweig-Schwannau* (1838) aus der Lyrik, seit Georg *Rosen* (1849) aus dem *Mathnawi.*
A. Schimmel, *Aus dem Diwan,* Stuttgart 1964
J. C. Bürgel, *Licht und Reigen,* Bern 1974
Im Englischen liegen zahlreiche Übersetzungen Rumi'scher Gedichte durch R. A. *Nicholson* und A. J. *Arberry* vor; für eine umfassende Bibliographie s. Schimmel, *The Triumphal Sun.*

*

Aus dem Diwan

»ES LEBT«, sprach man, »Meister Sanā'ī nicht mehr!«
Der Tod eines solchen Meisters wiegt schwer!
Er war keine Spreu, die der Wind leicht entführt,
Ein Wasser nicht, das in der Kälte gefriert,
Er war kein Kamm, der im Haare zerbricht,
Ein Korn, das die Erde zerdrückt, war er nicht.
Ein Goldschatz war er, verborgen im Sand,
Weil er die zwei Welten als Körnlein erkannt.
Er warf alle irdische Form erdenwärts,
Zum Himmel empor trug er Seele und Herz.

Vermischt mit der Hefe stieg aufwärts der Wein,
Dann trennten sich beide – der Trank wurde rein.
Ich schwör es: er gab, die der Mensch nicht erkannt,
Die innere Seele, dem Freund in die Hand. –
Die Reise vereint alle Menschen der Welt,
Aus Merw und aus Rayy, aus Arabiens Zelt.
Ins eigene Haus kehrt ein jeder zurück,
Gesellt sich doch Taft nie zum härenen Stück.
Weil Er deinen Namen jetzt auslöschen will
Im Buche des Sprechens – mein Freund, sei fein still!

*

KÖNNTE ein Baum sich bewegen
  mit Wurzel und Blätterkleid,
Spürt' er nicht Wunden der Axt, noch
  brächt' ihm die Säge ein Leid.
Ginge die Sonne nicht von uns
  nächtlich in eiligem Flug:
Sage, wie würde die Erde
  erleuchtet zur Morgenzeit?
Stiege das salzige Wasser
  nicht himmelaufwärts vom Meer,
Wie würden Gärten belebet
  durch Bäche und Regenzeit?
Sieh, wenn zur früheren Heimat
  ein Tropfen wiederum kommt,
Wird er in einer Muschel
  zur köstlichen Perle geweiht.
Joseph erlangte auf Reisen
  kostbare Schätze und Glück –
Hatte er einst nicht geweinet
  beim Abschied voll Traurigkeit?
Ging Mustafa nicht zur Reise
  nach Jathrib, und fand er nicht dort[1]

---

1 Mustafa: ein Beiname des Propheten; Yathrib, der alte Namen von Medina: auch der Prophet fand Glück nur dadurch, daß er die Heimat verließ.

Herrschaft und wurde ein König
  von hunderten Ländern weit?
Fehlt dir der Fuß zur Reise,
  so wähle den Weg in dich selbst:
Nimm auf, dem Rubinschachte gleichend,
  in dich alle Strahlen der Zeit.
Reise, o Freund, aus dir selber
  und in dein eigenes Herz:
Solch Reise verwandelt das Staubkorn
  in goldene Herrlichkeit...
Vom Herben und Bitteren wandle
  zur süßen Reife dich nun:
So hält der salzige Boden
  viel tausend Früchte bereit.
Und all diese Wunder erblickst du
  von Schamsuddin, Stolz von Täbriz,
Dieweil allen Bäumen auf Erden
  die Sonne den Glanz nur verleiht!

*

ICH REISTE und besuchte alle Städte,
Hab niemand doch mit deiner Huld gesehen.
Ich kam zurück von Trennung und von Fremde,
Zu diesem Glücke durft' ich wieder gehen.
Entfernt vom Garten deines Angesichtes,
Pflückt' Frucht ich nicht, konnt' Rosen nicht erspähen.
Da ich durch Elend fern von dir geraten,
Ließ ich von hundert Elenden mich schmähen.
Was sag ich? Tot war ohne dich gewiß ich –
Gott ließ von neuem wieder mich entstehen.
Laß, daß ich dir die Hand, die Füße küsse:
Heut ist mein Fest – Festgab' will ich erflehen!
Als ein Geschenk für dich, o holder Joseph,
Konnt' solchen reinen Spiegel ich erstehen![1]

---

1 Ein Spiegel ist das einzige Geschenk, das man Joseph, dem Paragon der Schönheit, bringen kann. Dieser Gedanke ist auch im *Mathnawī* I 3192ff ausgeführt.

GLÜCKLICH der Nu, da wir im Schlosse weilen,
wir: du und ich.
Wohl ist der Leib – die Seele nicht zu teilen;
wir: du und ich.
Des Gartens Farbe und der Hauch der Vögel
wird Lebensquell
In jener Zeit, da wir zum Garten eilen,
wir: du und ich.
Vom Himmel kommt die Sternenschar, zu schauen
auf dich und mich.
Wir zeigen ihr den Mond selbst ohn' Verweilen,
wir: du und ich.
Ohn' »Ich« und »Du«, so werden in Verzückung
wir dann vereint.
Beglückt, und frei von wirrer Rede Zeilen,
wir: du und ich.
Vor Neid verschlingen alle Himmelsvögel
ihr eignes Herz
Dort, wo so selig lachend wir verweilen,
wir: du und ich.
Das Wunder ist, daß wir, in einem Winkel
hier hold vereint,
Zugleich getrennt sind viele tausend Meilen,
wir: du und ich.

*

ERGREIFE den Saum seiner Gnade,
weil er dir im Nu entflieht,
Doch spann ihn nicht straff gleich dem Pfeile,
weil er dir vom Bogen entflieht.
Sieh, was für Formen er annimmt
und was für Künste er kennt –
Er zeigt sich dir in Gestalten,
indes er der Seele entflieht.
Du suchst ihn in seinem Himmel:
da glänzt er mondgleich im Meer,
Du stürzt dich voll Sehnsucht ins Wasser,

indes er zum Himmel entflieht.
Du suchst ihn da, wo kein Ort ist:
da deutet er dir seinen Platz –
Du suchst ihn darauf am Orte,
indes er ins Nichts dir entflieht.
»Ich fliehe von diesem und jenem,
aus Überdruß nicht – nein, aus Furcht,
Daß einmal von diesem und jenem
der Hauch meiner Schönheit entflieht.
Dem Winde gleich bin ich flüchtig,
die Rose lieb ich wie er –
Doch sieh, wie aus Furcht vor dem Winter
die Rose dem Garten entflieht!«
Und ebenso flieht auch sein Name,
sobald du ihn aussprechen willst,
Da du ja schon eilest zu sagen:
»Seht her, solch einer entflieht!«
So flieht er. Und willst du ihn malen,
mit Linien begrenzen die Form,
So fliegt dir das Bild von der Tafel,
das Zeichen vom Herzen entflieht.

*

ICH SAH den Freund, er schritt ums Haus im Kreise,
Auf seiner Laute schlug er eine Weise.
Mit feuergleichem Schlag ein süßes Lied
Spielt' er, vom Wein der Nacht berauscht, durchglüht.
Er rief mit seinem Lied den Schenken fein.
Der Schenk war Vorwand ihm: er wollte Wein.
Der holde Schenke trug auf seine Bitte
Den Weinkrug aus dem Winkel in die Mitte.
Er füllt' das erste Glas mit Wein, der glühte.
Sahst je du, daß ins Wasser Feuer sprühte?
Der Freunde wegen reicht' von Hand zu Hand
Den Wein er, kniete, küßt' des Freunds Gewand.
Der nahm das Glas und trank des Weines Licht:
Die Flammen liefen über sein Gesicht.

Er sprach, als seinen eignen Glanz er sah:
»Mir gleich wird keiner sein, noch war je da!
Ich Weltensonn', der Liebenden Geliebter:
Vor mir ist unruhvoll das Herz Verliebter!«

*

IM GARTEN sind tausend Entzückende fein
Und Rosen und Veilchen mit Düften so rein
Und rinnendes plätscherndes Wasser im Fluß –
Dies alles ist Vorwand: Er ist es allein!

*

WIR SIND kein Dorfschulz, wir sind nur Vagant,
Minister nicht, nur Diener ohne Stand,
Wir sind die Feder in des Künstlers Hand –
Wohin wir gehen, ist uns nicht bekannt.

*

WENN ICH dein Traumbild sehe,
wird klar und licht die Nacht,
Doch wenn der Tag dann kommet,
hat Unruh er gebracht.
Der Elefant, der gestern
im Traume Indien sah,
Sprang aus der Fessel – wer hat,
ihn festzuhalten, Macht?

*

GESTERN im Traum einen Mond sah ich klar,
Meerartig, silbern und ganz wunderbar.
Heute nun gehe von Tür ich zu Tür,
Ob eine Kunde vom Freund da wohl war.

*

SIEH, jemandes Lied hat zum Tanz mich gebracht,
Zum Laufen ohn' Scheu, ohne Sinn mich gebracht –
Und endlich: sein Herz drehte meines herum
Und hat's in die Form, die er wollte, gebracht.

Aus dem Mathnawī
Über Halladschs Anā'l-haqq.

DIE TAUFE Gottes[1] ist das Farbfaß »Er«,
in ihm gibt *eine* Farbe es nur mehr.
Wer in dies Faß fiel – sprich: »Erhebe dich!«
der ruft voll Freude: »Laß – das Faß bin ich!«
»Ich bin das Faß« heißt: »Ich bin Gott« zu sagen –
das Eisen wird des Feuers Farbe tragen.
In Feuerfarbe stirbt des Eisens Farb',
vom Feuer spricht es, bis sein Wort erstarb.
Ist es von Röte gleich wie Gold durchdrungen:
»Ich bin das Feuer!« ruft es ohne Zungen.
Von Feuers Art und Farbe, hochgemut,
so spricht es: »Ich bin Feuer, ich bin Glut!
Ja, ich bin Feuer – zweifelst du daran,
versuche es und rühre mich nur an!
Ja, ich bin Feuer – glaubst du es mir nicht,
leg dein Gesicht einmal auf mein Gesicht!«
Als Adam Licht erhielt von Gottes Schein,
da beugten sich vor ihm die Engelreih'n.
Was Glut, was Eisen! Schließ die Lippen zu;
lach nicht wie einer, der vergleicht, o du!

*

»O GOTT!« rief einer viele Nächte lang,
Und süß ward ihm sein Mund von diesem Klang.
»Viel rufst du wohl!« sprach Satan voller Spott:
»Wo bleibt dir Antwort: ›Hier bin ich!‹ von Gott?
Nein, keine Antwort kommt vom Thron herab!
Wie lange schreist du noch ›O Gott!‹ Laß ab!«
Als er betrübt, gesenkten Hauptes, schwieg,
Sah er im Traum, wie Chidr niederstieg,
Und sprach: »Warum nennst du ihn denn nicht mehr?
Was du ersehnst, – bereust du es so sehr?«

---

1 Sura 2/132. Die »Taufe« oder »Färbung« Gottes ist das Eintauchen in die absolute Einheit, wo keine Farbunterschiede mehr bestehen.

Er sprach: »Nie kommt die Antwort: ›Ich bin hier!‹
So fürchte ich, er weist die Türe mir!«
»Dein Ruf ›O Gott!‹ ist mein Ruf ›Ich bin hier!‹
Dein Schmerz und Flehn ist Botschaft doch von mir,
Und all dein Streben, um mich zu erreichen,
Daß ich zu mir dich ziehe, ist's ein Zeichen!
Dein Liebesschmerz ist meine Huld für dich –
Im Ruf ›O Gott!‹ sind hundert ›Hier bin ich!‹«.

*

Geschichte des Liebenden, der seiner Geliebten seine Dienste und seine Treue vorrechnete und die langen Nächte, ›in denen seine Seiten sich von den Betten gehoben haben‹, und die langen Tage des Mangels und des Durstes.

DER LIEBSTEN hob der Freund zu zählen an,
wie er gedient hat und was er getan:
»Sieh, dies und das tat alles ich für dich,
mich traf im Kampfe Pfeil und Lanzenstich,
Es ging mein Geld, die Stärke und mein Ruf:
viel Ungemach mir deine Liebe schuf.
Kein Morgen traf beim Lachen mich noch Schlaf,
kein Abend, der mich reich und kräftig traf!«
Was er erlitt an Bitterkeit und Leid
erzählt' er einzeln ihr und lang und breit;
Nicht um zu klagen! – Bringen wollt in Klarheit
er hundert Zeugen für der Liebe Wahrheit.
Verständigen genügt ein einzig Zeichen –
wie könnt' der Durst der Liebenden entweichen?
Er wiederholt dies Wort ohn' Überdruß –
genügt dem Fisch ein Zeichen wohl vom Fluß?
Ihm brennt die Glut – er weiß nicht wie – im Herzen:
von ihrer Hitze weint er wie die Kerzen.
Die Liebste sprach: ›Das hast du zwar getan:
tu jetzt dein Ohr auf, höre mich gut an:
Du tatest nicht den Wurzelgrund der Liebe,
das, was du tatest, sind nur Seitentriebe!‹
Der Freund sprach: ›Tu mir diese Wurzel kund!‹
›Zu sterben, nicht zu sein, das ist der Grund!

Du tatest dies, doch starbst nicht, bist am Leben –
so stirb denn, willst du dich zu Opfer geben!‹
Er sank und gab die Seele auf sogleich,
beglückt und lächelnd, einer Rose gleich.[1]

*

EIN PREDIGER, sobald er vorgetreten,
Begann für alle Räuber nur zu beten.
Er hob die Hände: ›Herr, hab doch Erbarmen
Mit jenen bösen, widerspenst'gen Armen,
Mit jenem Volk, durch das die Guten leiden,
Mit Christenmönchen und mit allen Heiden!‹
Niemals, daß für die Reinen er gefleht –
Nur für die Bösen sprach er sein Gebet.
Man sprach zu ihm: ›Das ist nicht wohlgetan.
Für sie zu beten, ist kein guter Plan!‹
Er sprach: ›Sie sind zum Nutzen mir gewesen:
Drum hab' für sie ich mein Gebet erlesen:
Ich sah von ihnen so viel Haß und Zwang,
Daß ich vom Bösen hin zum Guten drang;
Denn immer, wenn ich mich zur Welt gewandt,
Da traf mich Schlag und Schmerz von ihrer Hand,
Und hilfeflehend bin ich Gott genaht –
Die Wölfe wiesen mir den rechten Pfad.
So wurden sie zur Quelle für mein Heil,
Und mein Gebet wird ihnen drum zuteil.‹

*

ZULAICHA, sieh, gab allem – von der Raute
Bis hin zur Aloe – den Namen »Joseph«;
In allen Namen barg sie seinen Namen –
Nur den Vertrauten tat sie dieses kund.
Und wenn sie sprach: »Das Wachs ward weich vom Feuer«,

1 Eine Anspielung auf die Geschichte von Dschunaid, dem gesagt wurde »Deine Existenz ist eine Sünde, der keine andere vergleichbar ist« (vgl. *Hujwiri*, Übers. Nicholson, S. 297)

So meinte sie: »Der Freund war lieb zu mir.«
Und wenn sie sprach: »Schaut, wie der Mond dort aufgeht!«
Und wenn sie sprach: »Grün ward der Weidenzweig!«
Und wenn sie sprach: »Wie doch die Blätter zittern!«
Und wenn sie sprach: »Wie schön die Raute brennt!«
Und wenn sie sprach: »Mit Rosen sprach der Sprosser.«
Und wenn sie sprach: »Der Fürst enthüllt Geheimes«,
Und wenn sie sprach: »Das Glück, wie herrlich strahlt es!«
Und wenn sie sprach: »Klopft mir den Teppich aus!«
Und wenn sie sprach: »Der Träger brachte Wasser«,
Und wenn sie sprach: »Die Sonne, seht, ging auf!«
Und wenn sie sprach: »Sie kochten gestern Speise«,
Und wenn sie sprach: »Gemüse ist jetzt gar«,
Und wenn sie sprach: »Es fehlt dem Brot am Salze!«
Und wenn sie sprach: »Der Himmel läuft verkehrt!«
Und wenn sie sprach: »Mir tut der Kopf so weh jetzt!«
Und wenn sie sprach: »Mein Kopfweh ist vorbei« –
Wenn sie es lobte, hieß es »Sein Umfangen«,
Und wenn sie tadelte, hieß »Trennung« es.
Und wenn sie hunderttausend Namen häufte –
Sie meinte Joseph, wollte Joseph nur ...

فخرالدین عراقی

Fachruddin 'Iraqi

stammte aus Hamadan. Er hatte sich in einen Jüngling verliebt und schloß sich der Gruppe von Qalandern an, mit denen dieser gen Indien wanderte. 25 Jahre lebte er in Multan, wo ihn der große Suhrawardi-Prediger Baha'uddin Zakariya erzog. Nach dessen Tod 1267 verließ er Multan und begab sich nach Konya; dort lehrte ihn Sadruddin Qonawi die mystische Philosophie seines Meisters Ibn 'Arabi. Gegen Ende seines Lebens wandte Iraqi sich nach Damaskus, wo Ibn 'Arabi begraben liegt; dort starb auch er 1289. – Seine persische Lyrik ist anmutig und singbar; seine Lama'āt, *»Aufstrahlungen«, versuchen, das Geheimnis der allumfassenden Liebe in schwingender Prosa, untermischt von Versen, wiederzugeben; das schmale Buch ist später oftmals kommentiert worden.*

Dīwān (einschließlich der *Lama'āt)*, ed. S. Nafisi, Teheran 1338sh/1959

A. J. Arberry, *'Ushshāqnāma, The Song of the Lovers,* ed. and translated, Oxford 1939

Zu der schönheitstrunkenen Poesie persischer Dichter des dreizehnten Jahrhunderts vgl. auch

Manuel Weischer – Peter L. Wilson, *Heart's Witness. The Sufi Quatrains of Awḥaduddīn Kirmānī,* London 1978, in dem die Verse eines der berühmtesten Sufis des 13. Jahrhunderts zusammengestellt sind, dessen »Liebe zu den Unbärtigen« viel Kritik unter seinen Zeitgenossen – einschließlich Rumis – hervorrief.

*

ES WIRD erzählt: Baha'uddin Zakariya setzte ihn in eine Zelle. Zehn Tage lang blieb Iraqi dort, ohne jemanden einzulassen. Am elften Tage sang er laut, von seinen Gefühlen überwältigt, und weinte:

Den ersten Wein, den in das Glas
sie schenkten ein,
Den mußten sie vom trunk'nen Aug'
des Schenken leih'n ...

Die Bewohner des Klosters liefen zum Scheich und erzählten ihm, was vorging. Nun folgte dieser Orden der Regel Schihabuddin Suhrawardis, dessen Lieblingsschüler Baha'uddin war, und diese Regel war, daß der Fromme sich nur mit der Rezitation des Korans und der Auslegung der prophetischen Tradition befassen dürfe. Deshalb sahen die anderen Brüder 'Iraqis Benehmen mit Mißbilligung an und klagten beim Meister. Dieser aber antwortete, ihnen sei es verboten, doch nicht jenem.

Einige Tage später ging einer der Brüder durch den Basar und bemerkte, daß dieses Gedicht mit Musikbegleitung rezitiert wurde. Als er die Weinstuben besuchte, fand er dort dasselbe. Bei seiner Rückkehr berichtete er dem Scheich, was er gehört hatte:

... Um unser Herz zu fangen, drehen sie voll List
Die losen Lockenspitzen nun zu Schlingen ein.
Mit Blicken sprechen sie zur Seele hundertfach,
Die Braue sagt dem Herzen hundert Worte fein.
Mit den Vertrauten sprachen sie geheimnisvoll,
Und ließen alles doch der Welt gleich hörbar sein.
Wo in der Welt auch Schmerz und Leid zu finden war,
Sie mischten es und nannten »Liebe« diese Pein.
Da sie nun ihr Geheimnis selber kundgetan –
Was tadeln sie 'Iraqi dann mit Schelterein?

»Er ist fertig«, sagte der Heilige, stand auf und ging zu 'Iraqis Zellentür. »'Iraqi?« rief er, »betest du in den Weinstuben? Komm heraus!« Der Dichter kam aus seiner Zelle, warf sich dem Meister zu Füßen und weinte. Der Scheich hob seinen Kopf vom Boden und erlaubte ihm nicht, in seine Zelle zurückzukehren, sondern nahm seinen eigenen Derwischmantel ab und legte ihn ihm über.

SEIT MEIN Herz zur Liebe sich gewandt,
Schlang die Lieb' um meinen Hals ihr Band.
Und seit Herz und Liebe einig sind,
Wird Herz »Liebe«, Liebe »Herz« genannt.
Bald strömt sie wie Regen, bald wächst sie
Mir wie Blumen aus des Herzens Sand.
Ja, sie kam, riß fort mein Herz, nahm Platz –
Ging' sie wieder, hielt' ich schwerlich stand.
Ahnungslos, woher dies Unglück kam,
Weshalb es mich traf, wer es gesandt ...!
Klage nicht, 'Iraqi, um dein Herz,
Das als Thronsitz höchste Ehre fand!

*

ERGLÄNZEN vom Wein die Pokale?
Sind's Wolken im Sonnenglanzstrahle?
So rein sind und zart Wein und Gläser,
Daß eins scheinen Trank Dir und Schale.
Ist alles denn Glas, ist der Wein nichts?
Ist's Wein, der das Glas überstrahle?
Wenn Sonne die Lüfte erfüllet,
Verschmelzen der Glanz und das Fahle,
Versöhnen der Tag und die Nacht sich,
Daß Ordnung der Welt nun erstrahle.
Kannst Nacht nicht und Tag unterscheiden,
Noch Wein oder Becher beim Mahle!
Begreife durch Wein und durch Becher
Das Wasser des Lebens im Tale!
Enthüllung der Schleier des Wissens
Wie Nacht sich und Taglicht dir male!
Wird dies aus dem Wort dir nicht deutlich
Vom Anfang zum anderen Male,
So suche das Welt-Glas – dann klärt sich
Dem Geist dieses Rätsel im Strahle:
  Daß Er alles ist, was besteht –
  Freund, Herz, Seele, Glaube, Gebet!

Lamaʿāt, »Strahlungen«. (Aus der Einleitung)

NUN sind also einige Worte über die Stufen der Liebe im Stile der *Sawāniḥ*[1] in der Sprache dieser Zeit diktiert worden, damit sie zum den-Geliebten-zeigenden Spiegel für jeden Liebenden werden, obgleich der Rang der Liebe zu erhaben ist, als daß man mit der Macht des Verstandes und Verstehens und der Erklärung um die Palastvorhänge ihrer Majestät kreisen oder mit dem Auge der Enthüllung und Offenkundigkeit auf die Schönheit ihres wirklichen Wesens blicken könnte. (Arabisch)

Erhaben ist Liebe über der Menschen Gedanken,
Über die Eigenschaften von Trennung und Einigung.
Wenn etwas zu hoch ist für unsere Einbildungskräfte,
Ist es auch zu hoch für Metaphern, und nicht zu umgrenzen.

Sie ist im Vorhang der Macht verhüllt und durch völlige Unbedürftigkeit isoliert; die Schleier ihres Wesens sind ihre Eigenschaften und ihre Eigenschaften sind in ihrem Wesen eingeschlossen; und derjenige, der ihre Schönheit liebt, ist ihre Majestät, und ihre Schönheit ist eingebettet in Majestät. Fortwährend spielt sie das Liebesspiel mit sich selbst und kümmert sich um nichts als sich selbst; in jedem Moment wirft sie einen Schleier vom Antlitz des »Geliebtseins« und jeden Moment beginnt sie ein Lied im Wege des »Liebendseins«:

Die Liebe stimmt ein Lied verborgen an:
Wo ist der Liebende, der's hören kann?
In jedem Hauch singt sie ein neues Lied,
In jedem Nu ein andres Stück sodann.
Die ganze Welt ist Echo ihres Sangs –
Wann hörte je solch langes Echo man?
Und ihr Geheimnis ist weltweit bekannt:
Wann wär' ein Echo wohl verschwiegen, wann?

1 Die *Sawāniḥ* Ahmad Ghazzalis (gest. 1126) sind der erste Versuch, subtile Liebestheorien in persischer poetischer Prosa darzulegen.

Hör ihr Geheimnis aus der Stäubchen Mund –
Ich rühr mit Wort und Zeichen nicht daran!

Allezeit und mit jeder Zunge spricht sie ihr eigenes Geheimnis mit sich selbst; jeden Moment mit jedem Ohr hört sie ihr eigenes Wort; in jedem Augenblick läßt sie ihre Schönheit in ihrem eigenen Blick aufleuchten; in jedem Nu zeigt sie ihrer eigenen Schau das Gesicht ihrer eigenen Existenz. Höre ihre Beschreibung von mir:

Sie spricht zu mir im Schweigenden und dann im Redenden,
Mit Augenzeichen, Äugeln und der Braue Kräuseln auch.

Und weißt du, was sie mir ins Ohr sagt?

Ich bin Liebe, deren Ort
nicht im Kosmos sichtbar ist;
Ich der fremde Anqa auch,
dessen Spur nicht sichtbar ist.[1]
Mit der Braue, mit dem Blick
fing ich beide Welten ein,
Schau nicht drauf, daß nicht der Pfeil
noch der Bogen sichtbar ist.
Wie die Sonne: vom Gesicht
jedes Stäubchens strahle ich,
Bin so überdeutlich klar,
daß mein Licht nicht sichtbar ist.
Spreche ich mit jedem Mund,
und ich hör' mit jedem Ohr:
Seltsam doch, daß Zunge mir
oder Ohr nicht sichtbar ist.
Da ich in der ganzen Welt
Alles bin, was immer sei,
Kommt es, daß etwas gleich mir
in der Welt nicht sichtbar ist!

---

1 Der 'Anqa (eigtl. »die Langhälsige«) ist unsichtbar: »sein Name existiert, er selbst existiert nicht«.

DIE LIEBE ruhte mit Nichtsein und Sein. Noch hatte [der Mensch] das Antlitz des Geliebten nicht geschaut, als der Sang des Wortes »Sei«! ihn aus dem Schlummer des Nichtseins aufweckte; und vom Hören dieser Melodie befiel ihn Ekstase *(wadschd)* und aus dieser Ekstase fand er Existenz *(wudschūd)*.

Der Genuß dieser Weise erfüllte sein Haupt.

Er sprach:

Die Liebe warf Erregung in unsere Natur,
Warf in der Leidenschaften Schmelztiegel unser Herz.

»Und manchmal geschieht es, daß sich das Ohr verliebt vor dem Auge!«

Ob ich auch nicht erblickte mit diesem Auge dich –
Bevor ich dich erschaute, liebt' ich, als säh' ich dich!

Die Liebe gewann die Oberhand; äußere und innere Ruhe brachte sie mit dem Lied »Wahrlich der Liebende besucht den Geliebten gar oft« zu Tanz und geistiger Bewegung, und bis zur Ewigkeit der Ewigkeiten wird diese Weise nicht beendet noch dieser Tanz abgebrochen; denn das Erstrebte ist unendlich. Hier ist das leise Summen der Liebenden immer nur dieses:

Als ich das Auge auftat, sah ich Dein Wangenlicht;
Als ich das Ohr geöffnet, hört' Deine Stimme ich.

So ist der Liebende ständig in geistigem Tanz und Bewegung, wenn er auch äußerlich ruhig sein mag: »Du siehest die Berge und hältst sie für festgegründet, doch sie ziehen dahin wie Wolken« (Sura 27/90). Wie könnte er da ruhig sein? Denn jedes Atom im Kosmos ist von [der Liebe] bewegt, vielmehr, jedes Atom ist ein Wort, jedes Wort ist ein Name, jeder Name hat eine Zunge und jede Zunge eine Rede, und jede Rede wird vom Liebenden gehört: wenn du nur gut lauschst, so sind Sprechender und Hörender eines, denn »Das Hören – der *samā'* – ist ein Vogel, der von Gott zu Gott fliegt.« Dschunaid tadelte Schibli – Gott segne sie beide! –: »Das Geheimnis, das wir verborgen in den Kellern gesagt haben, das hast du öffentlich von der Kanzel verkündet!« Er antwortete: »Das kümmert mich nicht! Ich sage und ich höre – gibt es in beiden Welten jemand anders als mich?«

Der Duft, den man von Nelken
und Moschus spürt,
Ist's, der zu Hyazinthen
der Locken führt.
Und wenn die Nachtigall hier
um Rosen klagt –
Die Rose spricht's; der Vogel
ist's, den man hört!

*

LIEBE ist ein Feuer, das, wenn es ins Herz fällt, alles, was es im Herzen findet, verbrennt, so weit, daß es sogar die Gestalt des Geliebten aus dem Herzen auswischt. Madschnun war wohl in diesem Feuer. Man sagte zu ihm: »Laila ist gekommen!« Er sagte: »Ich selbst bin Laila!« Er steckte den Kopf in das Hemd der Losgelöstheit. Laila sagte: »Hebe den Kopf hoch, denn ich bin deine Geliebte und das, was du ersehnst!«

Blick endlich doch – warum bleibst du zurück?

Madschnun sagte: »Hebe dich fort von mir, denn die Liebe zu dir hat mich von dir abgelenkt!«

Einst war ich froh, wenn ich dich nur erblickte –
Jetzt kann vor Liebe ich dich nicht ertragen![1]

1 Diese letzte Geschichte findet sich auch bei anderen Mystikern. Selbst die Gegenwart der Geliebten stört Madschnun in seiner absoluten Versunkenheit im Gedanken an sie.

ابن عطاء الله الاسكندري

Ibn 'Ata'ullah

hat »das letzte Sufiwunder am Nil« vollbracht: das sind seine Ḥikam.

In der Mitte des 13. Jahrhunderts ließ sich, von Nordafrika kommend, der Sufi-Meister Abu'l-Hasan asch-Schadhili in Ägypten nieder, wo er zahlreiche Schüler durch seine schlichte Weisheit und durchdringende Seelenanalyse anzog. Als er 1258 starb – im gleichen Jahr, da die Mongolen Bagdad eroberten und das seit 750 bestehende abbasidische Kalifat beendeten –, wurde Abu'l-'Abbas al-Mursi (»aus Murcia«) sein Nachfolger, dem wiederum Ahmad ibn 'Ata'ullah folgte (gest. 1309). Ibn 'Ata'ullah ist durch seine Kontroverse mit dem strengen Reformtheologen Ibn Taimiyya bekannt, mehr aber noch durch die Sammlung kurzer Weisheitssprüche, die er hinterließ. Das Genre der ḥikam, *»Weisheitsworte«, war im islamischen Mittelalter weit verbreitet, aber keine Sammlung hat so weiten Ruhm erworben wie die seine. In den kurzen, oft reimenden, Sprüchen wird die Beziehung des Menschen zu Gott in immer neuen Facetten gespiegelt; die »nüchterne« Haltung der frühen Bagdader Schule findet sich hier wieder, und man wird vergebens nach überschwenglicher Poesie suchen. Diese konzisen Sprüche adäquat zu übersetzen, ist unmöglich; zu viel hängt von der harmonischen Sprachstruktur ab, die ihnen ihre besondere Wirkung verleiht. Durch die Jahrhunderte sind die* Ḥikam *von Spanien bis Indien kommentiert worden und bilden das kostbarste Gut des Schadhiliyya-Ordens. – Ibn 'Ata'ullah hat auch eine Biographie seiner Meister und eine wichtige Studie über die Wirkungen der Gottesnamen im Gebet verfaßt.*

Paul Nwyia S. J., *Ibn Aṭā'allāh et la naissance de la confrérie šadilite*, Beirut 1972

A. Schimmel (Übersetzerin), *Bedrängnisse sind Teppiche voller Gnaden*, Freiburg 1987

ZU DEM, was dich hinweist auf Seine, des Erhabenen, Allgewalt, gehört, daß Er sich vor dir verhüllt mit dem, was neben Ihm nicht besteht.

WIE könnte man denken, daß Ihn etwas verhülle,
da Er alle Dinge deutlich zeigt?
Wie könnte man denken, daß Ihn etwas verhülle,
da Er sich zeigt durch alle Dinge?
Wie könnte man denken, daß Ihn etwas verhülle,
da Er sich zeigt in allen Dingen?
Wie könnte man denken, daß Ihn etwas verhülle,
da Er sich doch zeiget allen Dingen?
Wie könnte man denken, daß Er sich verhülle,
da Er offenbar war vor allen Dingen?
Wie könnte man denken, daß Er sich verhülle,
da Er offenbarer als alle Dinge?
Wie könnte man denken, daß Er sich verhülle,
da Er der Eine ist, neben Ihm nichts?
Wie könnte man denken, daß Er sich verhülle,
da Er dir näher ist denn alle Dinge?
Wie könnte man denken, daß Ihn etwas verhülle,
da – wäre Er nicht – nichts würde bestehn?
O Wunder – wie offenbart sich im Nichtsein das Sein
und wie besteht das Zeitliche neben Ihm,
der da ewig besteht?

*

NICHT ein Atemhauch, den du tust,
in dem Er nicht eine Seiner Bestimmungen in dir vollziehe.

*

GOTT *war*, und nichts war neben Ihm,
Er ist noch jetzt so, wie Er war.

WANDERE nicht von Wesen zu Wesen:
Du bist wie der Esel am Schöpfrad, der geht, und sein Ankunftsplatz ist der Platz, von dem er begann.
Wandere aber von den Wesen zu dem, der sie schuf –
»Und zu deinem Herrn ist das Endziel des Wegs« (Sura 53/42)
Und betrachte das Wort des Propheten:
»Wer auswandert zu Gott und zu Seinem Gesandten,
der wandert wahrlich zu Gott und zu ihm.
Doch wer auswandert zu weltlichem Gut, das er sucht,
oder einem Weib, das freit,
der wandert zu dem, was er sucht.«
Begreife sein Wort »zu dem, was er sucht«
und betrachte es wohl,
wenn du einsichtig bist.
Lebe wohl.

*

DIE ZWEIGE der Niedrigkeit wachsen nicht breit,
es sei denn aus dem Samen der Gier.

*

DU BIST frei von dem, an dem du verzweifelst,
und versklavt durch das, was du begehrst.

*

WER NICHT zu Gott geht durch die Zärtlichkeiten der Wohltat,
wird zu Ihm geführt durch die Ketten der Prüfung.

*

WENN JEMAND die Frucht seiner Tat schon hier sieht –
Ein Zeichen ist's, daß er auch dort angenommen wird.

*

DAS BESTE, was du von Ihm verlangst
ist das, was Er von dir verlangt.

ER GIBT dir Ausdehnung *(bast)*, um dich nicht in Beklemmung zu lassen,
Er gibt dir Beklemmung *(qabḍ)*, um dich nicht in Ausdehnung zu lassen,
Und er führt dich aus beiden,
damit du nichts anderes hast
als Ihn alleine.

*

EIN ZEICHEN des Herzenstodes ist Mangel an Trauer
über die Gelegenheiten zum Gottesdienst, die dir entgangen,
Und nicht mehr bereuen, welche Fehler du wirklich begangen.

*

DAS LICHT ist des Herzens Heer,
und Finsternis das des ›Fleisches‹.
Wenn Gott jemand helfen will,
schickt Er ihm Heere von Licht
Und schneidet die Macht der Finsternis ab von ihm, und die Macht alles andern.

*

WENN DU eine Macht willst, die nimmer vergeht,
so stütze dich nimmer auf Macht, die vergeht.

*

GABEN VON Geschöpfen sind Beraubung,
Hinderung von Gott ist eine Wohltat.

*

GOTT IST zu groß dafür, Seinen Diener bar zu bezahlen,
doch bezahlt Er ihm auf Kredit.

WENN ER dir gibt, so zeigt Er seine Güte,
und wenn Er vorenthält, ist's Seine Macht.
In allem aber läßt Er Sich dir wissen
und wendet Sich zu dir in Seiner Gnade.

*

WENN ER von den Geschöpfen dich entfremdet,
so wisse, daß Er dir die Tür der Vertrautheit mit Sich auftun will.

*

DER SORGLOSE fragt sich am Morgen: »Was werde ich tun?«
Der Verständige schaut: »Was wird nun Gott mit mir tun?«

*

WÜRDE ER es nicht huldreich verhüllen,
so wäre kein Werk der Annahme würdig.

*

NICHT VERHÜLLT dich von Gott die Existenz eines Wesens, das mit Ihm existiere –
denn nichts besteht außer Ihm;
Doch was dich verhüllt, das ist deine Meinung,
etwas bestünde noch neben Ihm.

*

ER ZEIGT ganz klar alle Dinge, weil Er der Innere ist,
Er birgt das Sein aller Dinge, weil Er der Äußere ist.

*

WER GOTT kennt,
sieht Ihn in allen Dingen.
Wer in Ihm entwird,
verschwindet von allen Dingen,
Und wer Ihn liebt,
zieht Ihm nichts anderes vor.

WAS GOTT von dir verhüllt,
ist Seine übergroße Nähe zu dir,
denn Er versteckt sich durch Seine allzugroße Klarheit,
und verbirgt sich den Augen, weil Sein Licht allzustark ist.

محمود شبستری

Mahmud Schabistari

lebte um 1300 in der Nähe von Tabriz; er verfaßte seinen Gulschan-i rāz, *den »Rosenhag des Mysteriums« als Antwort auf die Fragen eines Freundes. Das Gedicht behandelt in poetischer Form die grundlegenden Fragen der Mystik: Gott, die Welt, die Stellung des Menschen, innere Erfahrung, usw. Es wird meist mit dem vorzüglichen Kommentar von Lahidschi gelesen, der anderthalb Jahrhunderte später geschrieben ist und die kurzen Andeutungen des Gedichtes präzisiert.*

Gulschan-i rāz mit dem Kommentar *Mafātīḥ al- iʿdschāz fī scharḥ Gulschan-i rāz* des Lahīdschī, ed. Kaivan Samīʿi, Teheran 1337sh/1958

Gulshan-i rāz, The Rose Garden of Mysteries, ed. and transl. E. H. Whinfield, London 1880

The Secret Garden, transl. Juray Paske, New-York–London 1969

T. Isutzu, »The Paradox of Light and Darkness in the Garden of Mystery of Shabastari«, in J. P. Strelka, ed., *Anagogic Qualities of Literature,* University Park, Pa. 1971

*

Das Problem von Halladschs *Anā'l-haqq* wird im Folgenden behandelt.

»ICH bin Gott!« – Dies enthüllt Mysterien absolut –
Wer spräche: »Ich bin Gott!«
wenn's nicht Gott selber tut?

D. h. *Ana'l-ḥaqq* ist die absolute Enthüllung und Verdeutlichung der Mysterien, nämlich ohne Beimischung von Zweifel und Unsicherheit. Gott behüte, daß es sinnloses Geschwätz sei! Denn wer ist da außer Gott, und wo wäre ein anderes Existierendes, das »Ich bin die absolute Wahrheit« (»Ich bin Gott«) sagen könnte?

Das *anā'l-ḥaqq* ist nicht von anderen als Gott,
Wie sagte »Ich« denn wohl ein anderer als Gott!
Wenn Er dich ganz entleert von dir und nimmt dich fort,
Wirst du erniedrigt ganz, und hoch wird dann dein
Wort.

Da in den Spiegeln der Manifestationspunkte der Atome der Schöpfung die Sonne der göttlichen Wahrheit widergespiegelt wird und in der Gestalt aller offenkundig geworden ist und nichts außer der Göttlichen Wahrheit besteht, hat [Schabistari] gesagt:

Sieh die Atome an
des Kosmos – wie Mansur
Nenn sie berauscht, nenn sie
auch ganz von Sinnen nur!

Das deutet darauf hin, daß die Enthüllung dieser Geheimnisse außer im Zustande der absoluten Trunkenheit und Entselbstung oder auf der Stufe des Rausches, der völlige Entselbstung ist und aus dem Standort der Berauschtheit und des Entwerdens kommt, in welchem der Berauschte infolge übermäßigen Rausches sich nicht mehr selbst halten kann, nicht erlaubt ist, und daß sie in der *scharīʿa* (dem Gottesgesetz) und der *ṭarīqa* (dem mystischen Pfad) verboten ist. D. h., er sagt: was ist das für ein Platz, wo der Vollkommene mit solcher Rede zu reden beginnt, da alle Atome der Welt wie Mansur sind und entselbstet und berauscht in dieser Weise reden. Deswegen hat er gesagt:

Mit diesem Lobgesang,
mit diesem Einheitswort
Sind dauernd sie befaßt,
bestehn sie immerfort.

D. h. alle Atome der Welt sind ständig in diesem Lobpreis und Einheitsbekenntnis, dem Wort *anā'l-ḥaqq*, und Lobpreis ist, Gott von allem anderen in Essenz und Attributen freizuhalten, und Einheitsbekenntnis, zu sagen »Es gibt keine Gottheit außer Gott«, d. h., »anderes« zu leugnen und die Göttliche Wahrheit zu bestätigen. Und der vollkommenste Lobpreis und Einheitsbekenntnis ist in Wirklichkeit das, daß der Preisende und Bekennende mit der Ich-heit des *anā* »Ich« zu sprechen beginnt; denn in den Worten »Er« und »Du«, die für Abwesenheit und Anrede verwendet werden, ist immer noch die Beimischung von Andersheit und Zweiheit zu bemerken. Dadurch, wenn die Freihaltung [Gottes] von Zugesellung und Negierung [alles dessen, das nicht Gott ist] noch nicht ganz vollkommen ist, ist noch ein nicht-preisender und nicht einheitsbekennender Rest des Wesens da, der »Du« sagt:

> Wir *(mā)* und Gott *(ḥaqq)* bilden das Wort *aḥmaq* (stupide)
>
> Wenn du das »Wir« *(mā)* läßt, was bleibt? *Ḥaqq* »Göttliche Wahrheit«

So bestehen alle Atome der existierenden Dinge durch *anā*, »Ich«, und die Göttliche Wahrheit ist der durch sich selbst Bestehende. Und wenn nicht das Erscheinen der Göttlichen Wahrheit durch die Atome der Welt wäre, so wäre die ganze Welt nicht-existent, weil das, was nicht Existenz *(wudschūd)* ist, Nicht-Existenz *('adam)* ist, und Existenz ist die Essenz Gottes ...

In diesem Zusammenhang soll ein Ereignis erwähnt werden, das sich zu Beginn meines Pfades und meiner asketischen Übungen zutrug, damit es klar und bestätigt werde, wie die Geläuterten und Gereinigten diesen Standort realisieren:

Eines Nachts nach dem nächtlichen Gebet und der Rezitation des Gottesgedenkens versank ich in Kontemplation und sah tatsächlich, daß da ein Kloster war, überhaus hoch und weit, und ich befand mich darin. Auf einmal sah ich, daß ich aus jenem Kloster herauskam, und sah, daß die gesamte Welt genau so zusammengesetzt ist wie das Licht, und alles war einfarbig geworden, und alle Atome der existierenden Dinge mit ihrer Eigenart und Qualität riefen: »Ich bin die Göttliche Wahrheit!« so – daß ich nicht von diesen Zuständen sprechen kann, wie es sich gebührt. Als ich diesen Zustand betrachtete, entstand in mir Rausch und Selbstlosigkeit und wunderbare Sehnsucht und Entzückung, so daß ich wünschte, ich könnte in der Luft fliegen. Da sah ich, daß etwas wie ein Holzblock an meinem Fuße war und mich am Fliegen hinderte. Mit größter Anstrengung stieß ich den Fuß auf den Boden, bis jener Holzblock von meinem Fuß abfiel. Wie ein Pfeil, der vom Bogen schnellt, nein, wohl noch hundertmal schneller, stieg ich höher auf und ging, bis ich den ersten Himmel erreichte. Ich sah, der Mond spaltete sich, und ich ging durch den Mond hindurch und verlor mich in der göttlichen Gegenwart.

Und schließlich, aus verwirrendem Getriebe,
Entrückte mich Anziehungskraft der Liebe.
Der Liebe Lichter mir im Herz entbrennen,
Geheimnis Gottes konnte ich erkennen.
Ich sah, da Lieb und Lust mich ganz erhellt,
Daß die Atome alle in der Welt
In völliger Entselbstung, Mansur-gleich
»Ich bin die Wahrheit!« riefen rings im Reich.
Der Seelenfalk, vom Käfig nun befreit –
Er überflog den Himmel flügelweit.

Da es schwierig ist, derartige Enthüllungen mit einem klaren Hinweis des koranischen Textes zu belegen, sagte Schabistari:

Willst du das leicht verstehn, so lies ein einzges Mal:
»Nichts auf der Welt, das Ihn nicht priese allzumal!«

D. h. wenn du wissen willst, daß alle Atome des Kosmos im Lobpreis sind und darauf hinweisen, daß Gott rein ist von allem außer Ihm, dann rezitiere den Koranvers: »Und es gibt nichts, das Ihn nicht lobend preise ...« (Sura 17/46) – einmal, damit du weißt, daß alle im Gottespreisen begriffen sind; die vollständige Reinhaltung [Gottes vom Außergöttlichen] ist nur, wie erwähnt, daß sie »sprechend durch die Ich-heit« werden, und das Lob ist das Zeigen der Eigenschaften der göttlichen Vollkommenheit. Nun ist das Lob eines jeden das Zeigen derjenigen Eigenschaft, deren Aufstrahlungsort er gerade ist, und keiner als der Mensch kann Gott mit allen Seinen Eigenschaften loben, denn nur Er kennt Gott mit allen Seinen Eigenschaften. Wie der Verfasser sagt, daß alle Wesen in diesem Lobpreis begriffen sind und darauf beharren, erklärt er nun hinsichtlich der Information darüber:

Und tust du mit dir selbst,
was Baumwollkämmer tun,
Rufst du gleich wie Halladsch:
»Ich bin die Wahrheit!« nun.

Wisse, daß das wissenschaftliche Einheitsbekenntnis eines ist, und das zeugnishafte, mit eigenen Augen gesehene Einheitsbekenntnis etwas anderes.

Das wissenschaftliche Einheitsbekenntnis ist, daß man weiß, daß es nichts Existierendes außer Gott gibt und daß die Dinge die Erscheinungsorte der göttlichen Wahrheit sind und in der Form »Alles ist Er« sind, der offenbar geworden ist, und daß die Dinge mit ihrem Zustand das Wort »Ich bin die göttliche Wahrheit« aussprechen, da sie im Wesen Gottes bestehend und ohne ihn nicht-existent sind. Das geschaute, durch Enthüllung gefundene Einheitsbekenntnis aber, das sich in Mansur Halladsch manifestiert hat, besteht daraus, daß der Wanderer vermittels der Reinigung an einem Standort anlangt, wo seine Individualisierung und sein metaphorisches Dasein, die als Vorhang vor der göttlichen Schönheit ihn an der Schau gehindert haben, vernichtet und entworden sind, so daß er ohne sich selbst sich als Göttliche Wahrheit sieht und mit der Stimme der Göttlichen Wahrheit das Wort »Ich bin die Göttliche Wahrheit« ausspricht. Deswegen sagt Schabistari: »Wenn du selbst an dir die Baumwollkämmer-Arbeit vornimmst«, das heißt, wenn du deine imaginäre Existenz wegwirfst und aufgibst und aus der Fessel der Individualisierung und Grobstofflichkeit Befreiung findest, wirst du gleich Mansur den Ruf »Ich bin die Göttliche Wahrheit« ausstoßen und, arbeitend wie der Baumwollkrempler, auch in seiner Weise reden.

یونس امره

Yunus Emre

ist der erste mystische Volksdichter in der türkischen Tradition. Selbst wenn schon im 13. Jahrhundert türkische mystische Verse verfaßt worden sind, schließt sich an seinen Namen die Tradition des singbaren, einfachen mystischen Liedes, das in den folgenden Jahrhunderten so typisch für die Literatur der mystischen Orden, vor allem der Bektaschis, werden sollte. Welche Lieder aus dem reichen Vorrat wirklich von Yunus, der um 1321 starb, stammen, ist kaum exakt festzustellen; sie sind in Derwischversammlungen immer wieder gesungen und zersungen worden, und haben ungezählte spätere Dichter beeinflußt. Als Motto über den Versen Yunus', dem auch ein modernes türkisches Oratorium von Adnan Saygun gewidmet ist, könnten seine Refrains stehen:

Sieh, was die Lieb'aus mir gemacht!

Oder:

Ich brauche Dich, nur Dich allein –

und er hat die ganze Natur als Teilnehmer an seiner Suche im Liebesschmerz empfunden:

Bald weh ich, wie der Wind es tut,
Bald staub' ich, wie ein Weg voll Glut,
Bald fließ ich wie des Wildbachs Flut –
Sieh, was die Lieb' aus mir gemacht!

Yunus Emre Divani, ed. Abdulbaki Gölpinarli, Istanbul 1943
John R. Walsh, »Yunus Emre. A Medieval Hymnodist«, *Numen* VII 2–3, 1960
A. Schimmel, »Yunus Emre«, *Numen* VIII 1, 1961
Yves Regnier, *Le ›dīvān‹ de Yunus Emre,* Paris 1963
André Duchemen, »Un grand mystique turc, Yunus Emre (1248–1320), Petit livre de conseils (1307)«, *Turcica* VII 1975
Zur Bektaschi-Dichtung im allgemeinen:
Vasfi Mahir Kocatürk, *Tekke Şiiri Antolojisi,* Ankara 1955

Sadettin Nüzhet Ergun, *Bekatşi Edebiyati Antolojisi,* Istanbul 1944
Georg Jacob, *Beiträge zur Kenntnis des Derwisch-Ordens der Bektascvhis,* Berlin 1908
John K. Birge, *The Bektashi Order of Dervishes,* London 1937, repr. 1965
Weitere Übersetzungen aus der türkischen religiösen Lyrik in
A. Schimmel, *Aus dem goldenen Becher, Türkische Gedichte vom 13. bis zum 20. Jahrhundert,* 3. erw. Auflage, Köln 1990
A. Schimmel, *Wanderungen mit Yunus Emre,* Köln 1987.
Eine große Menge von Beiträgen zur Kenntnis des türkischen Ordenswesens – meist in Zeitschriften verstreut – stammt von
H. J. Kißling, wie z.B. »Aus der Geschichte des Chalvetijja-Ordens« *ZDMG* CII, 1953 »Zur Frage der Anfänge des Bektaschitums in Albanien«, *Oriens* XV 1962; »Die islamischen Derwischorden«, *Z. f. Religions- und Geistesgeschichte* XII 1960

*

BIST du denn fremd hierhergezogen –
Ach, warum weinst du, Nachtigall?
Und hast ermattet dich verflogen?
Ach, warum weinst du, Nachtigall?

Hast hohe Berge überschritten?
Bist über Flüsse tief geglitten?
Hast Trennung du vom Freund erlitten?
Ach, warum weinst du, Nachtigall?

Ach, wie so bitter klingt dein Flehen!
Neu läßt du meinen Schmerz erstehen!
Du möchtest deinen Freund wohl sehen?
Ach, warum weinst du, Nachtigall?

Du kannst doch deine Flügel breiten
Und kannst sie ja zum Fluge weiten
Und alle Schleier überschreiten
Ach, warum weinst du, Nachtigall?

Liegt deine Stadt in Feindes Banden?
Ward denn dein guter Ruf zuschanden?
Ist denn dein Freund in fremden Landen?
Ach, warum weinst du, Nachtigall?

Du wohnst im Lenz im Rosenhage,
Dir duften Blüten alle Tage –
Doch immer neu klingt deine Klage:
  Ach, warum weinst du, Nachtigall?

Ihr Augen, die im Schlafe ruhten:
Erwachend hebt ihr an zu bluten –
Mein Herz verbrennt in hellen Gluten!
  Ach, warum weinst du, Nachtigall?

*

IM PARADIES die Flüsse all.
  Sie fließen mit dem Ruf Allah
Und dort auch jede Nachtigall,
  Sie singt und singt Allah Allah.

Des Tubabaumes Zweige dicht,
Die Zunge, die Koranwort spricht,
Des Paradieses Rosen licht,
  Sie duften nur Allah Allah.

Die Stämme sind aus Gold so klar,
Aus Silber ist der Blätter Schar.
Die Zweige, die entsprossen gar,
  Sie sprossen mit dem Ruf Allah.

Die Huris an dem hohen Ort,
Sie strahlen mehr als Mondlicht dort,
Und Moschus, Ambra ist ihr Wort –
  Sie wandeln mit dem Ruf Allah!

Die je von Herzen heiß geminnt,
Von deren Aug' die Träne rinnt,
Bis ganz und gar von Licht sie sind –
  Sie sagen immer nur Allah.

Was du begehrst, von Gott begehr,
Laß führen dich zum Wege her.
Die Nachtigall liebt Rosen sehr –
Sie singt und singt Allah Allah.

Die Himmelstür ward aufgetan,
Erbarmen füllt nun alles an.
Das Tor der Paradiesesbahn
Tut auf sich mit dem Ruf Allah.

Du, Yunus, sollst zum Freunde gehn!
Laß nicht das Heut bis morgen stehn!
Denn morgen will zu Gott ich gehn,
Will wandern mit dem Ruf Allah![1]

*

ACH SCHÖPFRAD, warum klagest du?
Ich leide, darum klage ich.
Denn sieh, ich liebe meinen Herrn,
Und eben darum klage ich.

Mein Name ist das Schmerzensrad,
Mein Wasser fließt so glatt, so glatt,
Wie es der Herr befohlen hat –
Und eben darum klage ich.

Sie fanden mich auf Bergeswächt'
Sie brachen Arm und Bein mir schlecht,
Zum Schöpfrad schien ich ihnen recht –
Und eben darum klage ich.

Zurecht schnitt mich der Zimmermann,
Wies jedem Glied die Stelle dann.

1 Das Gottgedenken wird alles im Paradies erfüllen: Wachsen, Atmen, sprechen, Blühen ist dort der Name Gottes

Von Gott kam dieser Jammer an –
  Und eben darum klage ich.

Ich zieh das Wasser aus dem Grund,
Ich gieß es aus und dreh mich rund –
Seht, was ich leide Stund um Stund –
  Und eben darum klage ich.

Ich war ein Baum auf Bergen fern,
Nicht süß noch bitter ist mein Kern
Ich bete stets zu meinem Herrn –
  Und eben darum klage ich.

Der Derwisch Yunus seufzt sein Ach,
Der Sünde gilt sein Tränenbach –
Ich liebe Gott ja allgemach,
  Und eben darum klage ich!

*

SOLLTEST DU, o Gott, mich einmal fragen,
Werde ich Dir dies als Antwort sagen:[1]
Hab ich auch gesündigt gegen mich,
Doch, o Fürst, was tat ich gegen Dich?
Eh ich kam, hast Du mich schwach erkoren,
»Ein Rebell!« sprachst Du, eh ich geboren,
Und du tatst, was Du mir zugedacht –
Was ich tat, hast Du – nicht ich! – gemacht!
Sah, die Augen öffnend, mich im Kerker,
Voll von Lüsten, drin die Teufel stärker;
Dort nicht zu verhungern, mußt' es sein,
Daß ein- zweimal aß ich, was nicht rein.

---

1 Solche Kritik an den herkömmlichen, im Koran verankerten und von den Theologen ausgearbeiteten Vorstellungen von der Auferstehung findet man vielfach bei den Mystikern, doch nicht immer so ausgesprochen wie bei Yunus, dem andere türkische Dichter mit noch stärkeren Argumenten folgten.

Machte *ich* mich so? Nein, Du voll Kraft!
Warum schufst Du mich so fehlerhaft?
Nahm von Deinem Reich ich etwas fort?
Rührte Deinen Ratschluß je mein Wort?
Aß ich Dein Mahl, ließ Dich hungrig stehen?
Ließ ohn' Brot ich Dich bedürftig gehen?
Eine Brücke schufst Du, haaresbreit:
»Daß du Rettung findest, drüber schreit!«
Kein Mensch kann solch Brücke überschreiten;
Er muß straucheln und zu Falle gleiten.
Wir bau'n nur zum Guten eine Brücke:
Gut ist, daß der Übergang uns glücke!
Breit und fest muß sein der Brückensteg,
Daß man sag': »Sieh da, der rechte Weg!«
Schufst die Waage, Übeltat zu wägen:
So willst Du mich in das Feuer legen!
Waage für den Krämer passend ist,
Goldschmied braucht sie, Händler und Drogist.
Du bist wissend, Du kennst meine Lage –
Mich zu prüfen, brauchst Du denn die Waage?
Mehr als alles unrein ist die Sünde –
Fern sei's, daß sie nahe Dir sich finde!
Warum wiegst Du so unreine Schuld?
Besser wär's, Du hülltest sie in Huld!
Sagst Du nun: »Ins Feuer mit ihm her,
Seh ich seine Sündenlast so schwer!«
Böses kannst Du mindern, Gutes mehren,
Gutes hindern, Böses mehr bescheren:
Du magst auf Dein Gutes sehn ... ich brenne ...
(Fern sei dies von Dir, Herr, den ich nenne!)
Endet Deine Rache? Gabst zum Raub
Mich dem Tod und füllst mein Aug' mit Staub!
Tut für eine Handvoll Staub denn not
All dies Reden, mächt'ger, gnäd'ger Gott?
Schaden ward von mir nicht offenbar –
Doch Du weißt das, was verhüllt, was klar!

نظام الدین اولیاء
وسلسلہ چشتیہ

Nizamuddin Auliya

war der unumstrittene geistige Führer in Delhi für mehr als sechzig Jahre. Er war ein Jünger des strengen Tschischti-Heiligen Fariduddin Gandsch Schakar (»Zuckerschatz«) von Pakpattan, und beeinflußte das Kulturleben Nord-Indiens tief. Um ihn sammelten sich zahlreiche Dichter und Schriftsteller, darunter der vielseitige Poet Amir Chusrau, einer der größten persischen Dichter des islamischen Indien, und Amir Hasan Dihlawi Sidschzi, der nicht nur singbare persische Verse schrieb, sondern auch die Aussprüche (malfūẓāt) *seines Meisters aufzeichnete und diesem dann die Sammlung zur Korrektur vorlegte. Das so entstandene Werk,* Fawā'id al-fu'ād, *wurde zum Modell zahlreicher* malfūẓāt-*Sammlungen im indischen Sufismus. Diese Sammlungen haben besonderen Wert, da sie auch Licht auf das tägliche Leben der Frommen werfen, von dem die offiziellen Chroniken kaum etwas berichten. Nizamuddin Auliyas schönes Mausoleum in Delhi ist von den Gräbern zahlreicher Großer – Dichter, Historiker, Herrscher – umgeben, und die für den Tschischti-Orden typische religiöse Musik erklingt dort noch immer. Hasan Dihlawi aber wurde mit vielen anderen führenden Intellektuellen Delhis 1327 von Sultan Muhammad Tughluq nach Daulatabad im Dekkan verpflanzt; dort starb er bald und liegt, wie zahlreiche andere Große der indischen Geschichte, in der stimmungsvollen Gräberstadt Khuldabad begraben.*

Mit ihm beginnt die Tschischti-Tradition im Dekkan, deren größter Vertreter der 1422 als Hundertjähriger in Gulbarga verstorbene Gesūdarāz ist, der wichtige Kommentare und ekstatische persische Verse schrieb.

Ḥasan Sijzī Dihlawī, *Fawā'id al-fu'ād,* Urdu Übersetzung von M. Sarwar, Lahore
Muhammad Gesudaraz, *Dīwān Anīs al-'uschschāq,* Hyderabad/Deccan 1940
Zur Tschischtiyya allgemein:
Mirza Wahiduddin Begg, *The Holy Biography of Hazrat Khwaja Muinuddin Chishti,* Ajmer 1960
K. A. Nizami, *Some Aspects of Religion and Politics in India during the 13th century,* Bombay 1961
ders., *The Life and Times of Shaikh Farid Ganj-i Shakar,* Aligarh 1955
Bruce B. Lawrence, *Morals of the Heart,* New York 1992

*

FREITAG, den 26. Schawwal 707/20. April 1308.
Nach dem Gebet wurde mir das Glück zuteil, [dem Meister] die Füße zu küssen. Es wurde von der »Herzensgegenwart« des Vorbeters und der Gemeinde beim Gebet gesprochen. Der Meister sprach: »Der Anfang der Herzensgegenwart ist, daß was immer der Betende rezitiert, der Sinn davon in sein Herz herniedersinkt.« Dann sprach er: »Unter den Jüngern von Schaich ul-Islam Baha'uddin Zakariya war ein Mann, der Hasan Afghani genannt war. Dieser Mann war ein Großer, der aus einem anderen Lande gekommen war, so daß Schaich Baha'uddin Zakariya zu sagen pflegte: »Wenn Gott mich am Auferstehungstage fragen wird, ›Was bringt Ihr in unser Haus?‹ dann wird meine Antwort sein: ›Ich habe Hasan Afghani gebracht.‹«
Einmal ging dieser Hasan durch eine Gasse und kam bei einer kleinen Moschee vorbei; der Gebetsrufer rief gerade »Gott ist groß«, der Imam hatte sich hingestellt und die Gemeinde stellte sich hinter ihn. Auch Khwadscha Hasan trat in die Moschee ein und stellte sich hinter den Imam. Als das Gebet vorbei war und die Leute fortgegangen waren, näherte sich Khwadscha Hasan dem Imam und sagte zu ihm: »Herr – als Ihr mit dem Gebet begonnen habt, da stand auch ich in der Reihe hinter Euch. Ihr seid dann im Gebet von hier nach Delhi gegangen; dort habt ihr Sklavinnen gekauft, seid von dort zurückgekehrt und habt diese Sklavinnen nach Chorasan gebracht; von dort aus seid ihr nach Multan zurückge-

kommen und wieder in die Moschee eingetreten. Ich bin immer hinter Euch hergewandert – was ist denn das für ein Gebet?«

Nachdem der Meister die Größe dieses Mannes beschrieben hatte, sagte er: »Einmal haben die Leute an einem Ort eine Moschee gebaut. Khwadscha Hasan Afghani kam dorthin. Er sagte zu den Bauleuten: ›Die Richtung der Gebetsnische ist nach dort, denn die Qibla liegt an jener Seite!‹ Dabei deutete er auf eine Seite. Ein Gelehrter war anwesend, der fing Streit an und sagte: ›Nein, die Richtung zur Kaaba ist nach der anderen Seite.‹ Kurz, zwischen den beiden fielen viele Worte, und schließlich sagte Khwadscha Hasan zu dem Gelehrten: ›Dreht Euch mal nach der Seite hin, die ich gezeigt habe, und seht genau hin.‹ Der Gelehrte wandte sein Gesicht dorthin, und die Kaaba erschien ihm genau gegenüber, da, wo Khwadscha Hasan es gesagt hatte.«

Danach erzählte der Meister die Umstände Hasan Afghanis ausführlich und breit und sagte: »Er war Analphabet *(ummī)* [1]; er konnte überhaupt nicht lesen. Die Leute kamen zu ihm und legten ihm Papier oder Holztafeln vor, auf denen Zeilen geschrieben waren; manche Zeilen waren Prosa oder Poesie, und manche Arabisch, manche Persisch. Es konnten mehrere Zeilen auf einer Tafel sein, wobei ein Koranvers dazwischen geschrieben war. Wenn sie ihn dann fragten: »Was in den Zeilen ist der Koranvers?« dann deutete er auf den Koranvers und sagte: »Dies hier!« Die Leute sagten: »Ihr könnt den Koran nicht lesen – wie könnt Ihr denn wissen, welches Koranverse sind?« Er sagte zu ihnen: »Ich sehe in diesen Zeilen ein Licht, das in den anderen Zeilen nicht vorhanden ist.«

Von der Behandlung der Zustände dieses Großen ging das Gespräch auf die Welt der völligen Auslöschung im Genuß des Gebetes über. Der Meister sagte: »Es war einmal einer, der Khwadscha Karim hieß. Der war anfangs ein Schreiber in

---

1 *ummī*, »des Lesens und Schreibens unkundig« war auch eine Bezeichnung des Propheten (jedenfalls wird das Wort, Sura 7/157–8, von den Mystikern so verstanden). Zahlreiche Fromme waren Analphabeten, hatten aber eine starke seelische Macht.

Delhi. Schließlich zog er es vor, sich von den Geschäften dieser Welt zurückzuziehen, und wurde endlich einer von denen, die Gott erreicht haben. Er pflegte zu sagen: »So lange mein Grab in Delhi ist, wird kein Ungläubiger die Stadt erobern können.«

Während der Meister die Herzensgegenwart Khwadscha Karims im Gebet darlegte, sagte er: »Eines Tages verrichtete er das Abendgebet außerhalb des Kamal-Tores. In jenen Tagen war gerade ein Aufruhr unter den Mewatis[1] ausgebrochen und niemand sollte abends in die Umgebung des Tores oder auf die andere Seite gehen. Khwadscha Karim war ganz im Gebet versunken. Seine Freunde standen innerhalb des Tores und riefen dauern: ›Komm doch schnell in die Stadt!‹ Auch der Torwärter machte Lärm. Aber Khwadscha Karim vollendete sein Gebet mit voller Herzensgegenwart und ging dann hinein. Die Leute sagten zu ihm: ›Habt Ihr denn unsere Stimmen nicht gehört?‹ Er sagte: ›Nein.‹ Die Leute sagten: ›Das ist sonderbar – wir haben soviel Lärm gemacht und ihr habt unsere Stimmen nicht gehört?‹ Er meinte: ›Sonderbar wäre es, wenn jemand mit dem Gebet beschäftigt ist und er könnte noch irgendwelche Geräusche hören!‹«

Danach sagte der Meister: »Seit Khwadscha Karim sein Angesicht zu Gott wendete, hatte er sein Leben lang keinen Dinar und keinen Dirhem mehr bei sich.«

Danach sprach er – Gott gedenke seiner mit Gutem! – darüber, wie man die Welt und ihre Annehmlichkeiten verlassen sollte. Er gab den Rat: »Man muß hohes seelisches Streben üben; man darf sich nicht mit den Lockungen der Welt befassen und muß die Hand von sinnlichen Lüsten abziehen.«

Dann kamen von seinem gesegneten Mund zwei Verszeilen:

> Erheb dich von den Trieben, die du noch hast,
> Daß vor dir tausend Schöne erscheinen bald![2]

---

1 Die Mewati leben in der Umgebung Delhis; sie verursachten immer wieder Unruhe in der Hauptstadt und galten lange als nur wenig islamisiert.

2 d. h. nach Aufgabe der niederen Lüste wird die Seele mit der Schau geistiger Schönheiten beglückt.

Aus den Fawā'id al-fu'ād

27. DSCHUMADA al-achira 708/17. Dezember 1308

Mir ward das Glück zuteil, [des Meisters] Füße zu küssen. Das Gespräch drehte sich um »schöne Geduld« (vgl. Sura 12/18; 83) und darum, daß diejenigen, die beim Tode ihrer Lieben Geduld üben, etwas sehr Gutes tun, im Gegensatz zu denen, die über die Sterbenden ein großes Jammern beginnen und, ihren Namen rufend, Klagegeschrei anheben – das ist durchaus keine gute Tat.

In diesem Zusammenhang sprach der Meister: »Man sagt, daß Hippokrates zwanzig Söhne hatte, und alle zwanzig starben an einem Tage, als ein Dach über ihnen zusammenbrach und alle vernichtet wurden. Als die Leute dem Hippokrates diese Nachricht brachten, änderte sich seine Laune nicht im geringsten.«

In dieser Hinsicht äußerte der Meister [ferner] folgendes: »Die Leute brachten Madschnun die Nachricht, daß Laila gestorben sei. Da sagte er: Ich verdiene Strafe, weil ich jemanden geliebt habe, der sterben kann.«

Als der Abend – der Freitag Abend – kam, erschien eine Frau vor dem Meister und vollzog den Anschluß an ihn. Er sprach im Detail von den guten Resultaten, die die Tugend der Frauen bringt. Dabei sagte er: »In Indarpat war eine Frau namens Fatima, die in Keuschheit und Frömmigkeit einen außerordentlich hohen Grad erlangt hatte, so daß der gesegnete Meister Scheich Fariduddin mehrmals äußerte: ›Diese Frau ist ein Mann, die in Gestalt einer Frau [zur Welt] gesandt ist.‹«[1]

Danach sagte er: »Ein Derwisch sollte folgendermaßen beten: ›Bei der Ehre der guten Frauen und der guten Männer!‹ und dabei zuerst die guten Frauen erwähnen, weil die guten Frauen selten sind.« Dann sagte er: »Wenn ein Löwe aus dem

1 *mard* »Mann« ist der Gottesmann, der sich von den gewöhnlichen Menschen, die sind »wie das Vieh, nein noch irregeleiteter« (Sura 7/179) durch seine unmittelbare Gottesnähe unterscheidet. Auch eine Frau kann in diesem Sinne ein »Mann« sein.

Walde kommt, dann fragt keiner, ob es ein männlicher oder ein weiblicher Löwe ist!« D. h., die Kinder Adams sollen sich dem Gehorsam und der Frömmigkeit widmen, ob sie Männer seien oder Frauen. Dann, nachdem er die Tugenden dieser fest verwurzelten Frommen dargelegt hatte, kamen diese beiden Verszeilen von seinen gesegneten Lippen:

Komm ich als Guter, zählt man mich zu ihnen,
Und bin ich schlecht, vergibt man mir mit ihnen.

*

20. SCHAWWAL 708/4. April 1309

Mir ward das Glück zuteil, [dem Meister] die Füße zu küssen. Man sprach von Schaich Osman Khairabadi. Er sagte: »Das war ein sehr großer Heiliger; er hat auch einen Kommentar zum Koran geschrieben.« Danach belehrte er uns: »Er wohnte ein Ghazna. Er kochte Gemüse und verkaufte es, Rettiche und Rüben und so – solche Sachen kochte er in seinem Kessel und verkaufte [die Speise].«

Dann wurde von Gnadengaben aus der unsichtbaren Welt gesprochen. Da erklang von der gesegneten Zunge des Meisters dieser Vers:

Gott gab einem Hirten des Prophetentums Krone –
Was wüßte ein Hirt vom Prophetenamt sonst?[1]

Mit dem Hirten ist Moses gemeint. Dann erklärte er den Zustand von Schaich Osman und sagte: »Wenn jemand zu ihm kam und falsche Münzen gab, als seien sie echt, so nahm er die Münzen an, selbst wenn er wußte, daß sie falsch waren; aber er sagte dem Käufer nichts ins Gesicht, und er gab jedem Suppe, ob er nun mit echten oder falschen Münzen zahlte, so daß die Leute vermuteten, er könne nicht zwischen echt und falsch unterscheiden. So kamen viele Leute und gaben ihm Falschgeld, was er auch als solches erkannte, jedoch nicht offen zeigte, und er gab weiterhin seine Suppe dafür. Als die Zeit seines Hinscheidens kam, wandte er sein Gesicht zum

1 Nach islamischer Auffassung hat jeder Prophet für eine Zeitlang als Hirte gewirkt; das bekannteste Beispiel ist Moses.

Himmel und sprach: »O erhabener Gott! Du weißt besser als andere, daß die Leute mir Falschgeld gegeben haben und ich es, obgleich ich wußte, daß es falsch war, angenommen habe und nicht darauf geachtet habe. Falls von mir falscher Gottesdienst getan worden ist, dann nimm Du den bitte auch in Deiner Gnade an und weise ihn nicht zurück!«

Danach sagte der Meister: »Eines Tages kam ein Derwisch voller Herzensweisheit zu ihm und bat um Speise aus seinem Topf. Schaich Osman senkte die Schöpfkelle in den Topf, und als er sie herausholte, war sie mit Perlen und Juwelen gefüllt. Als der Derwisch das sah, sagte er: ›Was soll ich denn damit?‹ Als Schaich Osman wiederum seine Kelle in den Topf tauchte, da kam ganz und gar Gold heraus. Der Derwisch sagte: ›Erst waren's alles Kiesel, und jetzt ist alles Stein – was nützt's! Hol doch mal was anderes aus dem Kessel, damit ich's essen kann!‹ Als der Schaich das dritte Mal den Schöpflöffel in den Topf tauchte, da kam das Gemüse heraus, das er gekocht hatte. Als dieser Derwisch da sah, sagte er zu Schaich Osman: ›Ihr werdet nicht länger in dieser Welt bleiben!‹ Und nach ein paar Tagen verließ Schaich Osman diese Welt.«

Danach sagte der Meister – Gott gedenke seiner im Guten! –: »Als diesem Derwisch ein solches Wunder enthüllt ward, da konnte er nicht mehr in der Welt bleiben. Der Weise Sana'i hat in diesem Sinne einen Vers geschrieben:

Zeig deine seelenerleuchtende Schönheit nicht –
Wenn du sie zeigst, dann verbrenne die Raute im Licht!
Was ist die Schönheit? Es ist die Trunkenheit dein!
Was ist die Raute? Es ist dein eigenes Sein![1]

Danach sagte er: »Daß die Heiligen etwas offenkundig zeigen, kommt von ihrem Rausch, weil sie zu den Berauschten gehören. Davon verschieden sind die Propheten, die ›nüchtern‹ sind. Der Weise Sana'i hat von einem solchen Rausch ge-

---

1 *sipand,* Rautensamen, wird gegen den bösen Blick verbrannt. Vor der Schönheit des Geliebten soll der Mensch sich, sein Herz oder seine Leber zu *sipand* machen, d. h. sich vernichten, damit die absolute Schönheit nicht »vom bösen Blick getroffen wird, falls sie offenbar wird.«

sprochen, nämlich wenn ein Derwisch das Geheimnis verkündet, dann ist sein Tod nicht weit entfernt. Sana'i hat das folgendermaßen ausgedrückt:

Was ist die Schönheit? Es ist die Trunkenheit dein.
Was ist die Raute? Es ist dein eigenes Sein!«

Dann erging von seiner heiligen Zunge die Lehre: »Wunder zu enthüllen ist auf dem Wege der Menschen ein Schleier. Bei geradem Weitergehen ist die Grundlage die Liebe. Man hat in der Liebe zu arbeiten. Gott sei dafür gelobt.«

*

Um die Kuppel des Mausoleums von Gesudaraz in Gulbarga ist das berühmteste Gedicht dieses Sufis geschrieben:

DIE von dem Pokal der Liebe trunken
Und vom Wein des Urvertrags berauscht,
Mühen sich bald im Gebet asketisch,
Dienen Götzen bald und trinken Wein.
Was sie auf das Daseins Tafel sahen,
Tilgten sie – nur nicht des Freundes Bild;
Jenseits flogen sie des Gottesthrones,
Saßen in der Klause »Wo-kein-Ort«;
Schämen sich, zu nehmen, zu verweigern;
Einigung und Trennung gilt nicht mehr;
Sie, das Vorwort für das Buch des Daseins,
Wurden Titelblatt der Ewigkeit.
Frei von »Sei! – Es ward!« sind sie geworden –
Sind ihr eignes Kommen sie und Geh'n!

ابن عباد الروندى

Ibn 'Abbad von Ronda

gehört zu den großen Kommentatoren der Werke Ibn 'Ata'ullahs. Seine Briefe, in mehreren Sammlungen erhalten, zeigen ihn als Seelenführer, der sich, in der Tradition der frühen Bagdader Schule, mit den feinsten Regungen der menschlichen Natur befaßt und der Gott eher in der »Bedrückung» (qabḍ) *erkennt, als in der umfassenden Freude* (basṭ); *denn in der Bedrückung ist dem Menschen nichts als Gott geblieben, für dessen wunderbare Werke man immer und allezeit dankbar sein soll. Der spanische Gelehrte M. Asín Palacios hat vermutet, daß solche Lehren, wie sie von dem teilweise in Salé, teilweise als Prediger in Fes wirkenden Ibn 'Abbad, dem Führer der Schadhiliyya (gest. 1390), vorgebracht wurden, auf die Entwicklung der spanischen Mystik Einfluß gehabt haben könnten, etwa auf das Konzept der »dunklen Nacht der Seele.«*

Ar-Rasā'il aṣ-ṣughrā, Lettres de direction spirituelle, ed. Paul Nwyia S. J., Beirut 1957
Paul Nwyia S. J., *Ibn 'Abbād de Ronda,* Beirut 1961
M. Asín Palacios, »Šadilies y Alumbrados«, *Al-Andalus* IX 1944, XVI 1951

*

Aus den Rasā'il aṣ-ṣughrā, den Kleineren Briefen.
Brief 7, der von den Rängen der Menschen in Geduld und Zufriedenheit bei Heimsuchungen spricht.

LOB SEI Gott alleine. Ich habe Euren Brief erhalten, in dem Ihr die Frage nach Geduld in Heimsuchungen erwähnt und schreibt, daß Ihr uneins darüber seid. Aber es gibt darin keine Komplikationen und nichts, das Uneinigkeit erfordere. Denn

Geduld in Heimsuchungen ist einer der Standplätze der »Gewißheit« *(yaqīn)* und folgt dieser in Stärke und Schwäche, in Zunahme und Abnahme. Geduld besteht daraus, sich von der Ausführung willensmäßiger Taten und Worte zurückzuhalten, die dem Gottesgesetz und der göttlichen Wahrheit widersprechen und mit der normalen Anlage und der Natur übereinstimmen. Das ist in dieser Art nur möglich für jemand, dessen Gewißheit stark ist und dessen selbstische Eigenschaften schwach sind. Doch wer außerordentlich schwach an Gewißheit und stark an selbstischen Eigenschaften ist, der ist dazu nicht imstande und kann es nicht aushalten, sondern überläßt sich den Erfordernissen seiner Natur ohne Hemmung und ohne Hinderung, so daß er manchmal sich dem Unglauben nähert – Gott bewahre uns davor! –, indem er Gott Grausamkeit zuschreibt.

Die Menschen unterscheiden sich zwischen diesen beiden Haltungen in unendlich vielen Graden, so wie sie sich auch in der Gewißheit unterscheiden. Denn wessen Gewißheit sehr stark ist, der findet keinen Schmerz in der Heimsuchung, vielmehr hält er sie für angenehm und genießt sie. Das gehört zu den höchsten Rängen der Liebe und der Zufriedenheit. So erzählt man von Sari as-Saqati, daß man ihn gefragt habe: »Fühlt der Liebende Schmerz?« Er sagte: »Nein!« Und man fragte: »Und wenn er mit dem Schwert geschlagen würde?« Er sagte: »Selbst wenn er siebzigmal hintereinander mit dem Schwert geschlagen würde!« Niedriger als dies ist es, wenn man den Schmerz im Herzen angenehm empfindet, aber ihn im Körper verspürt, wie gesagt wurde: »Zufriedenheit ist die Freude des Herzens mit dem bitteren Geschick.« Abu Ya'qub an-Nahradschuri hat gesagt: »Wenn der Mensch die Wahrheit der Gewißheit in Vollkommenheit erreicht hat, wird die Heimsuchung für ihn Gnade und die Entspannung etwas schwer zu Ertragendes«. Unter diesem [Rang] ist es, daß es [dem Menschen] gleich ist, ob er Schmerz fühlt oder nicht. Bemächtigt sich aber seiner eine Abschwächung in seiner Gewißheit, so verläßt er diese Rangstufen, und seine Brust wird beengt, weil ihm die Ausweitung fehlt, die aus

dem Lichte der Gewißheit resultiert, und das führt ihn zu Klagen und Beklommenheit. Man rechnet schon den Ausruf des Menschen »Keine Macht und keine Stärke als bei Gott!« während einer Heimsuchung zu den Zeichen der Verengung der Brust. Und das gehört zu den Übeltaten der Gott Nahestehenden, die [noch] zu den Guttaten derer gehören, die [beim Gerichtstag] zur Rechten stehen werden.[1] Man rechnet auch das Seufzen des Kranken zur Klage und erklärt es für etwas, was gegen den Menschen [von den Schreiberengeln] aufgeschrieben wird.[2] Tawus mißbilligte das Seufzen in der Krankheit. Und in einigen Überlieferungen wird berichtet, daß Zakariya einmal seufzte, als ihm die Axt auf den Scheitel gelegt wurde. Da offenbarte Gott der Erhabene ihm: »Wenn noch ein zweiter Seufzer von dir zu Mir aufsteigt, dann werde ich wahrlich Himmel und Erde übereinanderschlagen!«[3]
Wenn der Mensch sich nun von diesen Dingen enthält und davon, seine Prüfung bekannt zu machen, indem er in Klagen Erquickung findet, so ist er ein Geduldiger, der »schöne Geduld« übt, so wie Gott in Seinem Buch sagt, als er von Seinem Propheten Jakob – über ihn der Friede! – sagt: »Und schöne Geduld!« (Sura 12/18). Man sagt: das sei diejenige, in der es kein Klagen gibt und kein Offenkundigmachen. Und wenn jemandem solches geschieht und er enthält sich dessen, was darüber hinausgeht, nämlich übermäßigen Klagens und offenkundigen Grolls und Überschreitens der Grenze des Wissens (?) und offenkundigen Verdrusses und Scheltens, dann hat er auch noch einen Standort in der Geduld, aber nicht so, wie der Standpunkt der Elite es ist. Wenn aber all diese Zeichen von ihm geäußert werden, dann verläßt er die Grenzen

1 »Die Guttaten der Frommen sind die schlechten Taten derer, die Gott nahegebracht sind«, d. h. diejenigen, die Gott nahestehen, werden strenger gemessen, und was für die normalen Frommen ein gutes Werk ist, wird ihnen noch als Fehler angerechnet.
2 Nach koranischer Auffassung begleiten zwei Schreiberengel jeden Menschen, um seine Gedanken und Worte niederzuschreiben, damit das Buch dann beim Jüngsten Gericht vorgelegt wird.
3 Zakariya, der Vater Johannes des Täufers, wurde nach der Legende in einem hohlen Baum, wo er sich verborgen hielt, durchgesägt.

der Geduld ganz und gar und tritt in ihr Gegenteil ein, und das ist Groll. Und wenn er dann sieht, wie schlecht seine Handlungsweise ist und er bringt sich dazu, davon abzustehen, und das bedeutet für ihn eine Anstrengung, so ist er *mutaṣabbir,* einer, der sich um Geduld bemüht, d. h., sich anstrengt, Geduld zu erreichen, so wie *tazahhud* bedeutet, sich um Askese zu bemühen. Darunter gibt es keinen erwähnenswerten Standort und keinen beneidenswerten Zustand.

Daraus folgt, daß das Schmerzempfinden mit der Geduld nicht unvereinbar ist, solange der Mensch keinen Eigenwillen dabei hat, während die willkürlichen Handlungen, welche das Schmerzempfinden im Gegensatz [zu den Vorschriften] des Gottesgesetzes und der göttlichen Wahrheit auslöst, der Geduld widersprechen. Diese aber vermindert und vermehrt sich und nimmt zu und ab gemäß den Rängen der Gewißheit, welche wiederum grundsätzlich aus drei Stufen besteht, wie sie im Koran erwähnt werden: *ʿilm al-yaqīn,* »Wissen der Gewißheit, gewisses Wissen«, *ʿain al-yaqīn,* »Essenz – oder Auge – der Gewißheit, Schau« und *ḥaqq al-yaqīn,* »Wirklichkeit der Gewißheit, wahre Gewißheit« (vgl. Koran Sura) 102/5; 102/7; 56/95). Jeder dieser Aspekte hat ungezählte Rangstufen. Ein Gnostiker hat gesagt: »Der Mensch erfährt nicht wirkliche Gewißheit, bis nicht alle sekundären Ursachen zwischen ihm und Gott vom Gottesthron bis zum Staub abgeschnitten sind, so daß sein Ziel nur Gott ist, nichts anderes, und er Gott allem, was nicht Er ist, vorzieht«. Und das Zunehmen in der Gewißheit hat kein Ende – wenn immer man über den Glauben nachdenkt und meditiert, nimmt man immer mehr an Gewißheit zu.

Möge Gott uns davon reichlichsten Anteil schenken durch seine Güte und Gnade!

نسیمی

Nesimi

gehörte der Sekte der Hurufis an und erregte durch seine kühnen Ansprüche, die er in poetischer Form auf Türkisch vortrug, den Zorn der Orthodoxie, so daß er 1405 in Aleppo grausam hingerichtet wurde. So folgte auch er seinem Vorbild, Mansur al-Halladsch, dessen Ruf »Ich bin die Absolute Wahrheit« er in seinen Versen in mannigfacher Form wiederholte.

E.H.W. Gibb, *History of Ottoman Poetry*, 6. Bde., London–Leiden 1901–1909

*

ICH bin die Wahrheit! ruf ich stets:
  Mansur-gleich Gott mir Sieg verleiht!
Wer ist es, der ans Kreuz mich schlägt,
  da dieser Stadt bekannt ich weit?
Der Frommen Qibla bin ich ja,
  der Liebenden Geliebter auch,
Der kleinen Schar bin ich Mansur,
  zum Himmelsheiligtum geweiht.
Bin Moses, der mit Gott allzeit
  vertrauliche Gespräche führt,
Mein Herz ward Offenbarungsort:
  bin Sinai voll Herrlichkeit!
Ich stieg zu deiner Braue auf
  in Himmelfahrt »zwei Bogen weit«; (Sura 53/9)
Von Kopf zu Fuß ward ich zu Licht
  in seliger Vereinung Zeit!
Ich trank beim Fest des Urvertrags
  vom Wein der Einheit einen Schluck –

Von jenem Schluck bin ich berauscht
und trunken bis in Ewigkeit.
»Beim Morgenlicht« (Sura 93/1) ist dein Gesicht,
und »Bei der Nacht« (Sura 92/1) dein schwarzes Haar:
Dein Mundrubin war Heilung mir:
ich war ja nicht vor Schmerz gefeit.
Wohin ich immer wende mich,
da zeigt der Freund dem Blicke sich;
Daß ich durch Gram um ihn vergrämt,
ist, was mich tröstet und erfreut.
Ich bin der Holde ungesehn,
bin eins mit allen, die bestehn,
Ich bin die Rede Gottes auch:
man nennt im Herzen mich allzeit.
Den achtzehntausend Welten ist
mein Sein der Spiegel, der sie zeigt,
Auch bin ich des Erbarmers Bild,
verhüllet vor des Pöbels Neid.
Verborg'ner Schatz, jetzt offenbart:
auch sein Geheimnis bin nur ich,[1]
Bin die Essenz, die sonnengleich
der Welt enthüllt ist weit und breit.
Bin ich, Nesimi, die Essenz,
hab ich euch meinen Schatz gezeigt:
Ich bin zerstört und bin verstört –
seht, wie ich glücklich war, ohn' Leid!

1 Eine Anspielung auf das Gotteswort »Ich war ein verborgener Schatz.« Das ganze Gedicht ist äußerst kühn in seiner Selbstvergottung.

قايغوسز ابدال

Kaygusuz Abdal

gehört zu den Bektaschi-Derwischen; über sein Leben ist kaum etwas bekannt. Er scheint aus Rumeli, der europäischen Türkei, zu stammen (15. Jahrhundert) und soll in Kairo begraben sein. Unter den mystischen Volksdichtern fällt er durch seine »Unsinns-Poesie« auf, durch grobe Verspottungen der verfeinerten mystischen Liebeslyrik, und stellt einen höchst interessanten Typus des wandernden Derwisches dar, der sich wohl auch manchesmal mit Drogen entrückt hat; kaygusuz *»sans souci« ist ein Deckwort für Haschisch. Unter seinen Gedichten ist am berühmtesten die Beschreibung der Erziehung der* nafs, *der Triebseele, die trotz ständiger Bemühungen in der vierzigtägigen Klausur nicht »gekocht« wird: die volksliedhafte Gestaltung eines Zentralthemas der Sufi-Literatur.*

Kaygusuz Abdal, Hatayi, Kul Himmet (Varlik Klasikleri), Istanbul 1953

*

KAUFT' eine Gans von einer Frau,
Lang wie ein Rohr der Hals, o schau –
Da werden vierzig Heil'ge grau:
  Vierzig Tage kocht ich sie, sie wurde doch nicht gar!

Das Holz zerhackten unser acht,
Neun haben's Feuer angemacht –
Die Gans hebt ihren Kopf und lacht!
  Vierzig Tage kocht ich sie, sie wurde doch nicht gar!

Ich kauft' für gutes Geld sie ein;
Ihr Fleisch ist härter noch als Bein,

Nicht Kessel blieb, nicht Kelle mein:
  Vierzig Tage kocht' ich sie, sie wurde doch nicht gar!

Nennt man das Gans, dies tolle Tier?
Blieb vierzig Jahr' am Weltberg schier –
Sie glättet Schwanz und Flügel hier:
  Vierzig Tage kocht' ich sie, sie wurde doch nicht gar!

Wir setzten sie nun in den Herd,
Doch flugs sie aus der Pfanne fährt.
Was soll denn das, mein Bruder wert?
  Vierzig Tage kocht' ich sie, sie wurde doch nicht gar!

Der Flügel meiner Gans bebt leicht.
Ein Schaf hat einen Fuchs gesäugt.
Aus Noahs Zeit stammt sie vielleicht –
  Vierzig Tage kocht' ich sie, sie wurde doch nicht gar!

Gelb ist der Flügel meiner Gans,
Kein Fleisch an Knochen oder Schwanz –
Weib, das vergess ich dir nicht ganz!
  Vierzig Tage kocht' ich sie, sie wurde doch nicht gar!

Der Flügel meiner Gans ist bunt.
Geh, lebe wohl und bleib gesund.
Bring Unglück nicht auf unsern Grund!
  Vierzig Tage kocht' ich sie, sie wurde doch nicht gar!

Wir streuten Grütze in die Brüh',
Die rief »Allah!« und fort flog sie.
Sag mir, was ist das nur allhie?
  Vierzig Tage kocht' ich sie, sie wurde doch nicht gar!

O Kaygusuz, was soll geschehn?
Vertrag und Treue doch bestehn!
Nimm deine Matte, laß uns gehn –
  Vierzig Tage kocht' ich sie, sie wurde doch nicht gar!

KRUMM und Schiefes rede ich,
  grüne Pflaume jedes Wort –
Wie ein Storch durchwandle ich
  fremd die Weite, Stund um Stund.
Meines Lebens Ernte ging,
  und ich kenn' mich selber nicht;
Keinen Tag schloß ich mich an
  einem, dem die Wege kund.
Ruft die Liebesvögel man,
  gibt die Liebes-Körner dann,
Schreie wie die Ente ich,
  tappe wie die Trappe rund.
Noch ließ ich die Ichheit nicht,
  kenne Menschlichkeit noch nicht;
Wie ein Mensch seh ich zwar aus –
  doch ein Esel spricht im Grund.
Wenn sie in der Weisen Kreis
  sprechen von Erkenntnis hoch,
Denke ich nicht viel – sogleich
  heule laut ich wie ein Hund.
Ich bin auch Geschöpf des Herrn,
  aber stumpf und kenntnislos;
Wie verstört entfliehe ich
  aus der weisen Männer Bund.
Nichts weiß von Erkenntnis ich,
  dumm, ganz ohne Wissenschaft –
Fragen sie mich nach dem Sinn,
  strauchelnd hinkt das Wort vom Mund.
Armer du, du täuschtest dich,
  wurdest deines Fleisches Knecht,
Gier und Lüste fingen dich –
  in der Falle sitzst du, wund!

*

ICH SPRACH: »Wie schön bist du, mein Schatz!«
  »Du bist ein freches Stück!« – spricht's, geht.
»Du bist ein unbehau'ner Klotz,
  Du bist ein freches Stück!« – spricht's, geht.

»Guck deine Ziegendecke an –
Und sowas sagt, er liebte mich?
Dein Ziel ist wohl der Kadi, nicht?
  Der find' dir einen Strick!« – sprich's, geht.

»Sein Bett das alte Aschenloch,
Nur Schmutz und Ruß von Kopf bis Fuß,
Sein Saum schleppt hin im Straßenschlamm,
  Geh weg, du Hinkebein!« – spricht's, geht.

Ich sprach: »Wie wär's, du Reizender,
Gäb mir dein Mund mal einen Kuß?«
»An deine Stirn ein Schleuderstein,
  Holzhammer ins Genick!« – spricht's, geht.

Landstreicher, zieht er durch die Welt,
Die Sohlen sind zerfetzt, zerspellt,
Trompete an die Hüfte schlägt,
  Die Klampfe tiktatik spricht, geht.

Ich floh und floh und kam nicht los
von dieses frechen Kerles Hand.
An jedem Morgen steht er da,
  »Nur Gott! Nur Gott!« schreit er – spricht's, geht.

»Dem Kaygusuz gefallen wohl
Pilav, Gesottnes, Safranreis –
Wär noch ein Herd voll Brote da,
  Wär's recht schön weich und dick!« – spricht's, geht.

مولانا عبدالرحمن جامی

‘Abdur Rahman Dschami

verbrachte sein Leben meist in Herat, der Hauptstadt der Timuridenfürsten. Er gehörte dem Naqschbandi-Orden an, der damals in Afghanistan und Zentralasien eine wichtige politisch-kulturelle Rolle spielte. Dschami gilt als der »letzte klassische Dichter« Irans; er zeichnete sich nicht nur in einer *dichterischen Form aus, sondern beherrschte epische und lyrische, mystische und profane Dichtung gleichermaßen. Sein umfangreicher lyrischer Diwan zeigt seine oft atemberaubende rhetorische Kunst; seine* Nafaḥāt al-uns, *»Hauche der Vertrautheit« sind eine Neubearbeitung der Heiligenviten, die vierhundert Jahre vor ihm sein Landsmann ‘Abdullah-i Ansari ins Persische übersetzt hatte; sie sind eine wichtige Quelle vor allem für die spätmittelalterliche Mystik. In seinen* Lawā'iḥ *nimmt er die Form auf, die ‘Iraqi in seinen »Strahlungen« verwendet hatte (einem Büchlein, das Dschami auch kommentierte): Reimprosa-Essays mit eingestreuten Versen, in denen die All-Einheitslehre besungen wird. In seinen* Haft Aurang *(Sieben Throne, oder* Ursa Major) *hat Dschami sieben Mathnawī*s *zusammengestellt, deren einige, wie die* Silsilat adh-dhahab. *»Die Goldene Kette«, Naqschbandi-Gedanken poetisch ausdrücken, während* Yūsuf Zulaichā *die wohl schönste poetische Version der koranischen Geschichte von Joseph und dem Weibe Potiphars ist. Neben seinen dichterisch-mystischen Werken verfaßte Dschami auch philosophische und philologische Traktate, selbst ein Buch über Rätsel, die damals in der persisch sprechenden Welt sehr beliebt waren. Er wurde von seinen Zeitgenossen in Indien und der Türkei als unbestrittener Meister gepriesen; sein bescheidenes Grab in Herat, wo er 1492 starb, wird noch immer von Frommen besucht.*

Dīwān-i kāmil, hersg. von Hashim Riza, Teheran 1341sh/1962
Haft Aurang, hersg. Aqa Murtazavi-Mudarris Jilani, Teheran 1351sh/1972
Nafaḥāt al-uns, hersg. Mahdi Tauhidipur, Teheran 1336sh/1957
Lawā'iḥ, ed. and transl. by E. H. Whinfield and M. M. Kazwini, London 1906, repr. mit Vorwort von S.H. Nasr 1978
Tuḥfat al-aḥrār, The Gift of the Noble, ed. E. Forbes-Falconer, London 1848
F. Hadland Davis, *The Persian Mystics: Jami*, London s.d.
W. C. Chittick, »The Perfect Man as the Prototype of the Self in the Sufism of Jāmī«, *Studia Islamica* 1979
A. Rawan Farhadi, »L'amour dans les récits de Djami«, *Studia Iranica* 1975
J. Bečka, »Publications to celebrate the 550th anniversary of the birth of 'Abdu Raḥmān Jāmī«, *Archiv Orientální* 34/1966
Übersetzungen:
V. von Rosenzweig-Schwannau, *Jusuf und Zulaicha, ein romantisches Gedicht des Molla Dschami*, Wien 1824
F. Rückert, »Aus Dschamis Divan«, In L. Hirschberg, *Rückert-Nachlese*, Bd. 2, Weimar 1911; daraus sind die Proben aus dem *Diwan* entnommen.
David Pendlebury, *Yusuf and Zulaikha*, London 1980

*

Aus den Lawā'iḥ

DER ABSOLUT Schöne ist der Allgewaltige und Überreiche. Jede Schönheit und Vollkommenheit, die in allen Rangstufen sichtbar wird, ist der Glanz Seiner Schönheit und Vollkommenheit, die dort aufblitzen und durch welche die auf diesen Rangstufen Befindlichen die Qualität der Schönheit und die Eigenschaft der Vollkommenheit besitzen. Wen immer du als weise kennst, der ist es durch Sein Wissen, und wo immer du Einsicht siehst, ist es die Frucht Seiner Einsicht. Kurz, alle diese Seine Attribute haben sich vom Zenith der Ganzheit und Absolutheit herabgelassen und sich im Nadir der Partikularisation und Beschränktheit manifestiert, damit du vom Partikulären zum Gesamten wanderst und vom Beschränkten dich zum Absoluten wendest – daß du nicht das Teil als unterschieden vom Ganzen erkennest, noch im Beschränktsein vom Absoluten dich trennest.

Ich ging, zu schau'n die Rose,
als jene Nachtigall
Mich sah im Rosenhage.
Wie sie kokett gleich spricht:

»Ich bin der Grund – die Rose
ist nur ein Teil von mir!
Verbleibe du im Teile
getrennt vom Ganzen nicht!«

*

MIT holder Gestalt und mit rosigen Wangen –
was tust du?
Mit Ketten von Locken wie ringelnde Schlangen –
was tust du?
Die Schönheit, die absolute, erstrahlet
ja ringsum:
O Tor, in beschränkter Schönheit befangen,
was tust du?

*

WENN DER Mensch auch infolge seiner Körperlichkeit von äußerster Grobstofflichkeit ist, so ist er doch auf Grund seiner Geistigkeit von höchster Feinheit. Wohin er sich richte, er erhält dessen Wirkung; wohin er sich wende, er empfängt dessen Farbe. Deshalb haben die Weisen gesagt: Wenn die intelligente Seele mit Bildern entsprechend der Realität erleuchtet wird und mit den getreuen Wirkungen dieser Realität sich selbst verwirklicht, »dann wird sie, als sei sie die Ganze Existenz.«

Gleicherweise sind die gewöhnlichen Menschen, vermittels ihrer außerordentlich starken Anhaftung an diese körperliche Form, so geworden, daß sie sich selbst von ihr nicht unterscheiden und keine Differenz sehen. Und Maulana [Rumi] – Gott heilige seine Seele! – hat im *Mathnawi* gesagt:

O Bruder, du bist Denken nur –
Sonst bist du Nerv und Knochen nur.
Denkst Rosen du, wirst du ein Garten,
Denkst Dorn du: sieh den Ofen warten.[1]

---

1 Dieser Vers Rumis aus dem *Mathnawi* ist immer wieder von persischen und indischen Dichtern zitiert worden.

Es ist also nötig, daß du strebest und vor deinem eigenen Blick verborgen lebest, daß du dich zur Essenz wendend kräftigst und mit der Wirklichkeit beschäftigst.
Denn die Grade der Kreaturen sind alles Orte, da Seine Schönheit aufscheint, und die Rangstufen der Geschöpfe sind alle Spiegel Seiner Vollkommenheit. Und in dieser Art mußt du so lange fortfahren, bis Er sich mit deiner Seele verbindet und dein Sein aus deinem Blicke entschwindet, so daß, wenn du dich dir selbst zuwendest, du Ihm zugewandt bist, und wenn du von dir selbst sprichst, du von Ihm gesprochen hast und das Beschränkte das Absolute wird. »Ich bin die absolute Wahrheit« ist »Er ist die absolute Wahrheit.«

Wenn Rosen durch das Herz dir ziehn,
bist du die Rose all,
Und wenn's der Sprosser klagend ist,
bist du die Nachtigall.
Du bist ein Teil – die göttliche,
die Wahrheit ist das Ganze:
Bedenkst das All du allemal,
so bist du auch das All.

Wenn Seele sich mit Leib gemischt –
mein Ziel bist Du,
Im Leben und im Sterben mein –
mein Ziel bist du.
Wenn ich vergeh – Du bist es ja,
der ewig lebt,
Und sage ich auch »ich« von mir –
der Sinn ist »Du«.

Wann wird denn nun des Daseins Kleid zerrissen,
Daß »Schönheit Absolut« aufstrahlend blinke,
Mein Herz in ihrem Lichterglanz vergehe,
Im Sehnsuchtssturm die Seele ganz versinke?

Aus Silsilat adh-dhahab, »Die goldene Kette«.

Zum Tadel derjenigen, die Sitzungen mit lautem Gottgedenken arrangieren, um Leute anzulocken und ihren Lebensunterhalt zu sichern. [Diesen wird dann der wahre Sufi entgegengestellt, der ständig Gottes gedenket, auch wenn er mit weltlichen Werken beschäftigt zu sein scheint, und der so das Naqschbandi-Ideal von der *chalwat dar andschuman* »Einsamkeit in der Menge« personifiziert.]

DER SCHEICH schreit voll Getös und Ungebärde
Am Morgen laut, und Hay! Hay! ruft er nachts;
Früh rezitiert er Litaneien-Gruppen
Und hält sich selbst für einen von Gott's Truppen.
Den Kopf voll Stolz, das Herz voll Eigenliebe,
Den Rücken zum Mihrab, zum Volk das Antlitz!
Und rings um ihn gibt's eine Eselsherde,
Die in der Stadt ein groß' Geschrei anheben:
»Was für ein Scheich! – mit tränendem Gedenken
Kann er den Schmutz des Leichtsinns von euch
waschen!«
Dann plötzlich rennt ein Männchen durch das Tor
Und flüstert ihm geheimnisvoll ins Ohr:
»Der Meister X, Fürst Ypsilon kam an
Als ein Verehrer für den Gottesmann!«
Der Scheich und die Gefährten außer sich:
Vom Wein des Stolzes wurden sie berauscht.
So stark hob sich der Laut des Gottgedenkens –
Den Leuten wurde es schon bald zu drückend!
Von dem Geschrei, das Dächer spalten könnte,
Ward's ihnen trocken drin vom Mund zum Nabel:
Dem einen stand der Schaum schon vor dem Munde,
Mit eig'ner Hand schlägt er sich ins Gesicht;
Der andere riß Saum sich auf und Taschen
Und stieß gar jämmerliche Klagen aus;
Ein anderer, mit künstlichem Gejammer
Begann dann auch mit lügenhaftem Weinen,
Und jeder sagte, der dies Weinen sah:
»Ganz ohne Zweifel ist das Schwindel ja!«
So hatten ein paar Kalte sich erwärmt

Ganz ohne Scham vor Gott und den Geschöpfen!
Als dann der Scheich mit dem »Gedenken« fertig,
Begann er, Rede und Gespräch zu führen:
Von »Eingebung«, von »Inspiration«,
Vom Unterschied von »Zustand« und von »Standort«,
Mysterien zart der Gottes-Einheit deutend –
Doch alles war gemischt mit Nachgeplapper!
Von der »Verwirklichung« spricht er, doch macht ihn
Verwerflich diese Nachahmung, die leere!

Beispiel:
Ein Mandelkuchenbäcker, der aus Ärger
Die Mandelküchlein mal mit Knoblauch füllte –
Dann ruft des Kuchens äußre Form: »O wehe –
Was habe *ich* mit Knoblauchdunst zu schaffen?«
Doch mit Geruch und Schmack erklärt die Füllung:
»Seht hier, das ist des Kuchens wahre Füllung!«

Als nun der Scheich zum Schluß der Weisheitsworte
Gekommen war, da ruhte er vom Sprechen.
Er gab den Musikern alsdann ein Zeichen,
Daß sie die Melodien zum Reigen spielten.
Nun rührt' im Winkel sich ein schlechter Sänger,
Ein Töne-Macher, Melodien-Zwänger,
Ein Töne-Macher, in der Hand die Trommel –
Gerät ihm bald die Weise aus der Tonart,
Und so viel Schleim steckt ihm in seiner Kehle,
Daß statt des Texts er Husten produziert.
Ihn schmerzt der Hals von seiner Stimme Kratzen,
So sägt er dem Genuß die Kehle durch![1]
Als nun des Sängers Lied erscholl, geriet er
»Als Sufi in Verzückung« und sprang auf.
Die anderen alle folgten seinem Beispiel
Und tranken Wein vom Glas der Übereinkunft:

1 Eine Anspielung auf den sogenannten Säge-*dhikr*, das bei gewissen zentralasiatischen Türken übliche laute Gottesgedenken, das aus tiefster Kehle hervorgebracht wird und dem Geräusch einer Säge ähnelt.

Der eine dreht sich rechts, und links der andre,
Und ringsherum im Kreise Alt' und Junge;
Doch keiner nahm es mit dem Herzen an –
Wohl stampfend, doch im rechten Sinne nicht!
Sie alle tanzend zu der Flöte Klang,
Doch zum Verderben führte sie der Gang!

Der Tanz des Elenden führt zum Verderben,
Nicht »Tanzen« ist das Beben der Vollkomm'nen!
Der Vogel ihrer Seele schlägt die Schwinge,
Um frei von dieser Plackerei zu werden.
Wenn beide auch von ganz derselben Stimme
Und Melodie zum Reigen aufgesprungen,
So zieht der eine seinen Rock zur Sphäre,
Der andre aber sinkt tief in die Erde;
Der eine reibt sein Haupt am höchsten Himmel,
Der andre schleppt sein Gut tief untern Staub.
Die Krähe elend sitzt noch bei dem Falken,
Wenn beide sich von hier zum Flug bereiten.
Der Falke wohnt im Hause seines Königs,
Die Krähe fliegt zum Schatz in den Ruinen,
Denn jeden zieht es hin zur eig'nen Wohnstatt,
Denn jeder Vogel fliegt zum eig'nen Neste. –

Als dann zur Zeit, da sie es passend fanden,
Die Sufis sich von ihrem Reigen setzten,
Da brachten Koch und Küchendiener ihnen
Gewalt'ge Mengen Speise her und Essen.
Der ganze Tisch voll von verbot'ner Speise,
Und alles drauf war unerlaubtes Gut!
Das Brot vom Korn, das von des Dorfes Armen
Der Polizeichef mit Gewalt gestohlen;
Das Fleisch von jenem Steppenschaf, das kürzlich
Ein Türke bei dem Raubzug mitgenommen!
Was ich hier offenkundig aufgeschrieben –
Noch hundert andre Dinge gab's beim Mahle!
Der Preis des Halva und der Milchreis-Speise

Beschmutzt von solchen, deren Saum befleckt ist;
Die Frucht vom Garten einer armen Witwe:
Von dort war sie gewaltsam abgerissen!
Der Scheich und seine Freunde voll Begierde
Sie streckten nun die Hand zum Tafeltuche,
Und derart gierig waren sie, daß alle
Vergaßen selbst das Wort »Im Namen Gottes!«
Den einen überkam solch ein Gelüste –
Er fraß viel mehr als die Gefährten alle;
Er kaute seine Bissen rasch und wenig
Und überließ der Zähne Werk dem Magen.
Der andre guckte heimlich zu dem Nachbarn
Und zählte seine Bissen, seine Löffel,
Und wenn er sich beim Löffelzählen irrte,
Sagt' er ihm tausend unverschämte Worte:
»Das, was du tust, ist nicht gemäß der ›Sitte‹ –
Bereue schnell, daß du zuwiderhandelst!«
Er zeigt damit nur seinen Geiz, sein Sparen
Und macht ›die Sitte‹ zum bequemen Vorwand.
Der andre legt aus schierer Heuchelei
In Saum und Ärmel Bissen sich um Bissen:
»Als Segensgabe von der Armen Tische
Bring ich dies heim und gebe es den Meinen,
Denn diese Bissen tragen reichen Segen;
Wer davon ißt, wird ew'ges Heil erreichen!«
Das tut er zwar aus seinem niedren Triebe,
Jedoch verbrämt er's frömmelnd vor den Gästen. –
Als sie den Bauch mit Brot und Speis beladen,
Da hoben sie das Tischtuch auf vom Boden.
Der Scheich sprach für das geist'ge Wohlergehen
Der Auserlesenen die *Fatiha.*
Jedoch durch seine Heuchelei und Selbstsucht
Steigt sein Gebet nicht höher als sein Schnurrbart,
Und da durch ihre dreckig-niedre Seele
Ihr Atem keinen Weg nach oben findet,
Wird es zum Fluche, stinkend, der hernieder
Sinkt und den Bart und Schnurrbart nur beflecket.

Als nun das Wort »Wenn ihr gespeiset« kam
(Sura 33/53)
Da taten sie gemäß »Geht auseinander!« (Sura 33/53):
Sie alle mit dem Magen wohlgefüllt
Und alle mit Gedanken ganz verstreut,
Den Bauch wie eine Trommel vorgetragen,
So wendeten sie sich zum Schlafplatz hin.
Kein Funke von dem Licht des Gottgedenkens,
Und keine Spur von dem verzückten Reigen!
Des Gottgedenkens Frucht: nur Kopf- und Halsweh;
Des Reigens Resultat: nur Rückenschmerzen.
Ihr Essen hatte auch nur ein Ergebnis:
Es brachte ihnen nichts als Schlaf und Gähnen,
Und ihr Gespräch, in schöner Übereinkunft,
Bestand aus tausend Heuchelein und Lügen.

Der andre Scheich doch, vor dem Volk der Welt
Ein Musterbild im stillen Gottgedenken:
Das Aug' geschlossen und die Lippe stumm,
Die Seele abgetrennt von Laut und Stimme,
Den Kopf tief in des Kleides Saum geborgen –
Das heißt: »Gefallen in das Ganz Verborgne,
Hab' ich der Welt den Rücken zugewendet,
Mein Zelt errichtet auf des Nicht-Orts Gipfel!«
Und wenn ein Armer nur von ferne zittert,
So spricht der Jünger zu ihm ganz verstohlen:
»Geh fort, daß aus dem Abgrund des Mysteriums
Du nicht zur Küste ihn zurücke bringest!«
Der Scheich, ganz frei von Vorstellung und Denken,
Versunken in dem Ozean der Wünsche,
Gefesselt jetzt vom Denken an sein Weib,
Bekümmert nun von Sorgen um sein Kind,
Hat er sich manchmal auch in dem Gedanken
An seines Hauses Bau mannhaft ergriffen;
Bald gibt er sich für Markt und Laden aus,
Um ein paar Pfennige an Lohn zu finden;
Manchmal, voll Denken und Analogie,

Geht er ins Bad, zur Mühle und zum Schöpfrad;
Bald steigt er tief in den Kanal hinein,
Von dessen Wasser Kornfeld wächst und Gärtchen,
Und manchmal, wenn der böse Trieb ihn packt,
Setzt er den Fuß auch jenseits des Gesetzes.
Er blickt zur Frau und zu der Tochter lieb
Und zieht sie jede einzeln an die Brust;
Er streichelt seinem kleinen Sohn das Kinn
Und küßt ihn einmal oder zweimal süß.
Betört von ird'schen Dingen scheint er dir
Und sitzt in Gottes Gegenwart allhier!
Sein Herz gedenkt, und seine Lippe stumm,
Sein Herz ist still, und seine Seele braust.
Geheim spricht er das Gottgedenken aus,
Geheim geht er auf seines Glaubens Pfad,
Mit seinem Herz gedenkt er ehrlich, rein,
Nicht mit der Zunge, wie's die Heuchler tun ...

*

Aus dem Diwan

WAS FIEL ein dem Scheich, daß er gekrochen in
die Tonnen,[1]
Umgang mit der Welt gemieden, und mit sich begonnen!
Jeden Faden der Verbindung, den er brach mit andern,
Hat er wie der Seidenwurm all' um sich selbst
gesponnen.
Selber ist er Welt, und möchte doch der Welt entrinnen;
Doch wie kann der Welt entrinnen, wer nicht sich
entronnen!

1 Der Weise, der in der Tonne saß, wird im Islam meist nicht als Diogenes, sondern als Plato interpretiert. Weltentsagung hat keinen Sinn, wenn sie weiter mit Selbstsucht verbunden ist.

ZUR KAABA kam ich, und von da
  nach deinem Gaue tracht' ich;
Die Herrlichkeit der Kaaba nur
  als Bild von dir betracht' ich.
Als ich der Kaaba Vorhang sah,
  den schwarzen, vor Verlangen
Nach deinem schwarzen Haarvorhang
  die Hand zu strecken dacht' ich.
Als an der Kaaba Tür den Ring
  ich voller Demut faßte,
Dem Ringe deiner Moschuslock'
  ein Herzgebete bracht' ich.
Der Kaaba wandten Pilger zu
  das Antlitz ihrer Andacht,
Mit meinem Herzen gegen dich
  die Antlitzwendung macht' ich.
Mir war auf keiner Station
  ein Wunsch als du im Sinne,
Den Umgang und den Weihelauf
  im Suchen dein vollbracht' ich.
Gebete singend stand das Volk
  auf Arafat; dem Beten
Schließ ich den Mund, und dein Gespräch
  in stiller Brust beacht' ich.
Die Leut' auf Mina trugen viel
  Anliegen auf den Mienen;
Wie Dschami, ledig bin ich des,
  und nach dir einzig schmacht' ich.

*

WEHKLAGT eine herbstbetroffne Nachtigall im Gartenraum,
Zur Erkenntnis ihres Zustands aufgewacht aus ihrem Traum.
Das Geheimnis meiner Klage, spricht sie, kennet niemand als
Eine Nachtigall, die aus der Hand gab ihrer Rose Saum!

STRAHLORT der Schönheit unvergänglich,
Spiegel des Glanzes überschwänglich!
Dein Angesicht der schönste Schauplatz
Der Schau des Lichtes uranfänglich!

*

Aus Yusuf und Zulaicha.

SCHÖNHEIT und Liebe sind beide Vögel, die aus dem Nest der Einheit geflogen sind und auf dem Zweige der mannigfachen Manifestationen ruhen, und ob es die Weise der Macht des »Geliebtseins« sei oder das Klagen der Heimsuchung des »Liebendseins« – beide stammen von dort.

In jener Einsamkeit, da ohne Zeichen noch
Das Sein und alle Welt in Nicht-Seins Winkel lag,
Und da die Existenz von aller Zweiheit fern,
Vom Dialog des »Wir« und »Du« auch noch ganz fern
Die Schönheit Absolut, die noch erschienen nicht:
Sie leuchtete auf *sich* mit ihrem eignen Licht.
Ein herzberückend Lieb im Brautzelt des Verborgnen –
Ganz rein war ihr Gewand von der Vermutung Schande.
Kein Spiegel hatte noch ihr Angesicht gesehen,
Kein Kamm noch hatte je die Locken ihr berührt;
Noch hatt' der Morgenwind ein Haar ihr nicht geraubt,
Noch hatt' der Schminke Schwarz ihr Auge je erschaut.
Die Hyazinthe war nicht ihrer Rose nahe,
Noch hatte nicht ihr Grün die Rose hold verziert.
Von Schönheitsmal und Flaum war ihr Gesicht ganz rein,
Noch hatte nie ein Aug' ein Stäubchen drauf erspäht.
Das Lied des Reizend-Seins sang sie für sich alleine,
Das Spiel des Liebend-Seins spielt sie mit sich allein. –
Doch ist es nun einmal der Lieblichkeit Gesetz,
Daß in dem Schleier sich beengt die Schöne fühlt:

(Die Liebliche kann nicht Verborgenheit vertragen:
Schließt du die Tür, wird sie den Kopf durchs Fenster zeigen!)
Schau dir die Tulpen an in jenen Bergeshängen,
Wie sie zur Frühlingszeit sich fröhlich aufwärts drängen!
Der rosenstreuende Zweig reißt den Dorn entzwei,
Und seine Schönheit macht er so bekannt und frei!
Und wenn in deinen Geist einfällt ein solcher Sinn,
Wie man nur selten ihn im Zug des Denkens sieht,
Darfst den Gedanken du auf keinen Fall verlassen,
Mußt künden ihn in Schrift und ihn in Worte fassen,
Denn wo es Schönheit gibt, da fordert sie nur dieses –
Und solche Regung stammt von der ur-ew'gen Schönheit!
Sie schlug ihr Festzelt auf jenseits der Heil'gen Spären;
Auf Seelen strahlte sie und auf die Horizonte.[1]
Aus jedem Spiegel wies sie nun ein Angesicht,
An jedem Ort klang auf nun ein Gespräch von ihr.
Ein Aufstrahl traf von ihr das Reich und auch den Engel –
Der Engel, ganz verwirrt, fand so den Weg zum Himmel,
Und alle Gleitenden, die Gottes Lobpreis suchten,[2]
Entworden sangen sie das ew'ge Lob des Herrn:
Von jedem Tauchenden in diesen Himmelsmeeren
Erhob sich lauter Lärm: «Gepriesen sei der Herr!«
Von jenem Aufstrahl fiel ein Leuchten auf die Rose;
Ins Herz der Nachtigall fiel Unrast durch die Rose.
An diesem Feuerstrahl erglüht' der Kerze Wange,
Daß sie in jedem Haus wohl hundert Falter fange.
Von ihrem Lichte fiel ein Aufglanz auf die Sonne,

1 Anspielung auf das Gotteswort «Ich war ein verborgener Schatz.« Anspielung auf Sura 41/53: »Und zeigen werden Wir ihnen Unsere Zeichen in den Horizonten und in ihren Seelen« (oder: in ihnen).
2 Unübersetzbares Wortspiel mit der Wurzel *sabaḥa, sabbaḥa*, die »schwimmen« und »lobpreisen« bedeutet.

Und aus dem Wasser hob sein Haupt der Lotus auf.
Von ihrem Angesicht schmückt' Laila ihr Gesicht,
Und Madschnuns Sehnsucht wuchs nach jedem ihrer Haare;
Das Zucker-Streuen schenkt' sie Schirins süßer Lippe,
Und raubt' Parwez das Herz und Farhad auch das Leben.[1]
Sie hob aus Josephs Hemd mondgleich ihr Haupt hervor
Und ließ Zulaicha dann ihr Leben ganz zerstören.
Und überall erscheint nur ihre, ihre Schönheit,
Die einen Schleier sich aus »den Geliebten« schafft.
In jedem Schleier, den du siehst, ist ihr Verschleiern,
Und jedes Herz erbebt, weil es in ihrem Dienste.
Durch Seine Liebe nur hat unser Herz sein Leben,
Durch Seine Liebe nur findet ihr Glück die Seele.
Ein Herz, das jene liebt, die reizend hier erscheinen:
Ob es dies weiß, ob nicht: es liebt in Wahrheit Ihn ...

1 Schirin, die armenische Königstochter, wurde von dem Steinmetz Farhad geliebt, der sich auf die falsche Kunde von ihrem Tode das Leben nahm; Chusrau Parwez, der Sasanidenfürst, den sie liebte, vermählte sich mit ihr. Diese drei Gestalten erscheinen ständig in der persischen Bildwelt.

قاضی قادن

Qadi Qadan

war zunächst ein angesehener Richter in Sehwan im Industal; er schloß sich dann der Bewegung des Mahdis von Jaunpur an und verfaßte eine Reihe religiöser Verse in Sindhi, die zu den frühsten Zeugnissen der Sindhi-Dichtung gehören. Sie verwenden indische Versformen und ein einfaches Bilderrepertoire, das von den späteren Dichtern aufgenommen und weiterentwickelt wurde. Qadi Qadan starb 1551.

Quelle: Hiran Thakur, *Qādī qādan dschō Kalām*, Delhi 1978

*

WÜRDEST hunderttausend
  Bücher du studieren:
Wisse eins: zum Liebsten
  wird dich das nicht führen!

*

ES WARD zu Stolpersteinen,
  was ich gelesen für mich selbst –
  als große Krokodile
die Lettern mir erscheinen!

*

AM GROSSEN Auferstehungstag
  laß siebzig Sonnen brennen:
Ich sehe es als Schatten an,
  wenn dort den Freund ich treffe.

SCHLAF' ich, sitz' ich, stehe ich,
  rede oder singe:
Immer ist mein Herz bei Dir,
  daß zu Dir ich ginge!

*

WENN die Frösche tief im Teiche
  von dem Lotos wüßten:
In der Schlammeshöhle drunten
  sie nicht sitzen müßten!

*

MANCHMAL blüht der Beerenstrauch,
  manchmal keine einz'ge Blüte;
Bald erblüht der Freund im Herz mir,
  bald ersehn ich seinen Ruf!

*

ICH SEH nicht den Einen, den ich gesucht –
  der Ungesuchten sind viele:
Die Beeren sehen wohl reizend aus –
  wie könnten der Mango sie gleichen?

*

FÜHRT der Indus hohe Flut,
  überfließen die Kanäle –
Des Geliebten Liebe auch
  ist zu groß für meine Seele.

*

WIE DAS Wasser nahm auch ich
  in mich alle Farben:
Gott der Herr der Färber ist,
  sein sind alle Farben.

*

WO MANCHES große Schiff und Boot
  in Wasserwirbeln stranden,

Erreicht doch selbst ein kleines Boot
  den Strand durch Deine Gnade!

*

BLITZE, Wolken, Winde wild,
  Fürchte nicht die Wellen –
Findest du den Lotsen recht,
  dein Boot wird nicht zerschellen.

*

EIN BANYANBAUM allein im Feld,
  den liebe ich gar sehr;
Der Liebste sitzt im Schatten dort:
  ein Baum und doch ein Wald!

*

GEBET und Fest und Fasten
  sind Lungen gleich im Leib –
Doch gibt's noch etwas andres:
  das wahre Gotteswerk.

*

ER IST nicht in Süd noch Nord,
  jenseits nicht noch hier –
Welchen du verwirrt gesucht –
  sieh Ihn doch in dir!

*

GÄBST Du mir Millionen Körper,
  jedem Leib Millionen Köpfe,
Jedem Kopf Millionen Münder,
  jedem Mund Millionen Zungen,
Und wenn alle diese Zungen
  einer Stimme, laut und deutlich
Dein Lob kündeten, o König,
  könnt' ich's nicht genügend singen!

پیر سلطان ابدال

Pir Sultan Abdal

lebte in der Gegend von Sivas und wurde wegen seiner Beziehungen zum schiitischen Safawidenreich, dem Erzfeind der osmanischen Türken, verfolgt und schließlich um 1560 hingerichtet: er selbst fühlte sich in der Tradition des Märtyrermystikers Halladsch, an dessen Geschick er in seinem letzten Gedicht anspielt:

Die Steine dieses Lands tun mir nicht weh –
Des Freundes Rose konnte mich verwunden.

Unter den Bektaschi-Dichtern ist Pir Sultan wohl der zurückhaltendste; seine Bilder sind geprägt von der herben Landschaft des nordöstlichen Anatolien, und seine mystische Sehnsucht kleidet sich in Worte, wie sie wohl ein Wanderer auf langen Wegen singen mag:

Da ich gekommen, möcht' ich etwas fragen:
Warum weicht nicht, ach Yildizdagh, dein Nebel?
Ich will mein Herz zu Gottesmännern tragen –
Warum weicht nicht, ach Yildizdagh, dein Nebel?

Er fragte die Kraniche, die »vom fernen Lande Jemen reisen«, ob sie nicht Ali, den ersten Imam der Schia, gesehen haben, und er nimmt das Gespräch mit den einsamen Bergblumen auf, das die Sufis von Anatolien so gern geführt haben und das bis in die neuste türkische Literatur fortklingt.

Quelle: Pir Sultan Abdal (Varlik Klasikleri No. 13), Istanbul 1953

*

ICH FRAGT' die gelbe Blume:
Wo bleibst du über Winter?
Sie sagte: Derwisch Baba,
Will untern Staub mich legen!

Ich fragt' die gelbe Blume:
Was ißt du denn dort unten?
Sie sagte: Derwisch Baba,
Des mächt'gen Gottes Segen!

Ich fragt' die gelbe Blume:
Warum ist bleich dein Antlitz?
Sie sagte: Derwisch Baba,
Gott fürcht' ich allerwegen!

Ich fragt' die gelbe Blume:
Hast Mutter du und Vater?
Sie sagte: Derwisch Baba,
Die Erde und den Regen.

Ich fragt' die gelbe Blume:
Warum ist krumm dein Nacken?
Sie sagte: Derwisch Baba,
Ich wandle Gott entgegen.

In der Geweihten Kreisen,
Mit lichtgesicht'gen Weisen,
Mit silberbärt'gen Weisen
ist auch die Blume Derwisch!

*

DEM, DER ein anvertrautes Kleid getragen,
Glich ich, seit ich in diese Welt geboren.
Nun kam sein Herr und nahm mir's aus den Händen:
Ward wie ein Schaf, am dürren Ort verloren.

Der Freund kam, ging vorbei, kehrt mir den Rücken.
Grub Gräben ich – kein Wasser zu erblicken;
Bewacht' manch Nest, doch schlüpften keine Küken –
Ward, leeres Nest bewachend, gleich dem Toren.

Vergänglich ist ja dieser Welten Ort;
Der Zeit Lauf, wer treibt ihn fort und fort?
Es ließ mich frösteln meines Freundes Wort –
Ich ward wie einer, hoch am Berg erfroren!

*

ICH ward zu Bächen, die im Strom versprühten,
Zu Rosen ward ich, die zur Unzeit blühten,
Zu Asche ich, drin keine Funken glühten,
O Freund, verbrannt, verbrannt von deiner Liebe!

داراشکوه

Dara Schikoh

war 1615 als ältester Sohn des künftigen Moghulherrschers Schah Dschahan geboren; seine Mutter starb 1631 bei der Geburt ihres vierzehnten Kindes, und der Herrscher errichtete ihr zu Ehren den Tadsch Mahal. Dara und seine ein Jahr ältere Schwester zeigten lebhaftes Interesse für die Mystik, wie das im Moghulhause nicht selten war, und der junge Prinz wurde Jünger des Qadiri-Sufis Mian Mir (st. 1635), eines Enkels von Qadi Qadan, und seines Nachfolgers Mulla Schah Badachschi. Künstlerisch begabt und sensitiv, verfaßte Dara zahlreiche Werke in der sufischen Tradition: Sammlungen von Aussprüchen der Frommen, eine Biographie seines Meisters Mian Mir, Gedichte und Briefe; vor allem aber war er, wie sein Urgroßvater Akbar, daran interessiert, eine gemeinsame mystische Grundlage für Sufismus und Hinduismus zu finden. Davon zeugen seine Dialoge mit dem Hindu Baba Lal Das, die 1653 stattfanden, und noch mehr seine persische Übersetzung von fünfzig Upanischaden, die die Grundlage für Anquetil Duperrons Upanischad-Übersetzung Oupnek'hat *(erschienen 1801) bildeten. – Dara, der »unglückliche Ästhet«, wie Massignon ihn nennt, wurde nach innenpolitischen Spannungen und Kämpfen von seinem jüngeren Bruder Aurangzeb besiegt und 1659 wegen Ketzerei hingerichtet; die Gestalt des Prinzen, der uns aus zahlreichen Miniaturen bekannt ist, hat die Gelehrten immer wieder angezogen.*

K. R. Qanungo, *Dara Shukoh*, Calcutta 1935
B. J. Hasrat, *Dara Shikoh: Life and works*, Calcutta 1953
L. Massignon et Cl. Huart, »Les entretiens de Lahore«, *Journal Asiatique 209*, 1926
E. Göbel-Gross, ›*Sirr-i akbar*‹, *Die Upanishad-Übersetzung Dara Shikohs*, Phil. Diss. Marburg 1962 sowie die Ausgaben seiner persischen Werke.

Aus den Gesprächen mit Baba Lal Das.

DER ASKET Baba Lal und der erhabene Prinz Dara Schikoh trafen sich in der Hauptstadt Lahore, und ihr Gespräch wurde aufgezeichnet [von Daras Sekretär Tschandarbhan Brahman, einem Hindu, der eine Anzahl interessanter persischer Werke hinterließ].

– Der Edle fragte: Wie kann man zwischen *nād* und *bēd*[1] unterscheiden? –

Der Vollkommene antwortete: Es ist wie der König und der Befehl des Königs; das ist der Sinn von *nād* und der von *bēd*.

– Was ist der Glanz im Mond und was ist die Schwärze und woher kommt die Weiße? –

Der Mond hat in sich selbst gar keine Strahlen; er ist etwas völlig Reines, in dem die Sonnenstrahlen erglänzen, und die Weiße ist der Widerschein des Wassers und die Schwärze der Widerschein der Erde.

– Wenn es einen Widerschein gibt – warum nicht in der Sonne? –

Die Sonne ist ein Körper wie Feuer und der Mond aus Wasser; Widerschein nimmt das Wasser auf, nicht das Feuer.

– Wenn ein Diener [Gottes] immerfort Dienstbarkeit ausübt, wie weiß man, ob es akzeptiert ist oder nicht? –

Wenn einer, der Askese übt, nicht stolz auf sich wird, vielmehr sagt »Meine Askese ist nicht gut«, dann muß man wissen, daß er etwas getan hat. Doch wenn jemand, der Askese übt, sich auf sich selbst verläßt, eingebildet wird und sagt, »Ich habe meine asketischen Übungen gut gemacht«, dann weiß man, daß sein Werk, so sehr es auch zu sehen ist, doch nicht akzeptiert ist.

– Auf welche Weise kann man einen Derwisch »ungebunden« nennen? –

Wer die Gewohnheit hat, die Existenz als Essen, Trinken, Sehen, Hören und Schlafen anzusehen, der ist in ihrer Fessel. Jeder, der von solchen Dingen nicht gefesselt ist und sein Le-

1 *Nād* das schöpferische Wort, *bēd* die Veden

ben ohne sie in Freiheit zubringt, der ist »ungebunden«.
– Was ist Götzendienst bei den Hindus, und wer hat ihn befohlen? –
Das ist um der Befestigung der Herzen willen festgesetzt worden; jemand, der den inneren Sinn kennt, braucht die äußere Form dieses Sinnes nicht mehr; doch wer das Innere nicht kennt, bleibt an die Form gebunden. So wie ein unverheiratetes Mädchen mit Puppen spielt, doch wenn sie erst verheiratet ist, tut sie das nicht mehr. So ist es auch mit dem Götzendienst: wer des Inneren nicht gewahr ist, bleibt in der Form; doch jeder, der Kunde vom Inneren fand, hat sich sogleich von der Form weggewandt.
– Der Weg der Weltmenschen ist, von Essen, Trinken, Sehen, Hören, Schlafen und den Bewegungen aller Glieder die elementaren Kräfte zu finden. Die mit reiner Natur stimmen zwar mit diesem überein, doch benutzen sie [solche Tätigkeiten] nur in größerem oder geringerem Maße. Was kann man da für einen Unterschied zwischen der Art der Weltmenschen und denen mit reiner Natur finden? –
Die Sache liegt beim Herzen. Die mit reiner Natur wachen über ihr Herz und haben die Welt dem Winde gegeben. Wie das Kind und der Jüngling in Essen, Trinken, Sehen, Hören und Schlafen gleich sind – doch wenn eine fremde Frau das Kind in den Arm nimmt, so ist's keine Schande; wenn aber der Jüngling eine Fremde erblickt, dann entwickeln sich hundert schändliche Dinge. Die mit reiner Natur leben wie die Kinder; aber die Welt geht nach Art der Weltbewohner.
– Manche sagen: »Mein geistiger Führer ist wie Stroh – mein Glaube genügt mir so.« –
Dieses Wort hat die Welt falsch verstanden. Wenn der geistige Führer Stroh wäre, wie könnte der Jünger je zu seinem Ziel gelangen? So wie eine Frau, die mit einem Mann zusammenkommt, auch Kinder haben wird; doch wenn sie mit einem Eunuchen oder so etwas vertraut wird, ist sie kinderlos.

Wer selber minder ist, wen sollt' er führen?

– Ein Jünger ist im Dienste seiner Meister ohne [große geistige] Erfolge, und das geht ihm gegen den Strich; später, wenn

er in den Dienst eines [anderen?] Meisters gelangt, wird er stark. Warum ist das so? –
So wie das unverheiratete Mädchen sich vor niemand schämt und ohne Scheu zu jedem blickt, doch im Moment, wo sie verheiratet ist und die Gesellschaft eines Mannes gefunden hat, überkommt sie der Schleier der Scham, und sie senkt den Kopf.[1]
– Der geistige Führer nimmt seine Jünger zur Konsultierung an; hinsichtlich der Jüngerschaft erkennt er alle Jünger als gleich an. Doch einige gelangen durch das Wort des Meisters zur Freude göttlicher Erkenntnis, und andere nicht; aber der vollkommene Seelenführer kennt keine Dualität und sieht alle Jünger als gleich an – woher kommt dann der Unterschied? –
Der Jünger, der mit innerem Glauben dem Meister dient und das *schabad*, d. h. »Wort«, des geistigen Führers in völlig aufrichtigem Glauben und Ehrlichkeit auf die Tafel des Herzens eingraviert und entsprechend seinem Befehl handelt, dessen Wunschesboot erreicht binnen kurzem die Küste des Zieles.

Bring Ehrlichkeit, daß du gerettet wirst:
Von dir die Ehrlichkeit, vom Schöpfer Sieg.
Von krummem Schwindel wirst du nur geringer –
Vom Gram wirst frei du, wenn du ehrlich bist.

Wer aber im Worte des Meisters nicht beständig verharrt und sich den Wünschen der unnützen Triebe hingibt und mit solchen Neigungen befaßt, der ist ausgeschlossen.

Auch in der Scheide wird
das krumme Schwert nicht grade.

Oder anders: eine krumme Spindel kann niemals Garn spinnen; so bringen die Spinnerinnen die krumme Spindel zum Schmied, der sie mit wenigen guten Schlägen gerademacht, und dann spinnt sie den Faden: genau so ist es mit dem Jünger und dem geistigen Leiter: wenn der Jünger sich dem Meister

1 Die Antwort paßt nicht zur Frage. Vielleicht: wenn sie den wirklichen Mann erkannt hat, ist sie ihm allein treu.

anvertraut, so entfernt der seine Krümme mit hartem Schlag und läßt ihn ans Ziel gelangen.

Wirst du nicht Nichts, gibt man dir nicht
den Weg zum Sein,
Und schenkt nicht solchen hohen Rang
dem Streben dein.
Solange du, der Kerze gleich,
den Leib nicht schmilzst –
Wie leuchtetest am Ende du
in hellem Schein?

– Was für einen Unterschied kann man zwischen Schöpfer und Geschöpf machen? Ich habe das schon jemanden gefragt, der mir geantwortet hat, es sei so wie der Baum und der Samen des Baumes. Aber ist es so, oder wie? –

Der Schöpfer ist wie das Meer und das Geschöpf wie ein Wasserkrug. Wenn auch das Wasser in beiden das gleiche ist, so besteht doch ein großer Unterschied zwischen ihnen. So ist der Schöpfer Schöpfer und das Geschöpf Geschöpf ...

In den folgenden, sich über zwei Tage ausdehnenden Gesprächen hat sich Dara Schikoh in erster Linie über technische Ausdrücke der Hindu-Mystik belehren lassen. Dann schließt die Unterhaltung mit den Fragen:

– Zur Zeit, wenn der Mensch das Leben aufgibt, das ist die Zeit der Wachheit;[1] in dieser Zeit sollte es keine Bewußtlosigkeit geben. – Kann man zu dieser Zeit Wachheit annehmen? –

Wenn es in dieser Zeit Bewußtlosigkeit gäbe, würde [der Sterbende] nicht mit Händen und Füßen zittern. Es wäre ruhiger Schlaf; aber in der Zeit, da man das Leben verläßt, gibt es keine Ruhe, sondern im ganzen Körper herrscht Schmerz. So wie der Polizeichef, der einen Dieb vor den Distriktskommandanten bringt, und der Dieb weiß, daß er gehängt oder sonstwie bestraft werden wird: Aus Furcht davor wendet sich sein Herz nicht zu seiner Familie, seinen Eltern und Kindern und anderen, und er denkt auch nicht mehr an sich

1 Anspielung auf das Prophetenwort: »Die Menschen schlafen, aber wenn sie sterben, erwachen sie.«

selbst – er richtet Auge und Herz auf den Polizisten und den Kommandanten [und denkt:] »Was werden sie mit mir machen?« So ist er in dieser Hinsicht wach und informiert und auf der anderen Seite bewußtlos. Daraus kann man erkennen, daß in dieser Zeit eine Wachheit besteht, die man »Schlaf der Wachheit« nennt.
– Was ist der Unterschied bei dem, der »angelangt« *(wāṣil)* ist? –
Der Unterschied bei dem, der angelangt ist, ist die Existenz [die er aufgegeben hat].
– Wie erkennt man das? –
Da, wo der ist, der angelangt ist, da ist das Herz angelangt; doch der Leib ist nicht dort angelangt. So ist also die [körperliche] Existenz der Unterschied zwischen dem, der angelangt ist und dem, der nicht angelangt ist.
– Wie ist denn dieser Unterschied? –
Die Existenz dessen, der angelangt ist, gleicht einem Spiegel.
– Der ist von einer Seite hell und von der anderen Seite blind? –
Ja, von der Seite, wo er hell ist, ist sein Herz Gott zugewandt; und wo die blinde Seite ist, da ist der Körper. Sozusagen ist der Leib dessen,der nicht angelangt ist und der sich auf die Welt stützt, wie ein Hindu, der auf beiden Seiten schwarz ist.[1] Also besteht ein völliger Unterschied zu dem, der angelangt ist und nichts weiß von dieser Welt noch von der Religion. So ist ein großer Unterschied zwischen dem, der angelangt ist und dem, der nicht angelangt ist.

1 Der Hindu wird in der persischen Bildersprache immer schwarz dargestellt

DAS PARADIES ist, wo kein Molla ist,
Wo kein Geschrei und Krach vom Molla ist!
O wär die Welt von diesen Mollas leer
Und keiner hört' auf ihren Rechtsspruch mehr!
Denn wo der Molla lebt, an jenem Ort
Findet kein Weiser sich; rasch zieht er fort!

*

JE LEICHTER das Gepäck des Wandrers sei,
Je mehr ist auf dem Weg er sorgenfrei.
Ein Wandrer bist in dieser Welt auch du –
Erkenne dies, und nüchtern bind' den Schuh.
Je mehr Vermögen, sind die Sorgen schwer;
Der faltenreiche Turban drückt dich mehr.
Wirf aus dem Kopf die Selbstsucht, die du hast;
Gleich falschem Sinn ist's eine schwere Last.
Sei frei in dieser Welt im ganzen Leben –
Hör diesen Rat, den Qadiri gegeben!

*

O DU, von dessen Namen Liebe regnet,
Von dessen Brief und Kunde Liebe regnet –
Wer deine Straße fand, der fiel in Liebe,
Von Deinem Dach und Tor ja Liebe regnet!

نیازی مصری

Niyazi Misri

war ein Mitglied des Chalwatiyya-Ordens und ist durch eigene, tiefgefühlte Verse wie:

Ich suchte Heilung meinem Schmerz,
und sieh, mein Schmerz ward Heilung mir …

ebenso bekannt geworden wie durch Kommentare zu früheren türkischen mystischen Versen. Er soll mit dem »falschen Messias« Sabbatay Zwi von Smyrna befreundet gewesen sein, dessen Nachfolger, als Dönme bekannt, in ihrem Ritual Weisen der türkischen volkstümlichen Mystiker verwenden. Niyazi Misri starb 1697.

Niyazi Misri, *Divan,* Istanbul 1955
Für seinen Kommentar vgl. Ḥamza Tāhir, »At-taṣawwuf asch-scha'bī fī' l-adab at-turki«, *Magallat Kulliyat al-adab,* Kairo, Nr. 12,2 1950

*

ICH GLAUBTE, in der Welt sei mir kein Freund geblieben –
Ich ließ mich selbst, und sieh: nun ist kein Feind geblieben!
Sah keinen Rosenhag, sah überall nur Dornen –
Ganz Rosen ward die Welt – nun ist kein Dorn geblieben.
Mein Herz schrie Tag und Nacht und wimmerte und seufzte –
Ich weiß nicht, was geschah: kein Ach ist mir geblieben.
Die Vielheit ging, es kam die Einheit und die Stille;
Die Welt ward ganz zu Gott, nicht Stadt, nicht Markt mehr blieben.
Der Glaube und der Ruf, sie sind verweht im Winde –
Der Name »Gläubig« ist Niyazi nicht geblieben!

GEMEINER Himmel! Was tat ich –
  nie hast du Ruhe mir gegönnt,
Ließt mich nicht lachen jetzt noch je –
  o Prüfungszeit, weh Prüfungsleid!
Hast mich von Banden nicht befreit,
  gabst Klagen nicht Gerechtigkeit,
Hast mich nicht einen Nu erfreut –
  o Grameszeit, weh Gramesleid!
Zum Freunde reicht nicht meine Hand,
  mein Weg führt nicht zu Gottes Strand,
Es zeigte sich kein Heimatland –
  O Fremdlingszeit, weh Fremdlingsleid!
Nur Gram ist mein Gewinn und Tun,
  der Schmerz im Haupte will nicht ruhn,
Ein Sprosser ohne Rose nun –
  O Trennungszeit, weh Trennungsleid!
Wie Madschnun seufze ich nur Ach,
  wie Farhad: »Weh, mein Ungemach!«
Die Litanei klingt jeden Tag –
  O Sehnsuchtszeit, weh Sehnsuchtsleid!
Wenn nicht mein Weg zum Meister führt,
  nicht meine Wunde Balsam spürt,
Wenn meinem Schmerz nicht Heilung wird –
  O Wirrniszeit, weh Wirrnisleid!
Niyazi ist in Schmerz entbrannt
  und niemand ist sein Gram bekannt,
Zieht klagend in ein fremdes Land –
  o Reisezeit, weh Reiseleid!

*

Aus seinem Kommentar zu Yunus Emres tekerleme, »Unsinns-Gedicht«.

YUNUS SAGT:

Ich stieg auf einen Pflaumenbaum,
Um Trauben dort zu pflücken –
Der Gartenmeister fragte mich:
Was ißt du meine Walnuß?

Mit diesem Vers will uns der Dichter zeigen, daß jeder Baum der Handlungen eine besondere Art von Früchten hat. Wie in der äußeren Welt jede Frucht ihren eigenen Baum hat, so hat auch jede Handlung ein eigenes Instrument, wodurch sie erreicht werden kann. So sind zum Beispiel die Instrumente, um äußere Kenntnis zu erreichen, Sprache, Grammatik, Syntax, Logik, Literatur, Scholastik, Rhetorik, Jurisprudenz, das Studium der prophetischen Traditionen und der Korankommentare, Philosophie und Astronomie. Um innere Wissenschaften zu erreichen, sind jedoch die Instrumente ständige aufrichtige Hingabe und dauerndes Gottgedenken, und der »innere Führer«: wenig essen, wenig reden, wenig schlafen, sich von den Menschen fernhalten. Und um die Wirklichkeit zu erreichen, ist das Instrument Weltentsagung, Entsagung vom Jenseits, und Entsagung vom Sein.
Nun deutet der verehrungswürdige Meister mit »Pflaume», »Traube« und »Nuß« auf das göttliche Gesetz, *scharī'a,* den mystischen Pfad, *ṭarīqa,* und die göttliche Wirklichkeit, *ḥaqīqa,* hin. Denn man ißt die äußeren Teile der Pflaume, nicht aber ihr Inneres. Was der Pflaume gleicht, entspricht der äußeren Seite der Handlungen.
Was die Traube anlangt, so kann man sie essen und viele delikate Sachen aus ihr machen: süße Wurst, Eingelegtes, Essig und ähnliche gute Dinge. Aber da noch einige Kerne von Heuchelei, Ruhmsucht, Eitelkeit und Selbstbespiegelung darin vorhanden sind, nennt man sie »innere Handlungen«, aber nicht »Wirklichkeit«.
Die Nuß jedoch ist ein vollkommenes Symbol der Wirklichkeit. Im Inneren der Nuß ist nichts, das man wegwerfen müßte. Ihr Inneres ist ganz eßbar, und für wie viele Krankheiten ist sie ein Heilmittel!
Der Meister des Gartens ist der vollkommene mystische Führer. Man kann nur mit seiner Hilfe die verschiedenen Früchte unterscheiden und schließlich die Wirklichkeit erreichen ...

Zu der späteren, noch heute in der Türkei sprichwörtlich verwendeten Zeile:

Der Fisch stieg auf den Pappelbaum
um eingemachtes Pech zu essen …

sagt Niyazi in seinem Kommentar:

DER FISCH ist die unmittelbare Erkenntnis, *ma'rifa*, Gottes, die das Herz durch Inspiration erreicht und in dem Ozean der göttlichen Einheit lebt. Dieser Ozean ist auch im Herzen des Gnostikers. Manchmal wallt er auf und wirft den Fisch aus dem Wasser zu den Gnostikern an der Küste. Durch seinen Geschmack finden Seele und Herz geistige Nahrung. »Pappel« ist ein duftender Baum ohne Früchte. Damit meint er den trockenen Asketen, der behauptet, Gnosis zu besitzen und der von dem Wunsch nach Autorität beherrscht wird. Er lernt einige Ausdrücke und Fachausdrücke der »Leute Gottes« auswendig und verkauft diese weisen Worte als seine eigene Ware denen, die mit bedeckten Augen zu ihm kommen. Sein Ziel ist, diese materielle Welt zu essen und zu verschlingen. »Er hat Pechsülze gegessen« bedeutet, daß weder er noch diejenigen, die ihm zuhören, wirkliche echte seelische Freude erleben. Er hat nämlich keine seelische Freude, weil er weiß, daß es nicht seine eigene [Weisheit] ist, und seine Zuhörer haben keine echte seelische Freude, weil Erkenntnis, die nicht aus der Seele kommt, keinen Geschmack hat. Einer der vollkommenen Meister hat solche Leute [mit dem arabischen Vers] beschrieben:

Die Zelte, ja – das sind wohl ihre Zelte;
Die Frauen doch sind nicht die ihres Stammes![1]

1 Dieses Zitat findet sich schon in Quschairis (gest. 1074) *Risāla* und wird oft gebraucht, wenn man sagt, daß die äußeren Formen erhalten sind, aber der Geist sich geändert hat.

رحمان بابا

Rahman Baba

wird als der größte religiöse Dichter der Pathanen gefeiert. Seine Gedichte schließen sich der frühen Tradition mystischer Poesie an, in denen die Schöpfermacht Gottes und die Nichtigkeit der Welt mehr betont wird als das innige Ineinanderfließen von Liebendem und Geliebten. Dem Mohmand-Stamm zugehörig, hat Rahman Baba auch hin und wieder historische Stoffe behandelt; doch sein Ruhm beruht auf seiner einfachen, klaren – manchmal psalmgleichen – Poesie im heimischen Paschto, und sein schlichtes Grab in Peschawar, wo er 1711 starb, wird noch immer von Frommen besucht.

Übertragungen:
H. G. Raverty, *Selections from the Poetry of the Afghans,* London 1862 (mit zahlreichen Beispielen anderer Paschto-schreibender Dichter und Mystiker, z. B. Mirza Ansari)
Jens Enevoldsen, *Selections from Rahman Baba,* Herning 1977

*

WELCH wunderbarer Schöpfer ist mein Herr!
Und über alle Wahl verfügt mein Herr!
Und alle Großen haben es gesagt:
Daß größer doch als alles ist mein Herr,
Der nichts bedarf, von niemand etwas braucht,
Und niemandem verpflichtet ist mein Herr.
Aus Nichtsein ließ erscheinen Er das Sein,
Ernährer aller Dinge ist mein Herr.
Der Schöpfer Er geschaff'ner Dinge all,
Und Hörer jeden Wortes ist mein Herr.
Kein Gleiches und kein Gleichnis gibt's für Ihn:
Der wahre Duft, Duftspender ist mein Herr.
Was in derWelt, im Jenseits sei gebaut –

Der Architekt von allem ist mein Herr.
Der die noch nicht geschriebnen Seiten liest,
Der, was geheim ist, kennt – das ist mein Herr.
Vom Inneren, vom Äußeren hat Kunde
Und von dem, das dazwischen ist, mein Herr.
In seinem Reich hat Er Gefährten nicht,
Ein Fürst ist ohne Partnerschaft mein Herr.
Daß Einer Er ist, ist kein Mangel doch:
In Einheit ist die Fülle ja mein Herr.
Man braucht nun keine andre Freundschaft mehr,
Der wahre große Freund, es ist mein Herr.
Was brauch' ich Ihn zu suchen anderswo?
In meinem Haus, an meiner Brust: mein Herr!
Er ändert und Er wandelt niemals sich,
In Ewigkeit bleibt Er sich gleich, mein Herr!

*

NICHT immer blüht der Rosenhag des Lebens,
Nicht immer wogt der bunte Markt des Lebens.
So wie der Indus braust in seinem Flußbett,
So, eilend eilend, ist der Fluß des Lebens.
So wie der Blitz, der einmal sein Gesicht zeigt,
So rasch ist zweifellos der Gang des Lebens.
Und störrisch ist's zu einem solchen Grade,
Daß niemand je den Zügel hält des Lebens.
Sein Roß hat weder Zügel noch Kandare,
Am Ende fällt der Reiter ab des Lebens.
In einer Stunde bricht er alte Freundschaft,
So treulos ist, o weh! der Freund des Lebens.
Man sollte es gleich Wasserbläschen ansehn,
Falls man im Herzen zählt das Maß des Lebens.
Ich will mein Haus verlassen nicht, noch reisen:
Geh' ohne Reisen durch den Weg des Lebens.
Am Ende wird des Todes Schere schneiden
– Da er nicht dauerhaft – den Zwirn des Lebens.
Rahman, du kommst nicht wieder auf die Welt,
Wenn über dir verstrich die Zeit des Lebens!

IM NAMEN meines Gottes will ich singen,
Dess' einer Name »Höchst gepriesen« ist.
Er ist der Herrscher über alle Herrscher,
Er ist der König über jeden Fürst.
Die Dinge, die zu schwer für einen jeden –
Die Dinge sind nicht schwer für Ihn, nein, leicht.
Kann jemand Sonnen an den Himmel setzen?
Die Sonne setzte Er ans Firmament!
Kann das Gesicht der Sonne man verschleiern?
Sieh, Er hat es in Wolken ganz verhüllt!
Wer kann denn Mondlicht in die Sphären bringen?
Erscheinen ließ Er diesen hellen Mond!
Wer kann ein Tröpflein wohl vom Himmel holen?
Er läßt den Frühlingsregen strömen reich!
Wer könnt' nur *einer* Mücke Leben geben?
Er gab der ganzen Welt den Lebensgeist!
Wer kann den Steinen Rosenfarbe schenken?
Die Purpurfarbe schenkte Er dem Stein!
Wer brächte *eine* Blume aus der Erde?
Er brachte aus dem Erdreich Blumengärten!
Wer kann wohl Wasser aus dem Feuer machen?
Aus Sommerglut bracht' Er den Winterschnee!
Wer macht Juwelen aus den Regentropfen?
Er macht daraus die Perlen und Korallen.
Wer könnte wohl den Menschen Glauben geben?
Er schenkt den Glauben jedem Gläubigen!
Wer könnt' zum Himmel von der Erde steigen?
Die Möglichkeit dazu gab Jesus Er.
Wer könnte sich mit Gott wohl unterreden?
Doch damit hat Er Moses hoch geehrt.
Wer könnte wohl das Roß des Windes satteln?
Er setzt' auf Wind den Thron des Salomo.
Wer lebt, weißbärtig, bis zur Auferstehung?
Dem Chidr gab Er dieses Huldgeschenk.
Vor Ihm wirft sich die Erde betend nieder,
Der Himmel beugt sich im Gebet vor Ihm.
Anbetend steht vor Ihm der Baum im Walde,

Ein jedes Gras ist Zunge Seines Lobs.
In Seinem Lobpreis sind beständig alle,
Ob's Engel sind, ob Geister, ob der Mensch.
Sein Lob verkündet jeder Fisch im Wasser,
Im Hain singt jeder Vogel seinen Preis.
Nicht hat Sein Wissen Ende oder Grenzen –
Sein Wissen ist ein grenzenloses Meer.
Nicht einer ist Ihm ähnlich oder gleichend,
Und Er ist keinem ähnlich oder gleich.
In Ihm gibt es nicht Makel, Mangel, Mindern –
Ganz makellos ist, ohne Mindrung, Er!
Nichts Seinesgleichen, und nicht Ort noch Stelle:
Ganz ohnegleichen, ohne Ort ist Er.
Er ist ganz rein, ganz ohne jeden Zweifel
Von allem dem, woran man zweifeln kann.
Niemand hat Ihn erblicket je mit Augen,
Doch ohne Wie und Weil zeigt Er sich klar.
Wer sagt »Man sieht Ihn nicht!« – man sieht Ihn niemals;
Wer sagt: »Doch, überall!« – da ist Er auch!
Von aller Form ist frei Er und von Richtung,
Und alle Form und Richtung kommt von Ihm.
Von Seinen tausenden von Eigenschaften
Hab' ich besungen eine halbe nur!

شاه عبد اللطيف

Schah Abdul Latif von Bhit

gilt als der größte mystische Dichter in Sindhi, der Sprache des unteren Industales. Er entwickelte die dort seit dem frühen 16. Jahrhundert geübte lyrische Dichtung, die oftmals zum mystischen Reigen gesungen wurde, und, wie seine wenigen Vorgänger, nahm auch er die heimischen Sagen zur Grundlage seiner Meditationen. So werden die Heldinnen der alten Volkserzählungen in seinem Werk zu Symbolen der menschlichen Seele, die unter größten Schwierigkeiten den Weg zu ihrem göttlichen Geliebten findet: das indische Motiv der virahini, *der sich sehnenden Frau, wird hier in die islamische Umwelt und Bildersprache versetzt. Schah Abdul Latifs Poesie, die in der* Risālō *zusammengefaßt ist, wird bis heute von den Muslimen und Hindus, die Sindhi sprechen, gleich hoch verehrt; denn in diesen Versen ist die gesamte mystische Tradition, vor allem die Weisheit Rumis, mit den jedem Sindhi bekannten Sagen verschmolzen; die teils dramatischen, teils meditativen Verse werden in den Melodien gesungen, die der Dichter selbst ihnen gegeben hat. Sein schönes Mausoleum in Bhit Shah, wo er 1752 starb, ist geistiger Mittelpunkt von Sind.*

Risālō, ed. Kalyan Adwani, Bombay 1958
Lilaram Watanmal, *The Life of Shah Abdul Latif*, Hyderabad/Sind, 1889, repr. 1978
H. T. Sorley, *Shah Abdul Latif of Bhit*, Oxford Univ. Press 1950, repr. 1966
Motilal Jotwani, *Shah Abdul Latif of Bhit*, New Delhi 1975
A. Schimmel, *Pain and Grace*, Leiden 1976, Teil II

Übersetzungen:
Ernest Trumpp, »Sōrathi. Ein Sindhi-Gedicht aus dem großen Divan des Sayyid 'Abdul Laṭīf«, *ZDMG* XVII 1863
Elsa Kazi, *»Risalo« of Shah Abdul Latif*, Hyderabad/Sind 1965
A. Schimmel, *Unendliche Suche*, München 1982

Zur Entwicklung der Sindhi-Literatur:
A. Schimmel, »Sindhi Literature«, in: Jan Gonda, *History of Indian Literature,* Wiesbaden 1975 (wo weitere Quellen genannt sind).
Jethmal Parsram Gulraj, *Sindh and its Sufis,* Madras 1924 repr. Lahore 1978

*

Aus Sur Sohni,

in dem von der Frau erzählt wird, die jede Nacht den Indus durchschwimmt, um zu ihrem Geliebten zu gelangen, bis sie durch den Betrug ihrer Schwägerin ertrinkt: eine umgekehrte Hero-und-Leander-Geschichte.

IN DER furchtbaren Flut des Flusses,
  wo der Schrei der Schrecken schlug,
Inmitten feindlicher Mächte –
  Wohin ging der tönerne Krug!
  O Sahar, Herrscher du klug –
So hilflos ward ich auf dem Wege!

In der furchtbaren Flut des Flusses
  die mächtigen Krokodile,
Gewaltige Alligatoren,
  im Strome, unzählbar viele!
Ich finde im Leib keine Kraft mehr,
  getrennt von dir, o Gespiele!
  Fürst! Sahar! zum Reiseziele
lass' mich, o Edler, gelangen!

In der furchtbaren Flut des Flusses,
  wo die Strudel tosen und toben:
Ich zwischen den Bestien schwebend
  und immer von Feinden umwoben –
Sei gütig, Geliebter! Aus Liebe
  zieh deine Freundin nach oben,
  streck' aus deine Hand von droben,
Errette vom Abgrund mich!

WER SICH nach Sahar sehnt,
  sucht nicht nach Fähre und Boot;
  Wer nach der Liebe dürstet,
für den sind die Flüsse nur Stufen.

*

DIE SCHÖNHEIT des Liebsten bestand,
  bevor die Geschicke geschrieben,
  Noch war kein »Es werde!« und auch
nicht andere Rede bekannt,
  Die Engel waren noch nicht,
als Sohnis Klage entbrannt,
als sie mit dem Hirten verband
  die Liebe. – So sagte Latif.

Als Er die Seelen fragte:
  »Bin Ich nicht euer Herr?«
Ward gutes Omen im Herzen
urewiges Ja, das ich sagte.
  Damals ergriff ich die Liebe
Mehars, ich Unverzagte;
Daß ich zu folgen ihm wagte,
  o Freundinnen- das ist mein Recht!

*

Der Dichter schließt dieses Kapitel mit dem Bekenntnis zur absoluten Einheit, wobei er sich auf »Mansur« Halladsch beruft:

WASSER Erde Strom: *ein* Schrei;
  Baum und Busch: *ein* Klagen!
  Alle Dinge wurden
  würdig des Galgens!
  Tausende von Mansurs –
  Wie viele willst Du noch hängen?
Überall des Freundes,
  überall des Liebsten Gegenwart.
  Das ganze Land ist Mansur:
wie viele willst du noch töten?

Aus Sur Dahar

GOTT, so groß ist wie Dein Name
  mein Vertraun in Deine Huld!
Schöpfer! Weder Zahl noch End' hat
  Deine ewige Geduld.
  Deinen Namen, o Herr,
hab in mein Herz ich gelegt.

Deine Schöpfermacht, o Herr, schlägt
  wundersame Wege ein:
Läßt das Blatt im Strom versinken,
  schwimmen auf dem Fluß den Stein!
  Kämst Du doch zu mir herein,
daß ich mich verlöre!

Deine Schöpfermacht, o Herr,
  ist gar wunderbar;
groß ist Deine Macht und Kraft,
  nur Dein Wille gilt.

Groß ist Deine Kraft und Macht,
  Du bist voller Gnaden –
Hebe Deine Güte nicht
  von mir – ich bin Dein!

Gott, so süß Dein Name ist,
  so groß ist mein Hoffen:
Keine Tür gleicht Deiner Tür –
  viele sah ich offen.

Löse nicht, o Liebender
  Deinen Bund mit dieser Armen!
Keine Rettung außer Dir
  hat die Elende – Erbarmen!
  Stets greif' ich mit beiden Armen
Deinen süßen Namen nur.

Aus Sur Ripa

FARBIG und bunt
  ist der Geliebte, wie Seide:
Ihn, der die Seele berauscht –
  wie könnte ihn man vergessen?

Gleich wie der Bootsmann staakt
  mit dem Ruder sein Boot,
So kreist's beständig in mir:
  »Wie kann den Liebsten ich treffen?«

Gleich wie das Wasser, das strömt
  nieder vom Mühlrad, vereint
Ist mit dem Lehm, kann auch ich
  lösen mein Herz nicht vom Freund.

*

Aus Sur Barvo Sindhi

BALD verriegelt er die Pforte,
  bald tut er die Tür mir auf,
  manchmal komm ich, komm vergebens,
dann ruft Er zum hohen Orte,
  bald ersehn' ich Seinen Anruf,
bald sagt Er geheime Worte –
  Seht, solch ein Wesen
  hat Er, mein Freund!

Du ein Fürstensohn, Geliebter,
  ich in einer Dien'rin Kleid,
Ohne Grenzen will ich dienen,
  steh' gekreuzten Arms bereit.
Hätt' ich Deine Tür verlassen,
  Freund, zu irgendeiner Zeit?
  Wende den liebenden Blick,
Liebster, doch nie von mir ab!

Aus Sur Asa

SUCHEND im Grenzenlosen
fand ich des Höchsten nicht Grenze noch Mal;
ist doch die Schönheit des Freundes
ferne von Höhe, von Breit oder Schmal,
Liebende hier ohne Zahl –
dort der Geliebte, ruhend in sich.

Nicht hat ein Ende der Mensch –
hat er doch keinen Beginn:
Welche sich selber verlieren,
die hat der Liebste erkannt.

So du dich selber noch siehst –
wo wäre wahres Gebet?
Alle diese Formen gib auf,
dann erst ruf aus »Gott ist groß!«

So du dich selber noch siehst,
wo wäre wahres Sich-Neigen?
All dieses Dasein gib auf;
dann erst ruf aus »Gott ist groß!«

بلھے شاہ

Bullhe Shah

wurde in Kasur nahe Lahore im Pandschab geboren. Er gilt als der größte mystische Dichter des Pandschabi. Wie die meisten ekstatischen Dichter des Pandschab war auch er Mitglied des Qadiriyya-Ordens, der zur Zeit des Moghulherrschers Aurangzeb etwas suspekt war, da der unglückliche Kronprinz Dara Schikoh ihm angehörte hatte. Bullhe Schahs Gedichte sind alle zum Singen bestimmt, daher die Wiederholungen und ihr rhythmischer Aufbau; wie andere Dichter seiner Provinz hat auch er die Volkssage von Hir und Randschha in seinen Versen als Grundlage benutzt: das Mädchen Hir ist die Seele, die sich nach ihrem [göttlichen] Geliebten Randschha sehnt. – Und sein berühmtestes Lied hat den Refrain:

Randschha Randschha dacht ich immer,
bis ich selber Randschha ward!

Noch heute werden Bullhe Schahs kāfīs *(singbare Gedichte) überall im Pandschab gesungen, doch sein bescheidenes Grab in Kasur, wo er 1758 starb, ist wenig gepflegt.*

Diwan, herausgegeben von Faqir Muhammad Faqir, Lahore 1970

Lajwanti Ramakrishna, *Panjabi Sufi Poets,* London-Calcutta 1938, repr. 1975; dazu vgl. die Besprechung durch J. Fück, »Die sufische Poesie in der Landessprache des Pandschab«, *Orientalistische Literaturzeitung* 1940, in der die übertriebene »Hinduisierung« der Sufi-Dichter zurückgewiesen wird.

Unter den Pandschabi-Sufi ist neben dem in Lahore begrabenen Madho Lal Husain (st. 1593) vor allem Sultan Bahu aus dem Distrikt Jhang zu nennen, dessen *siharfi* (Verse des Goldenen Alphabets) besonders bekannt ist. Zu ihm s. Sultan Bahu, *Abyat,* ed. and transl. by Maqbool Elahi, Lahore 1967.

Die berühmteste der Pandschabi-Sagen, die den Dichtern zur Grundlage ihrer mystischen Verse gedient hat und durch Warith Schah im späten 18. Jahrhundert ihre endgültige Form erhielt, ist Hir Randschha; vgl. Charles F. Usborne, *Hir Ranjha,* ed. Mumtaz Hasan, Karachi 1966

*

OB ICH dir Geliebte –
  komm in meinen Hof –
Ich opfre mich ganz Dir –
  komm in meinen Hof!
Wie Dich gibt es keinen;
Ich such in den Dschungeln,
Such Dich überall –
  komm in meinen Hof,
Ich opfre mich ganz Dir –
  komm in meinen Hof!
Sie nennen dich Kuh-Hirt,[1]
Ich sage zwar »Randschha«
Doch bist du mein Glaube –
  komm in meinen Hof,
Ich opfre mich ganz Dir,
  komm in meinen Hof!
Verließ meine Eltern,
Verknüpft' meinen Saum Dir –[2]
Sei gnädig dem Sehnen –
  komm in meinen Hof,
Ich opfre mich ganz Dir
  komm in meinen Hof!

*

O BULLHE – weiß ich, wer ich bin?
  Nicht Gläubiger in der Moschee,
  Folg auch der Heiden Riten nicht,
  Ich bin nicht unrein und nicht rein,

1 Randschha ist der Kuhhirt; aber er ist auch das Symbol Gottes
2 d. h. ich vermähle mich mit dir

Nicht Moses noch Firaun ich bin –
O Bullhe – weiß ich, was ich bin?
  Nicht in weisen Bücherein
  Nicht in Haschisch und in Wein,
  Nicht in der Berauschten Reih'n,
Nicht wachend ich noch schlafend bin –
O Bullhe – weiß ich, was ich bin?
  In Freude oder Sorgen nicht,
  In Sünde oder Tugend nicht,
  Aus Erde nicht, aus Wasser nicht,
Aus Luft ich nicht noch Feuer bin –
O Bullhe – weiß ich, was ich bin?
  Nicht Araber noch aus Lahor,
  Nicht Perser oder aus Nagor,
  Nicht Hindu, Türke, aus Peschawr,
Noch von Nadaun ich Bürger bin –
O Bullhe – weiß ich, was ich bin?
  Glaubens Geheimnis fand ich nicht,
  Von Eva bin geboren nicht,
  Kenn meinen eignen Namen nicht,
Nicht seßhaft ich noch wandernd bin –
O Bullhe, weiß ich, was ich bin?
  Ich kenn als Ersten, Letzten mich,
  Von keinem Zweiten wüßte ich,
  Und keiner weiser ist als ich,
Wer ist der König, der ich bin –
O Bullhe – weiß ich, was ich bin?

*

LIEBE und Gesetz, sie stritten
  in des Menschen Herzen, Herr;
Will Gesetzes Fragen singen
  Und der Liebe Antwort, Herr!
Sprach Gesetz: Geh du zum Molla,
  lerne richtiges Benehmen!
Liebe sprach: Ein einz'ger Buchstab'
  ist genug – leg weg die Bücher!

Sprach Gesetz: Nimm du fünf Bäder,
  bet' allein im Tempel dann![1]
Liebe sprach: Falsch ist dein Beten,
  wenn du dich alleine dünkst.
Sprach Gesetz: Sei scheu und schamvoll,
  die Erleuchtung halt' versteckt!
Liebe sprach: Warum der Schleier?
  Laß die Schau doch offen sein!
Sprach Gesetz: Geh zur Moschee nun
  und verrichte dein Gebet!
Liebe sagte: »Geh ins Weinhaus,
  bet' *nawāfil*[2] trinkend dort!
Sprach Gesetz: Zum Paradiese
  Laß uns gehn und Früchte essen!
Liebe sagte: Dort sind wir es –
  wir verteilen dort die Frucht!
Sprach Gesetz: Die Pilgerfahrt sollst,
  Gläubiger, vollziehen du!
Liebe sprach: Die Tür des Freundes
  ist die Kaaba, wo ich bleib!
Sprach Gesetz: Zum Galgen brachten
  wir den Schah Mansur Halladsch!
Liebe sagte: Gut gemacht! – Denn
  so trat er zum Liebsten ein!
Höchster Thron: der Rang der Liebe,
  Krone des »Wärst du es nicht!«[3]
Und aus Liebe schuf aus Staub Er
  auch mich armen Bullhe ja!

---

1 Anspielung auf eine hinduistische Sitte, doch vielleicht auch auf die Waschungen vor den fünf Ritualgebeten im Islam.

2 *nawāfil* supererogative Gebete, die man dem Pflichtgebet hinzufügen kann.

3 »Wärst du nicht« *laulāka:* Anrede Gottes an den Propheten: »Wenn du nicht wärest, hätte ich die Himmel nicht geschaffen.« Ramakrishna in ihrer Übersetzung übersieht diese wichtige Anspielung auf den Propheten.

خواجه میر درد

Khwaja Mir Dard

ist in Indo-Pakistan als der einzige überragende mystische Dichter in Urdu bekannt, aber nur wenige Leser wissen, daß sich hinter seinen zarten zerbrechlichen Gedichten eine weitgespannte Theologie verbirgt, die er in einem Hauptwerk, dem ʿIlm ul-kitāb, *niedergelegt hat, sowie in seinen vier Traktaten* (Chahār Risāla), *die eine Art geistiger Tagebücher darstellen, in denen er seine Gedanken niederschrieb. Jeder Traktat umfaßt 341 Logia, entsprechend dem Zahlwert des Namens seines Vaters,* Nāṣir. *Dieser Nasir Muhammad ʿAndalib (Nachtigall), aus türkischem Adel stammend, hatte die Militärlaufbahn am Moghulhofe aufgegeben und sich der Mystik geweiht; er gründete die* ṭarīqa muḥammadiyya, *den Muhammadanischen Pfad, den er in seinem vielschichtigen Werk* Nāla-yi ʿAndalīb, *»Die Klage der Nachtigall« in einer gewundenen Allegorie darlegte. Sein mittlerer Sohn Mir Dard (»Schmerz«) nahm das Diktat des Werkes auf, das nach dem Tode des vierten* qayyūm *aus der Familie des Reformers Ahmad Sirhindi und damit auch kurz nach der Zerstörung Delhis durch die persische Armee im Jahre 1739, verfaßt wurde. Dard identifizierte sich vollständig mit seinem Vater, der für ihn der wahre Stellvertreter des Propheten war: als* sayyid, *echter Nachfahr Muhammads, und gleichzeitig durch seine enge Verbundenheit mit der* ḥaqīqa muḥammadiyya, *dem archetypischen Muhammad, hatte Nasir ʿAndalib nach Meinung seines Sohnes die höchstmögliche geistige Stufe erreicht, und er erlebte die völlige Vereinigung mit seinem Vater-Führer, die so weit ging, daß er auch im gleichen Alter wie sein Vater, mit 66 Jahren, 1785 starb.*

Dard folgte der Naqschbandi-Schule Ahmad Sirhindis, aber

auch er konnte nicht ohne die von Ibn'Arabi geprägte Terminologie auskommen, und seine Versuche, zur Selbstidentifizierung zu gelangen, sind von großem psychologischem Interesse. Entgegen den Regeln der Naqschbandiyya liebte Dard die Musik und hielt musikalische Veranstaltungen in seinem Hause ab, weswegen ihn seine Kollegen tadelten; doch er verteidigte sich in einem kleinen, verlorenen Werk, und seine Poesie zeigt seine Musikalität deutlich. Dards Werk wurde von seinem jüngeren Bruder Alam weitergeführt, und die ṭarīqa muḥammadiyya *wurde im frühen 19. Jahrhundert zu einem wichtigen politischen Instrument der indischen Muslime.*

'Ilm ul-kitāb, Delhi 1309 h/1891-2
Tschahār Risāla, Bhopal 1310 h/1892-3
Urdu Dīwān, ed. Khalil ur-Rahman Da'udi, Lahore 1962
Diwan-i fārsī, Delhi 1310 h/1892-3
Dazu vgl. auch seines Vaters Hauptwerk:
Nāṣir Muḥammad 'Andalib, *Nāla-i 'Andalīb,* 2 Bd. Bhopal 1309 h/1891-2
Annemarie Schimmel, *Pain and Grace* (Part I), Leiden 1976
dies., »Mir Dards Gedanken über das Verhältnis von Mystik und Wort«, in W. Eilers, hersg., *Festgabe deutscher Iranisten zur 2500-Jahrfeier Irans,* Stuttgart 1971

Zur Naqschbandi-Reform in Indien besonders:
Bashir Ahmad Faruqi: *The Mujaddid's conception of tauhid,* Lahore 1940
ders., *The Mujaddid's conception of God,* Lahore 1952
Yohanan Friedmann, *Shaykh Ahmad Sirhindi: An Outline of His Thought and a Study of his Image in the Eyes of Posterity,* Montreal 1971
Aziz Ahmad, »Religious and Political Ideas of Sheikh Ahmad Sirhindi« in *Riv. degli Studi Orientali* 36/1961
Annemarie Schimmel, »The Golden Chain of ›Sincere Muhammadans‹«, in Bruce B. Lawrence, ed., *The Rose and the Rock, Mystical and rational elements in South Asian Islam,* Duke University 1977

*

Aus dem 'Ilm ul-kitāb

Besonders aufschlußreich ist Dards Darstellung seines Aufstiegs durch die Stadien der verschiedenen Propheten bis hin zur ḥaqīpa muḥammadiyya, wie sie sich im 'Ilm ul-kitāb (S. 504 ff.) findet:

UND ER machte ihn zu seinem engsten Freund und Seinem Statthalter auf Erden dank der Adamitischen Heiligkeit (vgl. Sura 2/31),

Und Gott rettete ihn vor den Listen des niederen Selbst und von Satan und machte ihn zu Seinem Freund dank der noahitischen Heiligkeit,
und Gott besänftigte das Herz der Gefühllosen vor ihm und schickte zu ihm Leute mit Melodien dank der davidischen Heiligkeit.
Er machte ihn zum Herrscher über das Königtum seines Leibes und seiner Natur, durch offenkundige Macht, dank der salomonischen Heiligkeit.
Und Gott machte ihn zu einem Freunde *(chalīl)* und löschte das Feuer des Zornes in seiner Natur, so daß es »kühl und freundlich« wurde (Sura 21/69), dank der abrahamitischen Heiligkeit.
Und Gott ließ seine natürlichen Leidenschaften sterben und schlachtete seine niedere Seele und befreite ihn von weltlichen Sorgen, so daß er von dieser Welt und was darin ist völlig getrennt wurde; und Gott ehrte ihn mit einem gewaltigen Schlachten (Sura 37/107) vor seinem milden Vater, und sein Vater legte ihm das Messer an die Kehle in einem der Zustände, da er, am Anfang seines Weges, nahe zu Gott gezogen war, mit der Absicht, ihn für Gott zu schlachten, und Gott nahm ihn freundlich an; und so ist er tatsächlich einer, der von Gott geschlachtet, aber in seiner äußeren Form heil geblieben ist, als sein Vater ihm die frohe Botschaft gab: »Wer noch keinen Toten auf Erden hat wandeln sehen, möge auf diesen meinen Sohn blicken, der durch mich lebt und durch mich sich regt.« In diesem Zustand erwarb er die Heiligkeit Ismails.
Gott verschönerte seine Natur und seinen Charakter und machte ihn beliebt und akzeptiert durch Seinen Geliebten (Muhammad). Er zog die Herzen zu ihm und warf die Liebe – eine überaus starke Liebe! – zu ihm in seines Vaters Herz und lehrte ihn die Interpretation der prophetischen Traditionen dank der Heiligkeit Josephs (Sura 12/5).
Gott sprach zu ihm in Inspirationen, als Er rief: »Wahrlich, Ich bin Gott, lege ab die Schuhe (Sura 20/12) der Beziehungen zu beiden Welten vom Fuße Deines Aufstiegs und wirf hin-

weg aus der Hand deines Wissens den Stock, mit dem du dich auf Dinge neben Mir stützest, denn du bist in dem Heiligen Tal« durch die Heiligkeit von Moses.
Gott machte ihn zu einem Seiner vollkommenen Worte und »blies in ihn von Seinem eigenen Geiste« (Sura 15/29; 38/72) und er wurde »ein Geist von Ihm « (Sura 4/169) dank der Heiligkeit Jesu.
Und Gott ehrte ihn mit der vollkommenen Umfassendheit, die das Ende der Vollkommenheiten ist, dank der Heiligkeit Muhammads, und er ward entsprechend dem Wort »Folget mir, so wird Gott euch von Seinem Geliebten lieben lassen« – und er ward im Schleier des reinen Muhammadanismus verhüllt und entward im Propheten, und kein Name noch Spur blieb von ihm, und Gott enthüllte ihm seinen Namen »Der Allumfassende« *(al-dschāmi')* und half ihm mit Engelshilfe. Und er weiß durch Gabriels Hilfe ohne Vermittlung von in Büchern geschriebenen Wissenschaften, und er ißt mit Michaels Hilfe ohne äußere sekundäre Ursachen, und er atmet durch Israfils Odem und löst die Teile seines Leibes und sammelt sie wieder in jedem Augenblick, und er schläft und erwacht jeden Tag und wird jeden Augenblick durch Azra'ils Anziehung zum Tode gezogen.
Gott hat ihn als vollkommene Person geschaffen, was Verstand, niedere Seele, Geist und Leib anlangt, und als Ort für die Manifestation aller Seiner Namen und die Manifestation Seiner Attribute; und wie Er ihn im allgemeinen zu Seinem Stellvertreter auf Erden für die Menschheit machte, so machte Er ihn auch zum Stellvertreter Seines Stellvertreters auf dem Teppich der Spezialisierung, um Seine Gnadenfülle im Ganzen und im Einzelnen zu vervollkommnen, und Er billigte für ihn den Islam äußerlich und innerlich (Sura 5/5) und ließ ihn auf dem Throne der Statthalterschaft seines Vaters sitzen, als Erbe und in Verwirklichung, und auf dem Sitze der Nachfolger Seines Propheten durch Bestätigung und göttlichen Erfolg.

An einer anderen Stelle des gleichen Werkes gibt er wieder, was er von Gott selbst in arabischer Sprache vernommen hat, bevor er dazu übergeht, seine eigenen 99 Namen aufzuzählen, die in gewisser Weise den 99 Schönsten Namen Gottes entsprechen:

UND ER sagte: »Sage: Wenn die Wirklichkeit mehr als das wäre, was mir enthüllt wurde, dann würde Gott es mir gewißlich enthüllt haben; denn Er, der Höchst-Erhabene, hat für mich meine Religion vollendet und Seine Gnade für mich vervollkommnet und für mich den Islam als Religion gebilligt, und wenn der Schleier geöffnet würde, so würde ich doch nicht mehr Gewißheit erlangen – wahrlich, mein Herr besitzt gewaltige Gnadengaben.«

*

Aus dem Urdu- und dem persischen Diwan

DU SCHUFST den Menschen für den Schmerz der Liebe –
Für den Gehorsam hast Du Deine Engel!

*

WENN IMMER meinen Schmerz
ich jemand sagen wollte,
Fing er zu sprechen an
von seinem eig'nen Gram!

*

WOHIN du kommst: dein Ziel liegt weiter vorne –
Nie kehrt man um, ganz wie im Schach der Bauer.

*

SEI auf das Elixier so stolz nicht, o Betörter!
Besser als Alchemie ist es, ein Herz zu schmelzen!

*

KOMM, daß in meinem Herz dein Bild sich niederlasse!
Geh nicht nach China, denn dort malt man's nur auf Seide.

WIR wollten gern vor deinem Haus verweilen,
Das Herz, der Fußspur gleich, von dort nicht heben,
Doch wie die Fußspur in der Wasserfläche,
So flüchtig ist, so nichtig unser Leben!

*

OB ICH eine feuchte Wimper,
  abgeschnittner Rebstock bin –
Stets bin ich ein solches Etwas,
  daß ich Ziel des Unglücks bin.
Jeden Abend gleich dem Abend
  bin ich finsteren Geschicks,
Jeden Morgen gleich dem Morgen
  aufgerissnen Hemds ich bin.
Wohl hat sich der Duft der Rose
  meinem Wesen ganz vermählt –
Ach, daß die verwehte Welle
  auch des Morgenwinds ich bin!

*

NICHT versteh ich das Geheimnis
  in des Lebens Glück und Sorgen:
Wessen denkend weint der Tau wohl?
  Denn es lacht uns ja der Morgen!

*

IN DER Versammlung sind die Einzeldinge
  der Welt nur Eins,
Denn alle Blätter einer Rose bilden
  zusammen Eins.

*

GLEICH sind an Form und Gestalt
  Freude und Leiden: die Rose –
Nenn sie geöffnetes Herz,
  nenn sie gebrochenes Herz.

FÜR EINE Zeit den Hag, den Garten sehen,
Das heißt, den Frühling und den Herbst zu sehen.
Wie lange spiegelgleich, verwirrten Blickes?
Die Augen schließe, um die Welt zu sehen!

*

EIN LEBEN lang hört ich von ferne Ihn,
Im Traume nur zog an die Brust ich Ihn.
Jetzt, da als Spiegel nur ich vor Ihn trat,
Sah Er sich selbst, nicht ich erschaute Ihn.

*

WER SOLL was von wem wohl wann erzählen?
Jeder wird sein Eignes doch erwählen.
So verging das eigne mir, das Leben:
Weinen, einsam sein, sich schweigend quälen.

*

ACH TOR DU! – wenn wir sterben, wird dies bestätigt
werden:
Ein Traum war, was wir sahen; was wir gehört, ein
Märchen.

*

WIE KÖNNTE Seine Locke man beschreiben?
Sie ist so lang – das Leben ist so kurz!

*

Aus den Vier Sendschreiben.

DIE HAND des Gebetes des Gnostikers wendet, gleich dem Blatt der Platane, die Blätter des Buches des Nicht-Wählens um; denn sie hat nicht im Sinne, den Saum der Rose des Wunsches zu erfassen. Sie ist ganz im Einklang mit dem Wehen des Windes des Geschicks; wie immer er sie bewegt, so regt sie sich.

O DU heiliges Tal und Absolute Existenz – wie sehr auch der lautere Grund der Stufe Deiner Absolutheit das Gestrüpp der zusätzlichen Zuschreibungen von sich gefegt hat und im eigenen Auge von all diesen begrenzten Beziehungen frei ist, so schlägt doch das gesamte Wanderdünenland der imaginären Kontingenzen auch in dieser Weite Wellen und fesselt den Fuß jedes Wesens mit der Kette der Individualisierung. Und jeder schnellfüßige Wanderer, ob er auch sich selbst zum Trotz die Kette dieser imaginären Individualisierungen zerrissen habe und hin zur Reinen und Absoluten Essenz eilt, so wird doch jeden Augenblick die Wüste der Absolutheit in die Schlinge einer neuen Individualisierung gefangen, obschon sie aus dem weiten Raume der Absolutheit nicht heraustritt; doch erzeigt sie sich als Gefangener irgendeiner Individualisierung und wird nicht zum freien Absoluten.

Der Dünen Welle warf um meinen Fuß
der Wüste Ketten;
Ich greife ungewollt bei jedem Schritt
der Wüste Säume.

*

DIE IMITATOREN mögen noch so viel auf dem Wege der Nachahmung der Verwirklichenden eilen, doch erschauen sie die Schönheit der Verwirklichung nicht mit eigenen Augen; vielmehr hebt ihr Nachfolgen nur noch mehr den Schleier vom Antlitz der Wirklichkeit für jene mit Schau Begnadeten, während jene Blicklosen gleich Brillengläsern niemals etwas mit eigenen Augen sehen können. Das Herz der Scharfsichtigen entbrennt ungewollt wegen des Zustandes jener Nachlässigkeit-Ausübenden, und auf Veranlassung des Lichtes der Rechtleitung entzündet es wieder und wieder wegeweisende Fackeln, die jenen manchmal nützen und manchmal nicht. Von den Lippen jener Leuchtendherzigen steigt immerfort das Gebet auf:

Den Blick, Gott, der Verwirklichung
gib dem, der imitiert –
Wie lange sieht, gleich Brillen, er
mit andrer Augenlicht?

ICH LIEBE meine Frau und Kinder ganz außerordentlich und bin sehr in Liebe zu Weib und Kind befangen. Gott weiß, ob das infolge der animalischen Kräfte ist oder auf Grund meines menschlichen Wesens oder rein aus sinnlicher Liebe oder als Aufscheinen der göttlichen Herrschermacht [in ihrem Aspekt] als Erbarmer. In jedem Fall, mein Freund ist derjenige, der sie auch liebt; denn heute oder morgen wird es geschehen, daß ich den Fuß von hier aufhebe und diese dem Schutze des Wahren Bewahrers und Helfers überlasse …

سچل سرمست

Satschal Sarmast, »Der Berauschte«

trägt seinen Beinamen zu Recht; unter allen Dichtern des Indus-Tales hat er das Geheimnis der Einheit des Seins in ekstatischsten Worten gesungen, sei es in Sindhi oder seiner nördlichen Nachbarsprache, Siraiki, sei es in Urdu oder Persisch. Seine Lieder lösen sich in singbare rhythmische Einheiten auf; er hat nicht, wie Schah Abdul Latif, ganze erzählende Kapitel zusammengestellt, spielt aber auch auf die traditionellen Volkssagen an. Stärker als bei anderen mystischen Dichtern treten Anspielungen auf hinduistische Gestalten in seiner Poesie auf. Er starb 1826 fast neunzigjährig.

Risālō Sindhī, ed. ʻOthman ʻAli Ansari, Karachi 1958
Siraiki Kalām, ed. Maulwi Hakim Muhd. Sadiq Raṇipuri, Karachi 1959
Dīvān-i Aschikār (Persisch), ed. Makhdum Amir Ahmad, Lahore 1957

*

Refrain:
ALLES ist des Herrschers Form,
Seine Schau kam, sich zu sehen!

Manchmal Schafiʻi, Hanbal, manchmal Malik und
Nuʻman,[1]
Manchmal liest die Veden er, manchmal liest er den
Koran,
Manchmal ruft er »Ich bin Gott«, manchmal spricht er
Richterspruch,
Manchmal ist er Säugling noch, manchmal Greis, und
Jüngling auch,

1 Die Gründer der vier orthodoxen Rechtsschulen; Nuʻman ist Abu Hanifa (gest. 767), dessen Schule in Nordindien vorherrscht.

Manchmal wird er Fürst, Wezir, manchmal wieder
  Pförtner Er.
Manchmal »Ahmad ohne m«,[1], manchmal wird er
  Hanuman –
  Satschal, dulde beglückt!
  Sei verwirrt und verzückt!

*

ICH BIN etwas, o Schwestern,
  und weiß nicht, was ich bin!
Ich meine: vielleicht eine Puppe;
  vielleicht, dran sie hängt, jener Faden,
Ein Ball in der Hand des Geliebten;
  vielleicht ein Joch, schwer beladen;
Vielleicht bin ein Palast ich,
  darin der König sinnt,
Gar manche Dinge beredend,
  daß Kenntnis er gewinnt;
Vielleicht bin ich ein Roß auch,
  das irgendein Reiter lenkt,
Vielleicht die Woge des Meeres,
  das äußeres Sein versenkt.
Vielleicht die Henna-Blüte,
  mit Röte ausgelegt,
Vielleicht auch eine Rose,
  die Duft im Haupte trägt.
Auch mag ich eine Quelle,
  gefüllt von der Wolke, sein,
In der die Sonne sich spiegelt
  und Mondes Widerschein.
Vielleicht auch der Widerschein Gottes
  ich bin von Anbeginn,
Der jenseits aller Worte …
  vielleicht, daß ich gar nicht bin!

---

1 *Aḥmad ohne m:* ein außerkoranisches Gotteswort »Ich bin Aḥmad ohne m, d. h. Aḥad, Einer«. Zwischen Ahmad (dem Propheten Muhammad) und Gott dem Einen steht nur der Buchstabe *m. – Hanuman:* der hilfreiche Affe im Ramayana.

آصف حالت چلبی

Asaf Halet Çelebi,

aus der Familie Dschalaleddin Rumis stammend, war unter den modernen türkischen Dichtern derjenige, der surrealistische und mystische Töne am besten verband und der die traditionellen Themen der mystischen Poesie mit neuem Leben erfüllte. Er starb 1958.

HE, Istanbul 1954
Lam-alif, Istanbul 1956

*

MYSTISCHER REIGEN

Die Bäume, mit Tanzgewändern
bekleidet, flehen in Liebe
Mevlâna

Das Bild in mir
Ist ein anderes Bild
In den Reigen in mir
Fallen wie viele Sterne!
Ich kreise und kreise,
die Himmel kreisen
Rosen erblühn mir im Antlitz.

Die Bäume im sonnigen Garten
– »Er schuf den Himmel, die Erde« –
Die Schlangen lauschen dem Flötenlied
in den Bäumen mit Tanzgewändern

Die Wiesenkinder berauscht ...
Herz ...
sie rufen nach dir

Ich blicke lächelnd auf Sonnen
die ihren Weg verloren
Ich fliege,
ich fliege
die Himmel fliegen

*

MANSUR
Die Farben kamen aus der Sonne
Die Farben gingen in die Sonne
Die Farben starben ohne Sonne
ich brauche Farben nicht
noch Farblosheit

Die Sonnen kamen aus einem Ort
Die Sonnen gingen zu einem Ort
Die Sonnen starben ohne ihn
ich brauche Helle nicht
noch Dunkelheit

Die Formen kamen aus einem Ort
Die Formen gingen zu einem Ort
Die Formen wurden unsichtbar

Schlage die große Pauke
Alle Stimmen ersticken in einer –
Mansur
Mansuuur

سامحہ آیوردی

Samiha Ayverdi

vertrat in der Türkei die mystische Tradition des Rifa'i-Ordens, dessen Leiterin sie bis 1993 war. Durch zahlreiche Bücher – Romane und beschreibende Prosa – hat die zu Anfang dieses Jahrhunderts in Istanbul geborene Mystikerin seit vielen Jahren versucht, den Duft des Derwischlebens einzufangen und die Ideale von Gottes- und Menschenliebe zu verkünden. In ihren Erinnerungen, Istanbul Geceleri, *»Istanbuler Nächte«, findet sich im Kapitel über den Stadtteil Üsküdar eine Schilderung der Derwischorden, ihres Rituals wie ihrer Ziele.*

Samiha Ayverdi, *Istanbul Geceleri,* Istanbul 1953
A. Schimmel, »Samiha Ayverdi, eine Istanbuler Schriftstellerin«, *Festschrift für Otto Spies,* hersg. von W. Hoenerbach, Wiesbaden 1967

*

AUCH GAB es zu jener Zeit Klöster, die an den vier Ecken von Istanbul verstreut waren, und einen Kreis von Derwischen, Tertiaren und Gästen dieser Klöster, von denen sich eine ganze Anzahl in Üsküdar befand.

Die Klöster waren, nach dem Kriterium der damaligen Zeit, Heimstätten des Wissens und der Erkenntnis, die gegen gedanklichen und religiösen rohen Fanatismus mit erfahrener Unerschrockenheit kämpften. Als Schulen, welche, um den Geist des Menschen zu formen und ihn von den durch gefährliche Komplikationen furchtbare Leiden über die Menschheit bringenden Komplexen zu befreien, der Reihe nach Poesie, Musik, Tanz und Beredsamkeit ausnutzten und so Schüler heranbildeten; als eine aus den Bedürfnissen der Struktur des Gemeinwesens entstandene Institution konnte man sie ansehen.

Da sich die formale Seite der Orden, wie der Rifai, Qadiri, Mevlevi, Naqschi, Chalidi, Saadi und ähnlicher, die sich im Grunde um das eine Ziel sammelten, durch kleine Abweichungen voneinander unterschied, sprangen auch in den *seyr-i sülūk* (Wandel) genannten Grundlagen der Grade und des Aufsteigens einige formale Unterschiede ins Auge. So war zum Beispiel bei den Mevlevis der höchste Rang nach dem Scheich der des *Ahcĭbaşĭ*, des Küchenvorstehers; denn er beaufsichtigte nicht nur die Speisen in der Küche, sondern war damit beauftragt, auch einen Derwischanwärter zu »kochen«, für den er die Verantwortung übernommen hatte, ihn für 1001 Tage unter seine Erziehung und die Ordensdisziplin zu stellen und reifen zu lassen. Wenn der Anwärter während dieser Zeit unter dem Joch des ihm auferlegten Amtes die grundlegenden Lebenshaltungen, die man aus erster Hand gewinnen mußte – wie Geduld, Schweigen, Ertragen und Zufriedenheit – so wie die Grundsätze des Ordens – wie gute Sitte, die Regeln, den mystischen Reigen – gelernt hatte und auch dabei mehr oder weniger im *Mathnawī* Bescheid wußte, dann endlich erhielt dieser Derwisch-Anwärter nach einer im Beisein des Scheichs abgehaltenen Zeremonie den Titel *Dede*, und ihm wurde eine eigene Zelle zugeteilt. Falls er nicht wünschte, für immer darin zu bleiben, kehrte er nach Hause zurück, pflegte aber die Beziehungen und Bindungen zu seinem Kloster bis zu seinem Lebensende.
Bei den anderen Orden, beispielsweise bei den Rifais, bot die Art, wie jemand zum Derwisch angenommen und erzogen wurde, einen anderen Anblick. Jemand, der Derwisch werden wollte, wandte sich zunächst an jemand aus dem Kloster oder an einen Bekannten; dieser hieß ihn dann, eine Weile ins Kloster zu kommen, und konnte ihm sogar eine der niedrigsten Arbeiten, z. B. die des Sandalenmachers, übertragen. Endlich kam der Tag, da dieser Mensch, der eine Weile als Anwärter in der Luft des Heimes, dem er anzugehören wünschte, gelebt hatte und dessen Vertrautheit und Gewöhnung stärker geworden war, den Regeln und Sitten des Klosters gemäß in den Orden aufgenommen werden sollte. Der

Scheich ließ in dem *samā'ḫana* (Raum, wo der mystische Reigen stattfindet), wo seine vier Stellvertreter anwesend waren, den seinem geistigen Leiter folgenden Derwisch sich auf das am Boden ausgebreitete Fell setzen, ergriff seine Hand und, nachdem er ihm das Bekenntnis abgenommen hatte, er werde mit Hand, Lende und Zunge rechthandeln und Gott und den Menschen mit Liebe und Begeisterung dienen und ihnen Freundschaft erweisen, segnete er ihn und betete für ihn, und der Derwisch, nun die Hand des Scheichs und der Anwesenden küssend, hatte so den ersten Schritt in den Orden getan.
Da in jedem Kloster ein Tag oder eine Nacht in der Woche für die Riten bestimmt war, hatte jeder Derwisch an einem solchen Tag ein bestimmtes Amt. Niemand mischte sich in die Arbeit und überschritt die Grenzen der Zuständigkeit eines anderen; namentlich würde ein Minister, mochte seine wirtschaftliche und gesellschaftliche Stellung noch so glänzend sein, der – gesetzt den Fall – einen Tag später Derwisch geworden war, niemals über einem kleinen Sekretär sitzen, der einen Tag eher als er sein Bekenntnis abgelegt hatte; in der Reihenfolge und bei den Ehrerweisungen wurde stets dem Rangältesten der Vorrang zuerkannt.
Jemand, der neu Derwisch geworden war, wurde zuerst an den Kaffeeherd gestellt und wurde der Gehilfe des *kahve nakib;* wenn er einen Grad aufrückte, wurde er zum Amte des *meydan nakib* (der im Versammlungsraum hilft), noch später zum *post nakib* (der am Sitzfell des Scheichs hilft) erhoben.
Aber zweifellos bestand das Grundproblem, wenn man all diesen Bräuchen folgte, nicht aus der Ausübung von Formen einer hierarchischen Kette; es war vielmehr, auf dem Wege der Bestimmung und Ausführung der Werte, die man selbst geben und empfangen wollte, ein endloser Kampf mit dem niederen Selbst, eine Reinigung, Säuberung, Klärung.
Der Derwisch, der einerseits seine Gebete sprach und die Schönsten Namen Gottes rezitierte und die formalen Bedingungen des Ordens, wie die Ausführung eines Dienstes in dem Heim, dem er zugehörte, vollbrachte, und der andererseits für sich selbst die Tore der Herzensheiterkeit, Entzük-

kung und Versenkung öffnete, erhob sich schließlich von der Stellung eines *nakīb* zu der eines *nadschīb;* und nachdem er noch eine Weile in den Erfordernissen dieses Ranges geknetet worden war, gab der Scheich ihm, wenn er ihn für fähig und würdig ansah, die Stellung des *chalifen* (Stellvertreter).

Diese Feierlichkeiten des *chalifen*-Einsetzung trugen einen ganz anderen Geschmack als die Rituale an den bestimmten Wochentagen. In solchen Nächten der Erfüllung waren alle Derwische und auch solche von anderen Klöstern eingeladen oder uneingeladen kommenden Scheiche, Tertiaren und Gäste anwesend. Die Versammlungshalle wurde geöffnet, der Scheich begab sich auf sein Sitzfell, die Kerzen wurden entzündet, die Rezitatoren, Musikanten, Scheiche, Derwische und Besucher nahmen ihren Platz ein; zwölf – sechs auf der einen, sechs auf der anderen Seite – noch nicht entzündete mannshohe Leuchter befanden sich in den Händen von zwölf Derwischen. Der Andachtsraum ist fast atemlos in der Stille einer göttlichen Erwartung. So, daß dieses Warten der Erwartung einer Knospe ähnelt, welche, sich die ganze Nacht verbergend, auf den ersten Atemzug der Sonne harrt, um sich zu öffnen. Wie von dem Sich-Öffnen und Ausstrahlen der Knospe, die ihren Duft, ihre Zierlichkeit, ihre Anmut, ihren Charme in einer Hülle dicht verborgen hält, darf man sich auch nicht von dieser lautlosen Haltung des Saales täuschen lassen. Denn ein wenig später: was wird es dann auf ein Zeichen hin für Musik, für Entzückungen, für Worte, für aufflutende Gefühle geben!

Endlich tritt der *nakib* herein und, nachdem er den Scheich ehrfürchtig begrüßt hat, sagt er zu der Menge, die nur auf ein Zeichen wartet, um überschäumen zu können: »Die *Fatiha!«*, zündet den ersten Leuchter an, und die Anwesenden rezitieren die *Fatiha,* nachdem sie sogleich wie aus einem Munde das Gebet für den Propheten dargebracht haben. Nachdem der zweite, der dritte und endlich der letzte Leuchter entzündet worden sind, tritt derjenige, der diesmal *chalifa* werden soll, hinter einem Führer herein, die Hände auf dem Rücken des Führers, und grüßt. Zu seinen Seiten gehen zwei

Derwische, die je ein Bündel in der Hand halten, in deren einem sich die Kopfbedeckung, das Obergewand und der Derwischmantel befinden, mit denen der Scheich den *chalifen* bekleiden wird; in der anderen sind Trommel, Spieß und Nadel. Kaum daß der Führer und der *chalifa* eingetreten sind, beginnt ein Rezitator mit schöner Stimme das Darbietungslied zu singen. Das ist eine göttliche Melodie, eine durch Zeit und Raum hindurchgedrungene Harmonie; auch die Menschen werden sogleich zu einem Stück dieser Harmonie, stürzen sich ungehemmt in ein Meer von Freude und Entzükken.

Nachdem diese Weise gesungen ist, macht der Führer, hinter dem der *chalifen*-Anwärter hereintritt, einen Schritt auf den Scheich zu und sagt: »Achtung! Friede mit euch, o Leute des Gesetzes!« und der Scheich antwortet: »Und mit euch der Friede, o Leute des Gesetzes!« Darauf erwidert der Führer: »Die *Fatiha!*« und die den Saal erfüllende Menge beginnt einstimmig mit dem Segenswunsch und dem Ruf: »Allah ist groß!«

Beim zweiten Schritt sagt der Führer: »Friede sei mit euch, o Leute des Pfades!« und der Scheich antwortet: »Und mit euch der Friede, o Leute des Pfades!« Wieder braust der Saal mit dem Segenswunsch und dem Rufe: »Gott ist groß!«. Beim dritten Schritt sagt der Führer: »Friede sei mit euch, o Leute der Erkenntnis!« Beim vierten Schritt endlich ist man vor den Scheich gelangt. Der Führer läßt den künftigen *chalifen* die Hand des Scheichs küssen, und während er sich zurückzieht, wird ein von vier Derwischen an den vier Ecken gehaltenes Tuch über das Haupt des Scheichs und des vor ihm sitzenden *chalifen* gehalten. Unter dieser Hülle nun gibt der Scheich seinem Derwisch das Geheimnis der *chalifen*-Würde, und nach einem zehnminütigen Austausch, an dem niemand als die beiden beteiligt sind, zieht der Scheich das Tuch zurück, indem er mit lauter Stimme: »Die *Fatiha!*« ruft.

Diesmal verneigt sich einer der mit dem Bündel in der Hand wartenden Derwische und legt das Bündel vor den Scheich, und dieser spricht über die Kopfbedeckung das »Gott ist groß«, setzt sie dem neuen *chalifen* aufs Haupt und rezitiert die *Fatiha;* dann, nachdem er über das Gewand das »Gott ist groß« gesprochen und es wiederum unter Rezitierung einer Fatiha ihm angezogen hat, legt er ihm den Gürtel um den Leib und ruft, nachdem er schließlich seine Lenden mit dem Derwischmantel gegürtet hat, diesen an den Enden fassend: »Steh auf, o *chalifa!«* Damit läßt er ihn aufstehen und übergibt ihn dem Führer.

Der *chalifa* küßt zuerst seinem Scheich die Hand; dann führt ihn der Führer zu den als Gäste anwesenden Scheichen, der Rangordnung nach, läßt ihn deren Hände küssen und ruft jedesmal »Steigerung!«. Jeder, dem er die Hand küßt, fügt bei dieser Steigerung etwas hinzu. Gesetzt einer sagt: »Hundert Einheitsbekenntnisse!«, so kündet der Führer, zur Versammlung gewandt, »Hundert Einheitsbekenntnisse!« Dann sprechen alle zusammen die Einheitsbekenntnisse und rezitieren die *Fatiha.* Ein anderer sagt: »Zehnmal den Namen der Herrlichkeit!« Und wenn die Reihe nach diesem Teil der Feierlichkeit zu Ende gegangen ist, beginnt die Entgegnung; es werden Gebete rezitiert, und zuletzt läßt der Scheich, wenn man sich zum stehend gesprochenen Einheitsbekenntnis erhoben hat, den neuen *chalifen* mit dem Einheitsbekenntnis beginnen. So ist dann nach Gottesgedenken, Kreisen und Gebet das Fest der Einsetzung des *chalifen* zu seinem Ende gekommen.

Im Orden bedeutet der Rang des *chalifen,* den Bestallungsbrief des freien, in seinem Herrentum bestätigten Mannes zu besitzen. Aber dort ist der Sinn von Freiheit – in einem weiteren, verantwortlicheren Sinn als die von den gesellschaftlichen und gesetzlichen Maßstäben angenommenen Konzessionen und Möglichkeiten – eine Freiheit, die da bedeutet, uns aus der Klaue der uns gegen uns selbst und andere beschämt, schuldig und klein machenden tierischen Gefühle zu retten und uns, die wir unser eigener Gefangener sind, zu unserem eigenen Herrn zu machen.

Um unter das Dach eines Klosters zu gelangen oder sich hineinzubegeben und Heilung zu erlangen, brauchte man nicht

Derwisch zu sein. Jeder Mensch, den die Prüfungen des Lebens geschlagen hatten, dessen Herz bedrängt, dessen Haupt bedrückt war, jeder Hoffnungslose, Hilflose, Verzweifelte trat bedingungslos durch dieses jedem offenstehende Tor ein, fand für seinen Hunger, für die Qualen der Welt Hilfe, verkaufte sozusagen Schmerz und erhielt Medizin.
Der Derwisch, der von seiner kochenden Speise, seiner Herzensfreudigkeit für jeden Wanderer, jeden Fremden, jeden Besucher einen Teil abgab, opferte sich für die Gemeinschaft, war der humanistische und idealistische Mensch. Denn, einem geistigen Führer sein Bekenntnis abzulegen bedeutet, die Ämter und Pflichten, zu denen der Mensch dadurch ganz automatisch verpflichtet ist, daß er in die menschlichen Eigenschaften eingetreten ist, noch einmal auf dem irdischen Plan sich ins Gedächtnis zu rufen und jenen urewigen Vertrag von neuem zu unterzeichnen und anzufangen, jenen Vertrag, auf den nun das Siegel gedrückt war, durch Abwerfen von immer mehr Ballast in seelischer Disziplin auszuführen.
Derjenige aber, der sich daran erinnerte, was er für große Aufgaben und Verantwortungen hatte, und der das Ideal akzeptiert hatte, diese in den verschiedenen Rängen der Gesellschaft auszuführen, mußte er nicht zunächst sich selbst von der Gefahr seines Selbst retten? Denn die furchtbarste, schlimmste Gefahr für den Menschen – was könnte sie anders sein als sein Ego, dessen ungezügelte Begierden keinen Einhalt kennen? Ein Mensch, dessen Egoismus und Stolz die Gipfel überschreitet – wie könnte er gegenüber dem Mitmenschen ein Vorbild an anmutiger Bescheidenheit sein? Der Arme, dem der Pallasch von Haß, Rache und Zorn rechts und links flattert – wie könnte er den süßen Trank der Verzeihung und Milde auspressen und seiner Umgebung zu trinken geben? Wie könnte der Hilflose, der zwischen den Wellen der Heimsuchungen von hohen Posten, Rang und Ehre eingeschlossen ist, einen in den Begierden der Welt im Todeskampf liegenden Schiffbrüchigen an das Ufer der Geborgenheit ziehen und retten? Wie könnte schließlich ein nicht durch warmen, reifen und reifenlassenden Glauben erwachter Mensch

einen Unglücklichen, der zwischen Gletschern von Zweifel, Leugnung und Unglauben erfroren ist, wärmen, erwecken, wieder zu sich bringen? Deshalb erfüllte der Derwisch, um seine eigene Erziehung zu vollenden, zunächst die Erfordernisse des Ordens mit großem Eifer und Selbsthingabe und rechnete auf solche Weise ab, daß er an den leeren Platz einer schlechten Eigenschaft, aus deren Händen er sich befreit hatte, sofort eine gute setzte.

Den Grund der wütenden Angriffe der Fanatiker auf den Derwisch, gegen den sie von jeher Groll hegten, wird man vielleicht richtiger im Minderwertigkeitsgefühl als in einem Unterschied der Doktrin suchen müssen. Denn der Fanatiker hat, um Schöpfer und Geschöpf allezeit voneinander getrennt und entfernt zu sehen, Theorien geschaffen, Bücher geschrieben, Dogmen erfunden, sein Leben hingegeben, gezürnt und geschäumt, geflucht, aber immer den Derwisch beneidet, der alle seine Bestrebungen und Bemühungen nur um das Einheitsmotiv gesammelt hatte und, in der Poesie der Geschöpfe ein Einheitslied singend, in Ekstase und Verzükkung geriet, in dem er die ganze Welt umschlang. Aber der Derwisch war ein Mann, der zu einer solchen Stufe der Reife gelangt war, daß er, während der rohe Fanatiker ihn verhöhnte, mit Steinen bewarf und quälte, selbst aus diesen negativen Handlungen Gemütsruhe und Heiterkeit finden konnte. Es war doch so, daß man, da es nichts Unnützes auf der Welt gibt, in jedem Geschaffenen einen bestimmten Sinn und Grund suchen und finden mußte, damit es möglich würde, die Chiffren der Natur zu lösen ...

Der Derwisch war nicht, wie der Schultheologe, ein Standardmenschentyp, der mitten in den Ereignissen bedrängt wurde; er war ein Mensch, der seinen Saum vor den Dornen der Ursachen und Ereignisse rettete, auf die Geschehnisse als neutraler Beobachter blickte und mit dem, der sie geschehen ließ, auf Grund seines Wissens zum Frieden gelangt war. Deshalb fürchtete er sich nicht vor dem »Schicksal« genannten ihm Zugeschriebenen; denn er wußte, daß die unsere Geschicke schreibende Hand unsere eigenen Absichten und Taten sind, und bemühte sich lediglich darum, wie ein Transformator auf diese Absichten und Taten verbessernd und mäßigend einzuwirken. Aus diesem Grunde auch zürnte er einem armen schlicht Gläubigen nicht, der im Fanatismus Anker geworfen hatte; ja, von dem Gesichtspunkt aus, daß er mit seinem Einheitsgefühl und Einheitswillen übereinstimmte und in Frieden war, fand er zwischen der Sünde jedes Sünders und sich selbst eine Gemeinsamkeit, einen Anteil, und sah sich selbst als kleinen Teilhaber derselben Sünde an. Während der Gesetzestreue einen Sünder mit harter und roher Hochfahrenheit in die Tiefe der siebenten Hölle schickte, sagte der Derwisch mit der süßesten, tolerantesten Weise des Meisters:

Komm wieder, komm doch wieder, komm doch
  wieder –
Ob Heide du, ob Gläubiger, komm wieder!
Nicht Hoffnungslosigkeit wohnt hier im Hause –
Ob hundertmal du sündigtest – komm wieder![1]

und rief ihn so, mit einer die menschlichen Schwächen verstehenden und verzeihenden Reife und liebevollen Einladung in den Raum, wo er Atem schöpfen konnte, wo er sich von seinem Selbst, seinen Beschwernissen, Bedrängnissen, Verzweiflungen und Bedrückungen befreien und ganz rein werden konnte.

Für den Derwisch, der einem geistigen Führer sein Bekenntnis abgelegt, d. h., der den urewigen Bund in dieser Welt erneuert hatte, bedeutete schließlich jeder Ort die Gegenwart seines Meisters. Was er tun und denken mochte, ob er nach Indien gehe, nach China ziehe, immer waren die Enden des Fadens in seinen Händen, immer war sein Herz bei ihm. Mit ihm wandelte er, mit ihm ging er, mit ihm nahm er und gab er, mit ihm sah er und hörte er; kurz, er fand ununterbrochen in Wort und Tat sein erweckendes und läuterndes Zusammen-

1 Der Vers steht am Mausoleums Maulana Rumis in Konya geschrieben.

sein lebendig und wirksam. Und eben dieses wachsame, achtsame und gefestigte Leben hat zu jener Zeit der Gemeinschaft freigebig den willensstärksten, gesündesten und charaktervollsten Menschentyp herangebildet.

Das Ziel im Derwischtum war das Einheitsbekenntnis, und das Ergebnis des Einheitsbekenntnisses besagte, die einem gegen sich selbst, gegen die Menschen und gegen Gott obliegenden Pflichten und Verantwortlichkeiten zu erfassen und auszuführen. Sonst waren Gottesgedenken, Reigen, Kreisen, Freude nicht Grund und innerster Kern – vielmehr waren es Hilfsmittel, um zum Eigentlichen zu gelangen. So daß der Mensch, der mit der Begabung geschaffen ist, den tieferen Sinn immer in der Schönheit kunstvoller Formen zu sehen, stets von seinem Herzen seinem Auge, von seinem Auge seinem Herzen einen Anteil gibt. Und ist wohl das, was die Natur tut, anders? Hat die Natur nicht die schönsten Düfte im Schoße der schönsten Blumen verborgen? Hat sie nicht die lieblichsten Bäume mit den köstlichsten Aromen geschwängert? Läßt uns nicht sowohl der Honig wie die Wabe der Biene in höchstes Erstaunen ausbrechen?

Wer weiß, vielleicht war auch für den Menschen die Vereinigung mit sich selbst der Grund und der Kern, und der Bote, der uns die Hindernisse aus dem Wege räumte und uns zu dem Geschmack einer Vereinigung führte, konnte manchmal ein Tag des mystischen Reigens, manchmal eine Nacht der Erfüllung sein.

Was war eine Nacht der Erfüllung, wie war sie, welcher Art? Eine Nacht, da vom Auge zum Herzen Nachrichten, Einladungen gingen und kamen; die die Seele weich machte und von neuem formte ... Ein halbdunkler, dunstiger *samāʿ*-Raum, in dem die Leuchter, die Kerzen kämpften, um die Dunkelheit niederzuringen ... Die Menschen scheinbar leblos wie die vor- und zurückweichenden, länger und kürzer werdenden Schatten ... Die fließenden, schmelzenden, sich neigenden Kerzen, die sich, Freund und Feind immer weiter Entzücken spendend, brennend verzehren, Reihe um Reihe, Leib an Leib ... Das Zeitgefühl, das Raumbewußtsein von den Herzen abgestreift, ausgewischt ... Nichts, gar nichts übriggeblieben, nur eine Harmonie, nur eine Melodie, nur eine Schwingung. Die Flöten, die Trommeln, die Zimbeln spielen und rufen; die weißen Derwischgewänder, Feuer suchenden Faltern gleich, kommen, kreisen, gehen, kreisen; eine schöne Stimme rezitiert den Koran, eine andere ein Loblied auf den Propheten; der Reigen hält an, das Kreisen beginnt. Der Rezitator schweigt, das Gottgedenken braust auf; der Ruf »Gott ist groß« endet, das Gebet beginnt. Geburt und Tod, Diesseits und Jenseits, Gut und Schlimm, Satan und Erbarmer werden ein Hauch, ein Augenblick, sind nicht zu scheiden, sind nicht zu trennen. Dirhem und Dinar, Waage und Maß, Wenig und Viel, Dürr und Fett, Abrechnung und Buch, alles zusammen ...... Vielleicht kein Buchstabe, vielleicht kein Wort, vielleicht kein Ausdruck, vielleicht kein Bild; nur Harmonie, nur Melodie, nur noch Ton, nur noch Ruf ... eine Schwingung schlägt an und kommt; kein Talisman, keine Magie ist's, kein Zauber und keine Hexerei ... das ist Ekstase, und das ist Liebe; sie zerstört und vergeht, sie erbaut und vergeht ...

يحيى كمال بياتلى

Yahya Kemal Bayatli

der letzte klassische Dichter der Türkei, (gest. 1958) war gewiß kein Sufi, doch ein Echo der mystischen Poesie klingt in seinen, wie den Versen so vieler türkischer moderner Dichter wider. Und der Reigen Mevlâna Dschelaluddin Rumis, der seit dem 13. Jahrhundert immer wieder die Dichter der Türkei, Irans und Muslim-Indiens inspiriert hat, findet auch in seiner Lyrik einen Widerhall:

*

FLÖTE, zu den Sphären tragend
seiner Dichtung Sehnsuchtsruf –
Gleichen Hauches mit Mevlâna
bis zum Jüngsten Tag sind wir!
Unsre Brust zerrissen blutet;
vor Ekstase – Mund an Mund
(Dürstend von urew'ger Sehnsucht!)
mit dem Becherrand sind wir.
Wie das Lied der Himmelskörper
in der Nacht der Göttlichkeit:
Mächt'ger Sinn, der mit dem Worte
»Hör!« ins Dasein tritt, sind wir.
Von dem Schenken, der den Wein schenkt
Glas um Glas, Pokal Pokal,
Neue Becher stets erbittend;
Rausch und nichts als Rausch sind wir.
Voller Sehnen nach der Sonne
von Tabriz – im Wirbeltanz
Werden wir Mevlânas Schwinge,
sind Mevlânas Feder wir.

Namenregister